# 追忆 康有为

贾鸿昇 编

泰山出版社·济南·

图书在版编目（CIP）数据

追忆康有为 / 贾鸿昇编 . — 济南：泰山出版社，
2021.10
ISBN 978-7-5519-0670-8

Ⅰ . ①追⋯　Ⅱ . ①贾⋯　Ⅲ . ①传记文学—中国—当代
Ⅳ . ① I25

中国版本图书馆 CIP 数据核字（2021）第 211574 号

ZHUIYI KANG YOUWEI

## 追忆康有为

| | |
|---|---|
| **编　者** | 贾鸿昇 |
| **责任编辑** | 王艳艳 |
| **特约编辑** | 史俊南 |
| **装帧设计** | 观止堂＿未　氓 |

**出版发行**　泰山出版社
社　　址　济南市泺源大街 2 号　邮编　250014
电　　话　综 合 部（0531）82023579　82022566
　　　　　　市场营销部（0531）82025510　82020455
网　　址　www.tscbs.com
电子信箱　tscbs@sohu.com
**印　　刷**　天津画中画印刷有限公司
**成品尺寸**　155 毫米 ×230 毫米　16 开
**印　　张**　19.5
**字　　数**　220 千字
**版　　次**　2022 年 2 月第 1 版
**印　　次**　2022 年 2 月第 1 次印刷
**标准书号**　ISBN 978-7-5519-0670-8
**定　　价**　56.80 元

# 凡　例

一、将原书繁体竖排改为简体横排，并参照不同版本，订正书中明显的错讹。

二、原则上保留原著作中出现的外国人名、地名等的旧式译法，订正个别极易引起歧义的译法。

三、不改变原书体例，酌情删改个别表述不规范的篇章或文字。

四、原书中文字尽量尊重原著，通假字及当时习惯用法（如"他""她"不分，"的""地""得"不分）而与现在用法不同者，一般不做改动。人名、字号、地名、书名等专有名词，酌情保留繁体和异体字形。

五、参照现行出版规范，对原书中标点符号进行适当修改，新中国成立后的日期等情况统一采用公元纪年法表示。

# 目 录
contents

# 南海康先生传

*梁启超*

## 第一章　时势与人物

文明弱之国人物少，文明盛之国人物多。虽然，文明弱之国，人物之资格易；文明盛之国，人物之资格难。如何而后可以为真人物？必其生平言论行事，皆影响于全社会，一举一动，一笔一舌，而全国之人皆注目焉，甚者全世界之人皆注目焉，其人未出现以前，与既出现以后，而社会之面目为之一变，若是者庶可谓之人物也已。

有应时之人物，有先时之人物。法兰西之拿破仑，应时之人物也，卢梭则先时之人物也；意大利之加布儿，应时之人物也，玛志尼则先时之人物也；日本之西乡、木户、大久保，应时之人物也，蒲生、吉田，则先时之人物也。其为人物一也，而应时而生者，则其所志就，其所事成，而其及身亦复尊荣安富，名誉洋溢；先时而生者，其所志无一不拂戾，其所事无一不挫折，而其及身亦复穷愁潦倒，奇险殊辱，举国欲杀，千夫唾骂，甚乃身死绝域，血溅市朝。是亦豪杰之有幸有不幸乎？虽然，为一身计，则与其为先时之人物，诚不如为应时之人物；为社会计，则与其得十百应时之人物，无宁得一二先时之人物。何则？先时人物者，社会之原动力，而应时人物所从出也。质而言之，则应时人物者，时势所造之英雄；先时人物者，造时势之英雄也。既有时势，何患无应此之英雄？然若无先此之英雄，则恐所谓时势者渺不可睹也。应时者有待者也，先时者无待者也。同为人物，而难易高下判焉矣。

由此言之，凡真人物者，非为一世人所誉，则必为一世人所毁；非为一世人所膜拜，则必为一世人所蹴踏。何以故？或顺势而为社会导，或逆势而与社会战。不能为社会导者，非人物也；不敢与社会战者，非人物也。然则其战亦有胜败乎？曰无有。凡真人物者，必得最后之战胜者也。是故有早岁败而晚年胜者焉，有及身败而身后胜者焉。大抵其先时愈久者，则其激战也愈甚，而其获胜也愈迟。孟子曰："不知其人可乎？是以论其世也。"观人物者不可不于此留意也。

二十世纪之中国，必雄飞于宇内，无可疑也；虽然，其时机犹在数十年以后焉。故今日固无拿破仑也，无加布儿也，无西乡、木户、大久保也；即有之，而亦必不能得其志，且无所甚补益于国家。故今日中国所相需最殷者，惟先时之人物而已。呜呼，所望先时人物者，其已出现乎？其未出现乎？要之今日殆不可不出现之时哉！今后续续出现者几何人，吾不敢言，若其岿然亘于前者，吾欲以南海先生当之。

凡先时人物所最不可缺之德性有三端：一曰理想，二曰热诚，三曰胆气。三者为本，自余则皆枝叶焉耳。先时人物者，实过渡人物也。其精神专注于前途，以故其举动或失于急激，其方略或不适于用，常有不能为讳者。南海先生吾师也，以吾而论次其传，后世或谓阿所好焉。要之先生生平言论行事，虽非无多少之缺点，可以供人撷拾之而诋排之者；若其理想之宏远照千载，其热诚之深厚贯七札，其胆气之雄伟横一世，则并时之人，未见其比也。先生在今日，诚为举国之所嫉视；若夫他日有著二十世纪新中国史者，吾知其开卷第一叶，必称述先生之精神事业，以为社会原动力之所自始。若是乎，先生果为中国先时之一人物哉！吾而不传，曷贻来者？不揣愚陋，遂缀斯文。

## 第二章　家世及幼年时代

先生名有为，字广夏，号长素，广东广州府南海县人。其先代为粤名族，世以理学传家。曾祖式鹏，讲学于乡，称醇儒。祖父赞修，为连州教谕，专以程朱之学，提倡后进，粤之士林，咸宗仰焉。从祖国器，当咸同间，从左军，以功至广西巡抚。懿修，当咸丰末叶，四海鼎沸之际，以一布衣办七县团练，境内肃谧。其后朝廷以三达官某某等充全粤团练大臣，假公谋私，气焰熏灼，而懿修独不肯以所属置彼三人势力范围之下。三人者以全力敌之胁之搏之，不能夺也。卒使其地确然成一自治团体，至今食其赐焉。盖其刚健任事不畏强御之风，有自来矣。父达初，早世。母劳氏，生子二人：仲曰广仁，戊戌之役，死于国难；先生其伯也。先生既蚤孤，幼受教育于大父，每诵读，过目不忘。七岁能属文，有神童之目。然家学既正，秉性尤厚，故常严重，不苟言笑。成童之时，便有志于圣贤之学，乡里俗子笑之，戏号之曰"圣人为"，盖以其开口辄曰圣人圣人也，"为"也者，先生之名有为也。即此一端，亦可以知其少年之志气矣。

吾粤之在中国，为边徼地，五岭障之，文化常后于中原，故黄河流域扬子江流域之地，开化既久，人物屡起，而吾粤无闻焉。数千年无论学术事功，皆未曾有一人出，能动全国之关系者。惟禅宗六祖慧能，为佛家钜子，风靡天下，然所及乃在世界外之世界耳。次则明代陈白沙、湛甘泉，以讲学鸣于时，然其学系之组织完善，不及姚江，故王学出而陈学衰。逮于近世，洪秀全、李秀成骤倡革命，蹂躏天下之半，实为吾粤人物最有关系于全国者，然其才略不敌湘淮，故曾军兴而洪军亡。微乎眇哉！粤人之在中国也。然则其关系之所及最大而最远者，固不得不谓自先生始。

# 第三章　修养时代及讲学时代

先生以十九岁丧大父。年十八，始游朱九江先生之门，受学焉。九江者，名次琦，字子襄，粤中大儒也。其学根柢于宋明，而以经世致用为主。研究中国史学、历代政治沿革得失，最有心得，著书甚富。晚年以为此等著述，无益于后来之中国，故当易箦之际，悉焚其稿，学者惜焉。先生从之游，凡六年，而九江卒。其理学政学之基础，皆得诸九江。

九江卒后，乃屏居独学于南海之西樵山者又四年。其间尽读中国之书，而其发明最多者为史学。究心历代掌故，一一考其变迁之迹，得失之林；下及考据、词章之学，当时风靡一世者，虽不屑屑，然以余事及之，亦往往为时流所莫能及。又九江之理学，以程朱为主，而间采陆王。先生则独好陆王，以为直捷明诚，活泼有用，故其所以自修及教育后进者，皆以此为鹄焉。既又潜心佛典，深有所悟，以为性理之学，不徒在躯壳界，而必探本于灵魂界。遂乃冥心孤往，探求事事物物之本原，大自大千诸天，小至微尘芥子，莫不穷究其理。常彻数日夜不卧，或打坐，或游行，仰视月星，俯听溪泉，坐对林莽，块然无侪，内观意根，外察物相，举天下之事，无得以扰其心者，殆如世尊起于菩提树下，森然有天上地下惟我独尊之概。先生一生学力，实在于是。其结果也，大有得于佛为一大事出世之旨。以为人相我相众生相既一无所取无所著，而犹现身于世界者，由性海浑圆，众生一体，慈悲普度，无有已时。是故以智为体，以悲为用，不染一切，亦不舍一切；又以愿力无尽，故与其布施于将来，不如布施于现在；大小平等，故与其恻隐于他界，不如恻隐于最近。于是浩然出出世而入入世，纵横四顾，有澄清天下之志。

既出西樵，乃游京师。其时西学初输入中国，举国学者，莫或过问。先生僻处乡邑，亦未获从事也。及道香港、上海，见西人植民政治之完整，属地如此，本国之更进可知。因思其所以致此者，必有道德学问以为之本原，乃悉购江南制造局及西教会所译出各书尽读之。彼时所译者，皆初级普通学，及工艺、兵法、医学之书，否则耶稣经典论疏耳，于政治哲学，毫无所及。而先生以其天禀学识，别有会悟，能举一以反三，因小以知大。自是于其学力中，别开一境界。

其时天下未知有先生也。先生之旅行，凡五六年。北出山海关，登万里长城；南游江汉，望中原；东诣阙里，谒孔林，浪迹于燕、齐、楚、吴、荆、襄之间，察其风土人物，交其士大夫；西溯江峡，如桂林。畴昔山中所修养者，一一案之经历实验，学乃益进。

先生以为欲任天下之事，开中国之新世界，莫亟于教育，乃归讲学于粤城。岁辛卯，于长兴里设黉舍焉。余与先生之关系，实始于此。其时张之洞实督两粤，先生劝以开局译日本书，辑万国文献通考，张氏不能用也。乃尽出其所学，教授弟子。以孔学、佛学、宋明学为体，以史学、西学为用。其教旨专在激厉气节，发扬精神，广求智慧。中国数千年无学校，至长兴学舍，虽其组织之完备，万不逮泰西之一，而其精神，则未多让之。其见于形式上者，如音乐至兵式体操诸科，亦皆属创举。先生讲学于粤凡四年，每日在讲堂者四五点钟。每论一学，论一事，必上下古今，以究其沿革得失，又引欧美以比较证明之；又出其理想之所穷及，悬一至善之格，以进退古今中外。盖使学者理想之自由，日以发达；而别择之智识，亦从生焉。余生平于学界稍有所知，皆先生之赐也。

后又讲学于桂林，其宗旨方法，一如长兴。先生又以为凡讲学莫要于合群，盖以得智识交换之功，而养团体亲爱之习。自近世严禁结社，而士气大衰，国之日屡，病源在此。故务欲破此锢习，所至提倡学会，虽屡遇反对，而务必达其目的然后已。其见忌嫉于当世，此亦一原因也。甲午败后，遂开强学会于京师，一时张之洞、袁世凯之流，皆赞成焉。不数月，为政府所禁。然自是学会之风遍天下，一年之间，设会百数，学者不复以此为大戒矣。强学会之开也，余与其役。当时创议之人，皆赞此举，而惮会之名号，咸欲避之，而代以他字，谓有其实不必惟其名也。而先生断断持之，不肯迁就。余颇怪焉。先生曰："吾所以办此会者，非谓其必能成而有大补于今时也，将以破数百年之网罗，而开后此之涂径也。"后卒如其言。先生之远识大胆毅力，大率类是。乙未、丙申以后，先生所欲开之学风，渐萌芽浸润于全国矣。

# 第四章　委身国事时代

先生经世之怀抱在大同，而其观现在以审次第，则起点于爱国；先生论政之目的在民权，而其揆时势以谋进步，则注意于格君。自光绪十五年，即以一诸生伏阙上书，极陈时局，请及时变法以图自强，书格不达。甲午败后，又联合公车千余人，上书申前议，亦不达。世所传公车上书记是也。自此以后，四年之间，凡七上书，其不达也如故，其频上也如故。举国俗流非笑之唾骂之，或谓为热中，或斥为病狂。先生若为不闻也者，无所于挠，锲而不舍。其结果也，为今上皇帝所知，召对特拔，遂有戊戌维新之事。

戊戌维新，虽时日极短，现效极少，而实二十世纪新中国史开宗明义第一章也。凡物必有原动力以起其端，由原动力生反动力，由反动力复生其反动力，反反相衔，动动不已，而新世界成焉。惟戊戌之原动力，其气魄雄厚，其潮势壮阔，故生反动力最速而最剧，仅百日间，挫跌一无所存。而反动力之雄厚壮阔，亦与之相应，其高潮之点，极于团匪之祸，神京蹂躏，朝列为空。今者反动力之反动力又起矣。自今以往，中国革新之机，如转巨石于危崖，遏之不可遏，必达其目的地而后已。此事理所必至也。然则戊戌之役，为败乎？为成乎？君子曰成也。

戊戌维新之可贵，在精神耳；若其形式，则殊多缺点，殆犹大辂之仅有椎轮，木植之始见萌坼也。当时举国人士，能知欧美政治大原者，既无几人，且掣肘百端，求此失彼；而其主动者，亦未能游西域读西书，故其措置不能尽得其当，殆势使然，不足为讳也。若其精神，则纯以国民公利公益为主，务在养一国之才，更一国之政，采一国之意，办一国之事。盖立国之大原，于是乎在。精神既立，则形式随之而进，虽有不备，不忧其后之不改良也。此戊戌维新之真相也。吾虽不敢尽以此为先生一人之功，然其主动者在先生，又天下人所同认而无异词也。先生所以尽力于国家者，于是为不薄矣。

政变以后，先生之志不少衰，复联合海内外同志，创一中国前此未有之大会，以图将来。及至去年，汉口之难，又一挫跌，以至于今，而先生委身国家之生涯，其前半段落暂停顿焉。其此后若何，非吾之所得言也。要之此新旧两世纪之交，中国政治界最有关系之人物谁乎？吾敢应之而不疑曰：康先生也。

# 第五章　教育家之康南海

先生能为大政治家与否，吾不敢知；虽然，其为大教育家，则昭昭明甚也。先生不徒有教育家之精神而已，又备教育家之资格。其品行方峻，其威仪严整。其授业也，循循善诱，至诚恳恳，殆孔子所谓"诲人不倦"者焉。其讲演也，如大海潮，如狮子吼，善能振荡学者之脑气，使之悚息感动，终身不能忘；又常反覆说明，使听者涣然冰释，怡然理顺，心悦而诚服。中国学风之坏，至本朝而极；而距今十年前，又末流之末流也。学者一无所志，一无所知，惟利禄之是慕，惟帖括之是学。先生初接见一学者，必以严重迅厉之语，大棒大喝，打破其顽旧卑劣之根性。以故学者或不能受，一见便引退；其能受者，则终身奉之，不变塞焉。先生之多得得力弟子，盖在于是。其为教也，德育居十之七，智育居十之三，而体育亦特重焉。今案《长兴学记》之纲领旨趣，造一学表如下：

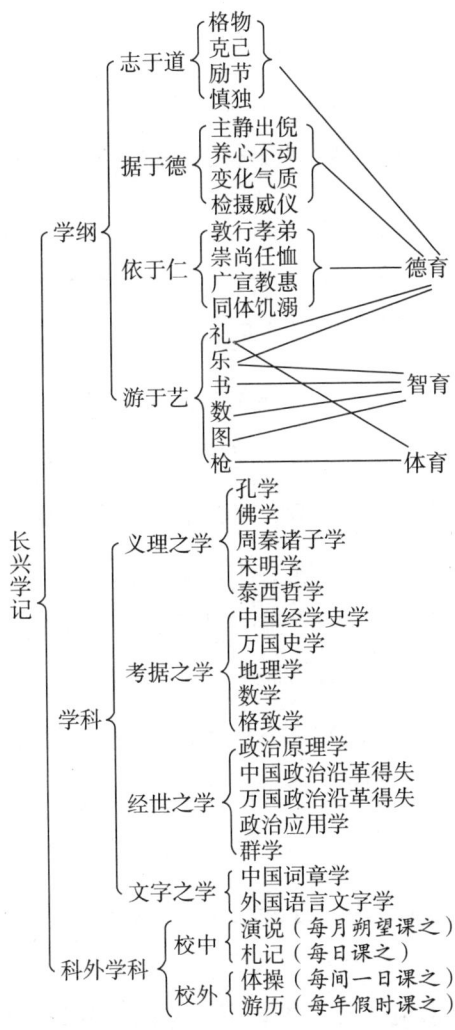

由此观之，先生教育之大纲可知矣。至其学舍组织之体段，则先生自为总教授，总监督，而立学生中三人或六人为学长，分助各科。又舍中设有书藏、仪器室，亦委一学生专司之。其规制如下：

师 {
博文科学长（主助教授及分校功课）
约礼科学长（主劝勉品行纠检威仪）
干城科学长（主督率体操）
书器库监督（主管理图书仪器）
}

凡学生人置一札记簿，每日各自记其内学外学，及读书所心得，时事所见及，以自课。每朔则缴呈之，先生为之批评焉。

| 一 | 二 | 三 | 四 | 五 | 六 |
|---|---|---|---|---|---|
| 养心 | 修身 | 接人 | 执事 | 读书 | 时务 |

然则先生教育之组织，比诸东西各国之学校，其完备固多所未及，然当中国教育未兴之前，无所凭借，而自创之，其心力不亦伟乎！至其重精神，贵德育，善察中国历史之习惯，对治中国社会之病源，则后有起者，皆不可不师其意也。

先生教育之大段，固可以施诸中国，但其最缺点者有一事，则国家主义是也。先生教育之所重，曰个人的精神，曰世界的理想。斯二者非不要，然以施诸今日之中国，未能操练国民，以战胜于竞争界也。美犹为憾，吾不敢为讳。

# 第六章　宗教家之康南海

先生又宗教家也。吾中国非宗教之国，故数千年来，无一宗教家。先生幼受孔学；及屏居西樵，潜心佛藏，大澈大悟；出游后，又读耶氏之书，故宗教思想特盛，常毅然以绍述诸圣普度众生为己任。先生之言宗教也，主信仰自由，不专崇一家，排斥外道，常持三圣一体诸教平等之论。然以为生于中国，当先救中国；欲救中国，不可不因中国人之历史习惯而利导之。又以为中国人公德缺乏，团体散涣，将不可以立于大地；欲从而统一之，非择一举国人所同戴而诚服者，则不足以结合其感情，而光大其本性。于是乎以孔教复原为第一着手。

先生者，孔教之马丁路得也。其所以发明孔子之道者，不一而足，约其大纲，则有六义：

一　孔教者，进步主义，非保守主义。

二　孔教者，兼爱主义，非独善主义。

三　孔教者，世界主义，非国别主义。

四　孔教者，平等主义，非督制主义。

五　孔教者，强立主义，非巽懦主义。

六　孔教者，重魂主义，非爱身主义。

其从事于孔教复原也，不可不先排斥俗学而明辩之，以拨云雾而见青天。于是其料简之次第，凡分三段阶：

第一　排斥宋学，以其仅言孔子修己之学，不明孔子救世之学也。

第二　排斥歆学（刘歆之学），以其作伪，诬孔子误后世也。

第三　排斥荀学（荀卿之学），以其仅传孔子小康
之统，不传孔子大同之统也。

昔中国之言孔学者，皆以《论语》为独一无二之宝典。先生以为《论语》虽孔门真传，然出于门弟子所记载，各尊所闻，各明一义，不足以尽孔教之全体，故不可不推本于六经。六经皆孔子手定，然《诗》《书》《礼》《乐》，皆因前世所有而损益之；惟《春秋》则孔子自作焉，《易》则孔子系辞焉。故求孔子之道，不可不于《易》与《春秋》。《易》为灵魂界之书，《春秋》为人间世之书，所谓致广大而尽精微，极高明而道中庸，孔教精神，于是乎在。

先生之治《春秋》也，首发明改制之义。以为孔子悯时俗之敝，思一革而新之，故进退千古，制定法律，以贻来者。《春秋》者，孔子所立宪法案也，所以导中国脱野蛮之域，而进于文明也。故曰《春秋》天子之事也。但孔子所处之时势地位，既不能为梭伦，亦不必为卢梭，故托诸记事，立其符号，传诸口说；其微言大义，则在《公羊》《穀梁》二传及《春秋繁露》等书。其有未备者，可推甲以知乙，举一以反三也。先生乃著《孔子改制考》，以大畅斯旨。此为孔教复原之第一段。

次则论三世之义。《春秋》之例，分十二公为三世：有据乱世，有升平世，有太平世。据乱、升平，亦谓之小康；太平亦谓之大同。其义与《礼运》所传相表里焉。小康为国别主义，大同为世界主义；小康为督制主义，大同为平等主义。凡世界非经过

小康之级，则不能进至大同；而既经过小康之级，又不可以不进至大同。孔子立小康义以治现在之世界，立大同义以治将来之世界，所谓六通四辟，小大粗精，其运无乎不在也。小康之义，门弟子皆受之，而荀卿一派为最盛。传于两汉，立于学官；及刘歆窜入古文经，而荀学之统亦篡矣。宋元明儒者，别发性理，稍脱刘歆之范围，而皆不出于荀学之一小支。大同之学，门弟子受之者盖寡，子游、孟子稍得其崖略。然其统中绝，至本朝黄梨洲稍窥一斑焉。先生乃著《春秋三世义》《大同学说》等书，以发明孔子之真意。此为孔教复原之第二段。

若夫《大易》，则所谓以元统天，天人相与之学也。孔子之教育，与佛说华严宗相同：众生同原于性海，舍众生亦无性海；世界原具含于法界，舍世界亦无法界。故孔子教育之大旨，多言世间事，而少言出世间事，以世间与出世间，非一非二也。虽然，亦有本焉。为寻常根性人说法，则可使由之而不使知之；若上等根性者，必当予以无上之智慧，乃能养其无上之愿力。故孔子系《易》，以明魂学，使人知区区躯壳，不过偶然幻现于世间，无可爱惜，无可留恋，因能生大勇猛，以舍身而救天下。先生乃拟著《大易微言》一书，然今犹未成，不过讲学时常授其口说而已。此为孔教复原之第三段。

此外先生所著书，关于孔教者，尚有《教学通议》一书，为少年之作，今已弃去。有《新学伪经考》，出世最早。有《春秋公羊传注》《孟子大义述》《孟子公羊相通考》《礼运注》《大学注》《中庸注》等书，皆未公于世。

以上先生发明孔教之大略也。吾自从学以来，悉受斯义，及今既阅十余年，骛心末学，久缺研究；而浏览泰西学说以后，所受者颇繁杂，自有所别择，于先生前者考案各义，盖不能无异同。要之先生目光之炯远，思想之锐入，气魄之闳雄，能于数千年后以一人而发先圣久坠之精神，为我中国国教放一大光明，斯不独吾之所心悦诚服，实此后中国教学界所永不能谖者也。

先生于佛教，尤为受用者也。先生由阳明学以入佛学，故最得力于禅宗，而以华严宗为归宿焉。其为学也，即心是佛，无得无证。以故不歆净土，不畏地狱；非惟不畏也，又常住地狱；非惟常住也，又常乐地狱，所谓历无量劫行菩萨行是也。以故日以救国救民为事，以为舍此外更无佛法。然其所以立于五浊扰扰之界而不为所动者，有一术焉，曰常惺惺，曰不昧因果。故每遇横逆困苦之境，辄自提醒曰：吾发愿固当如是，吾本弃乐而就苦，本舍净土而住地狱，本为众生迷惑烦恼，故入此世以拯之。吾但当愍众生之未觉，吾但当求法力之精进，吾何为嗔恚？吾何为退转？以此自课，神明俱泰，勇猛益加。先生之修养，实在于是；先生之受用，实在于是。

先生于耶教，亦独有所见。以为耶教言灵魂界之事，其圆满不如佛；言人间世之事，其精备不如孔子。然其所长者，在直捷，在专纯。单标一义，深切著明，曰人类同胞也，曰人类平等也，皆上原于真理，而下切于实用，于救众生最有效焉，佛氏所谓不二法门也。虽然，先生之布教于中国也，专以孔教，不以佛、耶，非有所吐弃，实民俗历史之关系，不得不然也。

先生所以效力于国民者，以宗教事业为最伟；其所以得谤于天下者，亦以宗教事业为最多。盖中国思想之自由，闭塞者已数千年，稍有异论，不曰非圣无法，则曰大逆不道。即万国前事，莫不皆然，此梭格拉底所以瘐死狱中，而马丁路得所以对簿法廷也。以先生之多识淹博，非不能曲学阿世，以博欢迎于一时，但以为不抉开此自由思想之藩篱，则中国终不可得救。所以毅然与二千年之学者，四万万之时流，挑战决斗也。呜呼！此先生所以为先生欤！泰西历史家，论近世政治学术之进步，孰不以宗教改革之大业，为一切之原动力乎？后有识者，必能论定此公案也。

# 第七章　康南海之哲学

先生者，天禀之哲学者也。不通西文，不解西说，不读西书，而惟以其聪明思想之所及，出乎天天，入乎人人，无所凭借，无所袭取，以自成一家之哲学，而往往与泰西诸哲相暗合，得不谓理想界之人杰哉？今就畴昔所闻者，略叙其一二。

（一）先生之哲学，博爱派哲学也。先生之论理，以"仁"字为唯一之宗旨，以为世界之所以立，众生之所以生，家国之所以存，礼义之所以起，无一不本于仁。苟无爱力，则乾坤应时而灭矣。是故果之核谓之仁，无仁则根干不能苗，枝叶不能萌；手足麻木者谓之不仁。众生之在法界，犹四肢之在一身也。人而不相知不相爱，则谓之不仁，与一体之麻木者等。苟仁矣，则由一体可以为团体，由团体可以为大团体，由大团体可以为更大团体，如是遍于法界，不难矣。故悬仁以为鹄，以衡量天下之宗教、之伦理、之政治、之学术，乃至一人之言论行事，凡合于此者谓之善良，不合于此者谓之恶劣。以故三教可以合一，孔子也，佛也，耶稣也，其立教之条目不同，而其以仁为主则一也。以故当博爱，当平等，人类皆同胞，而一国更不必论，而所亲更不必论。故先生之论政论学，皆发于不忍人之心。人人有不忍人之心，则其救国救天下也，欲已而不能自已。如左手有痛痒，右手从而熙之也；不然者，则麻木而已矣，不仁而已矣。其哲学之大本，盖在于是。

（二）先生之哲学，主乐派哲学也。凡仁必相爱，相爱必使人人得其所欲，而去其所恶。人之所欲者何？曰乐是也。先生以为快乐者众生究竟之目的，凡为乐者固以求乐，凡为苦者亦以求乐也。耶教之杀身流血，可为极苦，然其目的在天国之乐也；佛教之苦行绝俗，可谓极苦，然其目的在涅槃之乐也。即不歆天国，不爱涅槃，而亦必其以不歆不爱为乐也，是固乐也。若夫孔教之言大同，言太平，为人间世有形之乐，又不待言矣。是故使其魂乐者，良宗教、良学问也；反是则其不良者也。使全国人民皆乐者，良政治也；反是则其不良者也。而其人民得乐之数之多寡及其乐之大小，则为良否之差率。故各国政体之等级，千差万别，而其最良之鹄，可得而悬指也。墨子之非乐，此墨子所以不成为教主也。若非使人去苦而得乐，则宗教可无设也。而先生之言乐，与近世西儒所倡功利主义，谓人人各求其私利者有异。先生之论，凡常人乐凡俗之乐，而大人不可不乐高尚之乐。使人人皆例于俗乐，则世界之大乐真乐者，终不可得。夫所谓高尚之乐者何也？即常自苦以乐人是也。以故其自治及教学者，恒以乐天知命为宗旨。尝言曰：凡圣贤豪杰之救世任事，亦不过自纵其救世任事之欲而已。故必视救世任事如纵欲，然后可谓之至诚，可谓之真人物。是先生哲学之要领，无论律人律己，入世间出世间，皆以此为最终之目的，首尾相应，盛水不漏者也。

（三）先生之哲学，进化派哲学也。中国数千年学术之大体，大抵皆取保守主义，以为文明世界，在于古时，日趋而日下。先生独发明《春秋》三世之义，以为文明世界，在于他日，日进而日盛。盖中国自创意言进化学者，以此为嚆矢焉。先生于中国史学，用力最深，心得最多，故常以史学言进化之理。以为中国始开于夏禹，其所传尧舜文明事业，皆孔子所托以明义，悬一至善之鹄以为太平世之倒影现象而已。又以为世界既进步之后，则断无复行退步之理，即有时为外界别种阻力之所遏，亦不过停顿不进耳，更无复返其初。故孟子言"天下之生久矣，一治一乱"，其说主于循环；《春秋》言据乱、升平、太平，其说主于进化。二义正相反对，而先生则一主后说焉。又言中国数千年政治虽不进化，而社会甚进化。政治不进化者，专制政体为之梗也；社会进化者，政府之干涉少而人民自由发达也。先生于是推进化之运，以为必有极乐世界在于他日。而思想所极，遂衍为大同学说。

（四）先生之哲学，社会主义派哲学也。泰西社会主义，原于希腊之柏拉图，有共产之论。及十八世纪，桑士蒙、康德之徒大倡之，其组织渐完备，隐然为政治上一潜势力。先生未尝读诸氏之书，而其理想与之暗合者甚多。其论据之本，在《戴记·礼运》篇孔子告子游之语。其文曰：

> 大道之行也，天下为公，选贤与能，讲信修睦。故人不独亲其亲，不独子其子；使老有所归，壮有所用，幼有所长，鳏寡孤独废疾者皆有所养；男有分，女有归。货恶其弃于地也，不必藏于己；力恶其不出于身也，不必为己。故谋闭而不兴，盗窃乱贼而不作，故外户而不闭。是谓大同。

先生演绎此义，以组织所谓大同学说者。其理想甚密，其条段甚繁，以此区区小篇，势不能尽其义蕴。今惟提其大纲，先列一表如下：

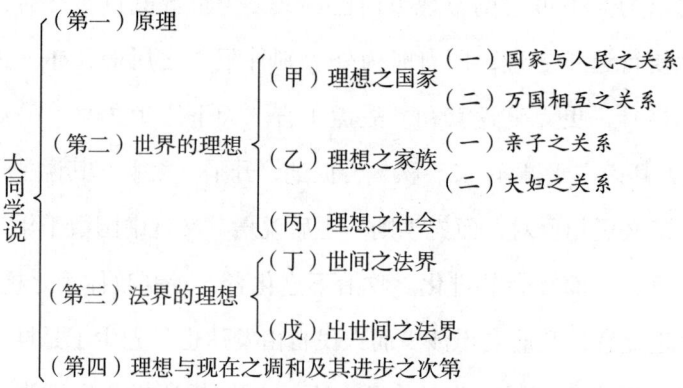

（第一）原理　先生哲学之主纲，既以求人类全体之最大快乐为目的，乃以为虽求其乐，当先去其苦；欲去其苦，当先寻其致苦之源。于是以慈悲智慧之眼，观察世界各种社会，条别其苦恼之种类，与其所从出。今略举其数如下：（见下页）

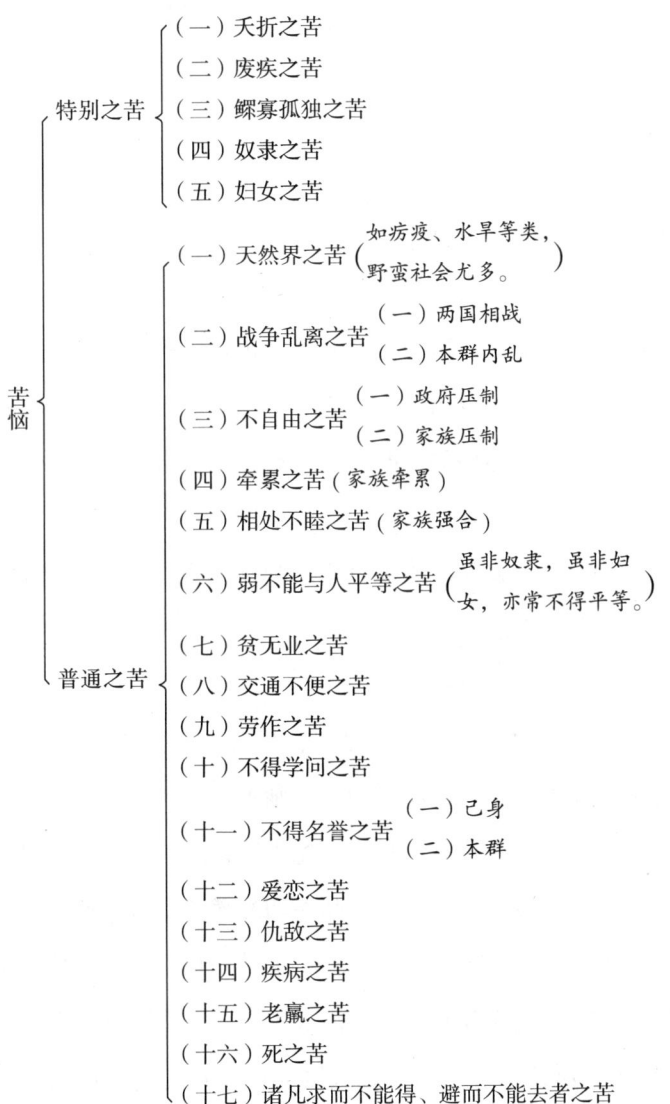

既察种种苦恼相，而求其所自出，不外三端：一曰天生，二曰人
为，三曰自作。又总三者而求其最大之根源，曰妄生分别。于是
乎讲普救之术，曰天生之苦恼，人智日开，艺术日精，则可以胜

之；人为之苦恼，公德日进，政事日修，则可以胜之；自作之苦恼，理想日高，智慧日大，则可以胜之。而其总根源既在分别，则其对治之总方法，厥惟大同。

大同根据之原理，以为众生本一性海，人类皆为同胞。由妄生分别相故，故惟顾己之乐，而不顾他之苦，常以己之自由，侵人之自由，相侵不已，相报复不已，而苦恼之世界成焉。人私其身，家私其家，群私其群，国私其国，谋用是作，兵由此起，一切苦恼，永无穷极。欲治其本，不可不以宗教精神为归宿；而其下手之方法，不可不务国家改良、家族改良、社会改良。盖先生之为此学说，非徒欲施之一国，而将以施之天下；又非欲行之于现在，而欲行之于将来。质而言之，则其博爱、主乐、进化之三大主义，所发出之条段也。

（第二）世界的理想

（甲）理想之国家　先生谓所贵乎有政府者，谓其为人民谋公益之一公局也。故苟背此目的者，则不得认为政府；苟不尽此责任者，亦不得认为政府。虽然，先生所谓政府责任者，其范围颇广大。主张干涉主义，以为民间一切教养之事务，政府不可不经理之、指导之。（其详见下社会节。）其外形乃有似希腊之斯巴达国政体，但其选任政府，则一由人民公举，采万国制度而改良焉，《礼运》所谓"天下为以，选贤与能"也。惟一政府所辖之境域，必不可过大，如中国十八行省之地，最少亦须分为四五十政府，各因其风俗之程度以施政。初时不必齐等，久乃归于大同。至于万国相互之关系，先生以为各强国对立，各谋私益，互争雄长，最为文明进步之害，故第一须破国界。凡各大国向来统治于一总政府之下者，宜听其人民自治，分为若干对等之小国，略如美国联邦、瑞士联邦之例。合全地球无数之小政府，为独一之大联邦，而为总宪法以枢纽之。但此宪法与各小政府之宪法异：小政府之宪法务极繁，大联邦之宪法务极简。联邦既成，则兵尽废，但有警察，而无海陆军，《礼运》所谓"讲信修睦"也。此义西人发之者固甚多，今后数百年间亦断不能行。而其为天下之公理，为将来世界所必至，盖不可诬也。

（乙）理想之家族　先生以为寻常一般苦恼，起于家族者居大半。今日中国无论何人，问其家事，必有许多难言者。虽其外强为熙熙融融，然其中非含隐戾不平之气，即蓄愁郁不堪之象。此何故也？（其一）"凡人性质之不相同，如其面焉。强合数躯壳或至数十躯壳，使处于一室，其魂不相洽，而其体不能相离，故悍者勃豀阋争，柔者抑郁疾瘵。"（其二）"一家之中，分利者众，生利者寡。妇女无论矣，孩童无论矣，即壮岁之子弟，亦常复仰食于父兄。故家长为一家之人所累，终岁勤动，而犹不足自给；一家之人亦为家长所累，半生压制，而终不得自由。"以此两端，故凡有家者无不苦。万国皆然，而中国为尤甚也。然则家者烦恼之根也，故既破国界，不可不破家界。破家界之道奈何？凡子女之初生也，即养之于政府所立育婴院，凡教养之责，皆政府任之，为父母者不与闻。故凡人一出世，即为公民，为国家之所有，为世界之所有，父母不得而私也。父母之恩，不在于生而在于养。故受育膝下，三年免怀，饮之食之，教之诲之，则义不可以不报，不孝者罪无赦焉。若夫养育于国家，则报国家之恩，重于父母。其天性厚者，竭诚奉养焉，固可贵也；即不能然，亦不责也。虽然，犹有一义焉。凡人之养子，大率为晚年侍养之计者多；若尔尔，则老者不其殆乎？曰：凡人之既成年也，受各种教育，因其性之所近，使之执事，为社会尽责任者若干年；及其老而衰也，则入于政府之公立养老院，尽养以终其余年，是又社会之报各人也。记有之："十六以下，上所长也；六十以上，上所养也。"如是则老者无殆也。《礼运》所谓"人不独亲其亲，不独子其子；老有所归，壮有所用，幼有所长"也；是使人人皆独立于世界之上，不受他之牵累，而常得非常最大之自由也。若夫夫妇之间，则以结婚自由、离婚自由为第一要义，政府一切不干涉，而惟限其年。若一夫多妻，一妻多夫，则所严禁也。此义也，西人固已实行之。

> 案：先生所言亲子之关系，似甚骇听闻，虽然，不过其理想如是耳。凡行一制度，必与他制度相待而成。若行甲而遗乙，行乙而遗甲，是不可谓之制度也。故此等关系，到大同之后，势固不得不行；若在今日，万不能以为借口者也。先生说教，最重报恩。常言佛法出家，于施报之义，大有缺点焉。既有家则不可不爱家；既受父母之教养，则不可不孝父母。故先生事母以孝闻。学者勿误会此言以自取罪也。

（丙）理想之社会　前所述理想之国家，实无国家也；理想之家族，实无家族也。无国家无家族则奈何？以国家家族尽融纳于社会而已，故曰社会主义派哲学也，故其一切条理，皆在于社会改良。今试举其特色者，略条论之：

（A）进种改良　欲造大同之世界，不可不使人类有可以为大同公民之资格，故进种改良为最要焉。此事固甚难，然亦非不可致。用人事淘汰之法，需以日月，则人种必可以日进。先生之议，以为女子平日当受完全之教育，不待言矣。而又必定市廛乡宅之地，使各有别。凡居室不许在城市工场尘溷之地，使其有清淑之气；而政府又别置各种旅馆于山水明秀之诸地，以为士女行乐之所，（其时人必乐居旅馆，不乐自置。）令其受生之始，已感天地清明之气。及妇人之有身也，即入公立之胎教院。其院尤必择胜地，院内结构精雅，陶养性情之具无不备；有名医以司理其饮食，调节其运动；有名师间日演说，以熏善其德性。他日胎教之学，日精一日，则人种自日进一日。又凡废疾者，有脑病者，肺病者，又曾犯某某类之重罪者，若经名医认其有遗传恶种之患，则由公局饮以止产药，无俾育兹稂莠，如是则种必日良矣。

（B）育婴及幼稚教育　育婴之事，必由公局，父母不得与闻。固由破家族之累，亦因养子之学，非人人尽能，不如专门名家之为愈也。公家立育婴院，与胎教院相连。孩童一生，即移斯院。院内保母，皆专门此学，终身以之。两三岁后，移于幼稚园，受幼稚教育。

（C）教育平等　欲使人类备大同之人格，则教育为第一义矣。自六岁至二十岁，皆为受教育之时期，无论何人，皆当一律。今各国惟小学年度，必须受学，著为功令；其中学、高等学以上，则任人自由。盖子弟为父母所有，其父母境遇不同，无能强也。若大同之制，则世界自教其后进，凡任公家教育之职者，皆有全权以主持之，必不可使有畸轻畸重。如是久之，则人类之智德，可以渐臻平等矣。凡自二十岁以前，一切举动，皆受先辈所监督，分毫不许自由。

（D）职业普及　二十岁后，教育期已满，则直属于政府，为公民，一切自由。其执何职业，政府虽不得干预之；然若有不得职业者，则谋为位置，责在政府。政府当多所兴作，使民得便，与民同乐。但其人非稚非老非废疾，而不执业，坐食分利者，则政府罚之。

（E）劳作时刻减少　近世最大问题，劳作社会问题也。频年以来，工价屡增，时刻屡减，实为进化之一大现象。虽然，不过萌芽耳。物质学日进步，工艺机器，发明日多，则人类劳作之力，愈可节省。及大同时，必有每日只需操数刻之工，而所出物产，百倍于今日，所受薪金，十倍于今日者。除此数刻之外，则皆为行乐之时。熙熙春台，其乐只且。

（F）说教　每来复日必说教，一如今日之泰西。政府有教院，会通群教，而择一最良之德育方案。然各教会之设立，及各人之信何教，皆许自由也。

（G）卫生　凡公众卫生之事，常以全力使之进步。民间筑室，政府皆检定之。其有病者，则入公立养病院。

（H）养病　公家立养病院，聚名医焉，聚专门之看护妇焉。有病者经医生认可，谓为当入病院则入之，医药饮食，皆取给于公焉。养废疾院，亦附属于养病院。惟养鳏寡孤独院则无之，大同之世，无鳏寡孤独也。

（I）养老　公家必立养老院者，非徒若中国旧说敬老引年之意云尔，盖基于社会报德之原理焉。人自二十一岁以后，即出于社会，操种种之职业，为公众尽瘁，有助于进步者不少。既已劬劬数十年，则社会宜有以报之，故养老之典最重。公设此院，务极宏敞；起居饮食，务极精良。其中又分特别、普通二者。特别院，凡有功德在民，曾受公赏者居之，当令天下第一娱乐之地，无出其右。普通院，则寻常老人居之，其体制亦较寻常居宅有加焉。其自有府第，不入公院者，亦听。

（J）土地归公　政府直辖之事业，如此其多，则其费浩繁，将何所出？势固不可不仍取于民。然租税重，名目繁，则民且滋不便。于是略仿井田之意。凡地球之土地，皆归公有，民不得私名田。政府量其地能出之富力几何，随时定其率，约十而税一。惟此一税，他皆除之。

（K）公立事业　公府财源所出，除土地税外，其次则多兴公业。如大铁路、大轮船公司、大矿务、种种大制造局，虽听民间自设，然政府亦常募公债以自办之，务使公业极多，百务毕举。

（L）遗产处置　其次则各人遗产，例以一半归公；其余则听本人处置，或赠知友，或赠公家。

（M）奖厉名实　大同之世，人爵不荣。虽然，有功德于民者，则社会宜表敬谢之意，以旌其美，且劝后人，是亦不可废也。彼时奖厉之格，惟有两途：一奖厉知识，二奖厉慈善，即不外智人、仁人二位而已。有国（即一小政府）之智人、仁人，有天下之大智人、大仁人。凡能著新书发明新理制新器者，皆谓之智人。仁人之种类颇繁，如任政府而尽瘁有大功者，为教师能感化多人者，医生之名家者，及捐私财以行公善者，皆称焉。又有普通之仁人，如育婴院之保母，小学校之教师，在职若干年者，院长考其劳绩，加徽号焉。养病院、养老院之看护人，在职若干年者，由病人、老人出具考语，加徽号焉。凡此等智人、仁人，皆受社会特别之优待，政府常予以加等权利，以酬其劳。及其入养老院也，亦处于特别院。

又养老院、养病院之看护人，除自愿专门名家久于其职者外，凡男女二十岁卒业学校后，必须充当此役一年，如现世各国，凡国民皆须有当兵之义务。不过彼则残杀事业，此则慈善事业耳。凡在此一年中，被老人、病人加以劣考语者，则政府剥减其终身之权利。

　　附奖厉生育　大同之世，有一事甚可虑者，则妇人不愿生子是也。人人独立，生子无私利于己，而惟受其苦痛，谁则乐之！若尔则人道几乎息矣，故不可不立特别之优奖以为生子者劝。何也？生子者为将来世界永续文明之大原，其功德固不浅。公众酬其劳，不亦宜乎？

（N）刑罚　大同之世，几刑措矣。虽然，人与人相处，固有未能尽免者焉。而大同世又有特别之律二条：一曰无业之罚（政府既多兴事业，以应人民之求，犹有无业者，必惰也，不尽责任于社会也，故罚之宜也），二曰堕胎之罚是也。凡所用刑罚，惟有苦工，余皆废之。

（O）男女同权　今泰西女权虽渐昌，然去实际犹远。即如参政权一事，各国之妇女有权投票者，不过美国及澳洲，间有一二州耳，余皆无闻。自余各事，无一能平等者。若东方更不必论矣，大同之世，最重人权。苟名为人，权利斯等。

（P）符号画一　自语言文字，乃至纪元、货币、律度、量衡，皆设法以渐画一之，省人之脑力焉。

若合以上各端，设理想的大同政府，则其官制，大略如下：

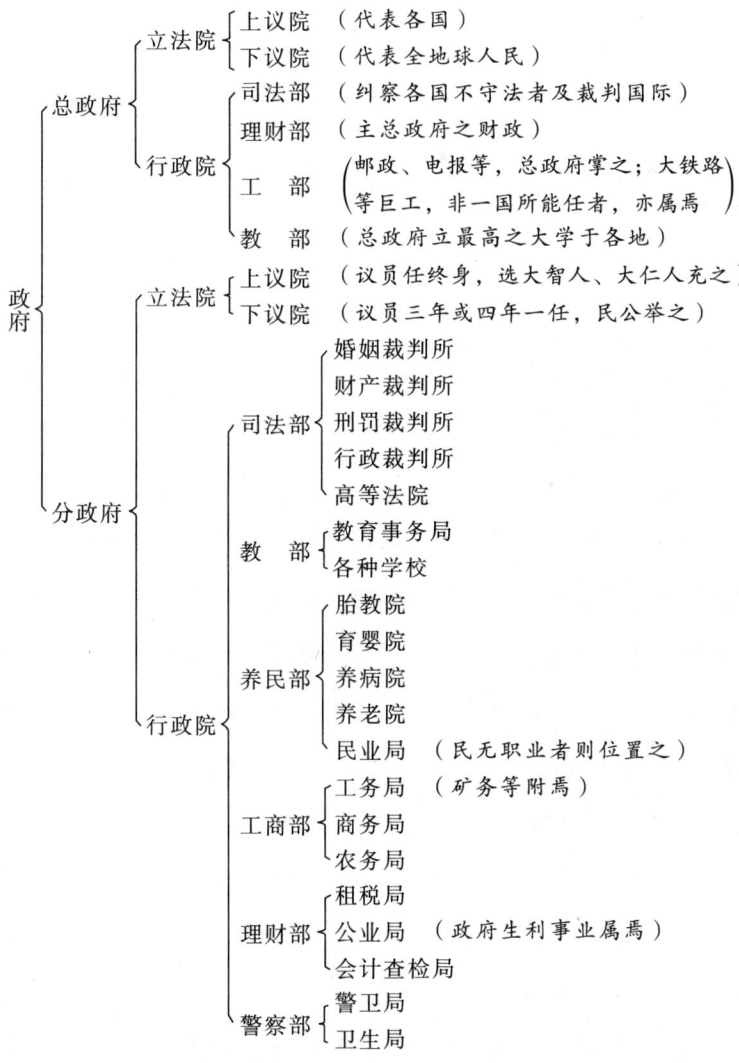

以上各条，略举大概。至其条理之分目，及其每条所根据之理论，非数十万言不能尽也。先生现未有成书；而吾自十年前，受其口说，近者又专驰心于国家主义，久不复记忆，故遗忘十而八九。此固不足以尽先生之理想，虽然，所述者，则皆先生之言，而毫不敢以近日所涉猎西籍，附会缘饰之，以失其真也。此等理想，在今日之欧美，或不足为奇；而吾独怪乎先生未读一西书，而冥心孤往，独辟新境，其规模如此其宏远，其理论如此其精密也，不得不叉手赞叹曰：伟人哉！伟人哉！

（第三）法界的理想

（丁）世间之法界　先生此种理想，既非因承中国古书，又非剿袭泰西今籍，然则亦有所凭借乎？曰：有。何凭借？曰：借佛学。先生之于佛学也，纯得力大乘，而以华严宗为归。华严奥义，在于法界究竟圆满极乐。先生乃求其何者为圆满，何者为极乐。以为弃世界而寻法界，必不得为圆满；在世苦而出世乐，必不得为极乐。故务于世间造法界焉。又以为躯壳虽属小事，如幻如泡，然为灵魂所寄，故不度躯壳，则灵魂常为所困。若使躯壳无缺憾，则解脱进步，事半功倍。于是原本佛说舍世界外无法界一语，以专肆力于造世界。先生常言孔教者佛法之华严宗也。何以故？以其专言世界，不言法界，庄严世界，即所以庄严法界也。佛言当令一切众生皆成佛。夫众生根器，既已不齐，而所处之境遇，所受之教育，又千差万别，欲使之悉成佛难矣。先生以为众生固不易言，若有已受人身者，能使之处同等之境遇，受同等之教育，则其根器亦渐次平等，可以同时悉成佛道。此所以苦思力索，而冥造此大同之制也。若其实行，则世间与法界，岂其远哉！

（戊）出世间之法界　前表所列诸苦恼，若大同制行，则悉消灭矣。而所余者犹有一焉，曰死之苦是也。然则专言世间法而不言出世法，亦不足为圆满。故先生之哲学，以灵魂为归宿，使人知身虽灭而有不灭者存。先生以为佛法之必出家，固非得已；虽然，在往今之世界，而劝人出家，其义理之不完，有正多者。夫度人出家，为使其人去苦而得乐也。然一人乐矣，而其一家之苦顿增。众生平等，若此则何其偏毗乎！且佛法最重报恩。父母鞠之育之，罔极劬劳；一旦弃去，其何为心？此所以世间法与出世法，常不相容也。若大同制行，则人人无家，不出自出，如是乃可言出世法。然先生以为虽大同之后，犹当立律以制限之，非至四十岁以外者，不许离世务也。何也？以其曾受社会教养二十年，则有当为社会做事二十年之义务以相偿，报恩之义则然也。但人人既享世俗之乐，则又当知器世虚假，躯壳无常，勇猛精进，竿头一步，尽破分别相，以入于所谓永生长乐之法界者。是则先生之志也。人智日进，真理日明，大同之后，有不期然而然者矣。

（第四）理想与现实之调和及其进步之次第　然则此理想与现世之实际，不悉相冲突乎？且将由何道以达之乎？先生以为万物并育而不相害，道并行而不相悖。《春秋》三世，可以同时并行，或此地据乱而彼地升平，或此事升平而彼事太平，义取渐进，更无冲突。凡法律务适宜于其地与其时；苟其适宜，必能使其人日以发达；愈发达，愈改良，遂至止于至善。故不可以大同之法为是，小康之法为非也，犹佛言大乘不废小乘也。先生教学者常言："思必出位，（《论语》：'君子思不出其位。'）所以穷天地之变；行必素位，（《中庸》：'君子素其位而行。'）所以应人事之常。"是故其思想恒穷于极大极远，其行事恒践乎极小极近，以是为调和，以是为次第。

## 第八章　康南海之中国政策

先生固以行大同救天下为最终之目的，但以为吾所最亲者，中国也；今日众生受苦最深者，中国也；人民居地球三之一者，中国也。于是乎内观实践，以救中国为下手之第一段。戊戌夏秋之间，虽赞政三月，然百事掣肘，所志不能行万一。今略述其所怀抱之政策如下：

（第一）中国倡民权者以先生为首，（知之者虽或多，而倡之者殆首先生。）然其言实施政策，则注重君权。以为中国积数千年之习惯，且民智未开，骤予以权，固自不易；况以君权积久，如许之势力，苟得贤君相，因而用之，风行雷厉，以治百事，必有事半而功倍者。故先生之议，谓当以君主之法，行民权之意。若夫民主制度，则期期以为不可。盖独有所见，非徒感今上之恩而已。

（第二）近年联汉扑满之议颇行，先生以为骤生此界，是使中国分裂，而授外国以渔人之利也。苟使能去专制之秕政，进人民之公益，则汉人自居国民之大多数，两利俱存，何必仇满？

（第三）近世多有倡各省独立之说，先生以为中国自秦以来，数千年皆统一之历史，盖地理上、人种上、习惯上有不得不然者也。虽欲分之，必不可得分，徒取糜烂，且生外忧。

（第四）先生以为欲维新中国，必以立宪法、改官制、定权限为第一义。以今日之法，以今日之官，虽日下一上谕言维新，无益也。其所谓改官制者，条理甚繁，不能具述。所谓定权限者，定中央政府与地方自治之权限也。

（第五）先生虽极非各省独立，而最重地方自治。以为中国议会，万不能速立；而地方议会，不可不早开。因数千年来自治之习惯，其事甚顺，且使民练习政务，为将来参政之基也。

（第六）先生以为今日中国分省太大，宜缩小之。约以今一道为一省，置议会焉，直隶于中央政府。一道中各成一小政府之形。

（第七）先生谓中国当以工商为国是，以天产之富，工价之廉，而其人精于商务，若天授焉。苟以政府之力奖厉之扶助之，上下一心，同此目的，不十年而中国之雄甲天下。

（第八）先生谓宜立教务部，以提倡孔教。非以此为他教敌也，统一国民之精神，于是乎在。今日未到智慧平等之世，则宗教万不可缺。诸教虽各有所长，然按历史，因民性，必当以孔教治中国。

（第九）先生谓内治稍有端绪，当经营西北，移民实蒙古、新疆、西藏，辟其富源，一以纾东南人满之忧，二以为争雄欧西之基。

（第十）先生谓当留意殖民事业。今南洋一带，华民居百分之九十九，但使能在其地得参政权，则我国民之发达，不可思议矣。又谓南美洲巴西各地，地广人稀，颇欲招华工，政府宜以实力速行之、劝导之、保护之，将来可立新中国于西半球。

（第十一）先生以为今日中国无取多兵。何也？若能立宪法、改官制、行真维新，则内乱必不生，无取兵也。泰西各国，专务商业，咸愿平和。苟外交无失，内治日兴，谁则开衅？亦无取兵也。故以养兵之费，兴学劝工，为得策矣。

（第十二）先生以为维新十年或二十年后，民强国富，则可从事于兵。兵既成，号召英、德、美、日以摈强俄，一战而霸，则地球大同之幕开矣。

此其大概也。至如重教育、广铁路、兴警察等事，虽其所常言，然人多知之，且或已行之，故不及焉。先生之政策，与余所见，有同者，有异者，故不置论其是非得失，惟胪列之以供当世之评骘采择云尔。

# 第九章　人物及其价值

康南海果如何之人物乎？吾以为谓之政治家，不如谓之教育家；谓之实行者，不如谓之理想者。一言蔽之，则先生者，先时之人物也。如鸡之鸣，先于群动，如长庚之出，先于群星，故人多不闻之不见之。且其性质亦有实不宜于现时者乎，以故动辄得咎，举国皆敌。无他，出世太早而已。

大刀阔斧，开辟事业，此先生所最长也。其所为之事，至今未有一成者，然常开人之所不敢开，每做一事，能为后人生出许多事。无论为原动力，为反动力，要使之由静而之动者，先生也。先生者实最冒险最好动之人也。尝有甲乙二人论戊戌维新事。"乙曰：康有为亦寻常人耳，其所建白，吾皆能知之，能行之。甲曰：然则君何为不为？乙曰：难也。甲曰：知其难而为之，此康有为所以为康有为也。"可谓知言。

先生最富于自信力之人也。其所执主义，无论何人，不能摇动之。于学术亦然，于治事亦然。不肯迁就主义以徇事物，而每熔取事物以佐其主义，常有六经皆我注脚、群山皆其仆从之概。故短先生者，谓其武断，谓其执拗，谓其专制，或非无因耶。然人有短长，而短即在于长之中，长即在于短之内。先生所以不畏疑难，刚健果决，以旋撼世界者，皆此自信力求之也。盖受用于佛学者深矣。

先生任事，不择小大。常言事无小大，惟在比较。与大千世界诸星诸天比，何者非小？与血轮微虫、兔尘芥子比，何者非大？谓有小大者，妄生分别耳。故但遇一事，有触动其不忍人之心者，即注全力以为之。虽费劳甚多，而结果甚少，不惜也。其半生常为阻力所围绕，盖自好为之也。

先生脑筋最敏。读一书，过目成诵；论一事，片言而决。凡事物之达于其前者，立剖析之，厘然秩然。虽或有不悉当者，然皆为自达其目的之助也。

先生之达观，真不可及也。素位而行，顺受其正，是其生平所最服膺之语。又以为我不入地狱，谁入地狱救此众生，故遇患难，遇穷困，皆谓为我所应有，必如是乃尽吾责任也。虽日日忧国忧天下，然于身世之间，常泰然也。

先生为进步主义之人，夫人而知之。虽然，彼又富于保守性质之人也，爱质最重，恋旧最切。故于古金石好之，古书籍好之，古器物好之，笃于故旧，厚于乡情。其于中国思想界也，谆谆以保存国粹为言。盖先生之学，以历史为根柢。其外貌似急进派，其精神实渐进派也。吾知自今以往，新学小生，必愈益笑先生为守旧矣。虽然，苟如是，是中国之福也。

要之世人无论如何诋先生，罪先生，敌先生，而先生固众目之的也，现今之原动力也，将来之导师也。无论其他日所成就或更大与否，即以今论，则于中国政治史、世界哲学史，必能占一极重要之位置，吾敢断言也。虽然，此非先生之所期也。先生惟乘愿而来，随遇而行，率其不忍人之心，做一事算一事，尽一分算一分而已。顾吾中国不患无将来百千万亿之大政治家、大外交家、大哲学家、大教育家，而不可无前此一自信家、冒险家、理想家之康南海。吾安得不注万斛之热血，为中国为众生表感谢也！海天万里，先生自爱。

英国名相克林威尔，尝呵某画工曰："PAINT ME AS I AM."盖恶画师之谀己，而告以勿失吾真相也。世传为美谈。吾为《康南海传》，无他长，惟自信不至为克林威尔所呵。凡起草四十八点钟，传成。孔子二千四百五十二年十一月九日，梁启超记于日本横滨山椒之饮冰室。

1901 年 12 月《清议报》100 册

# 南海先生七十寿言

## 梁启超

岁丁卯二月五日实我本师南海康先生七十生日，上距广州长兴里万木草堂设教伊始三十有七年矣。同学著籍者遍天下，咸思所以为先生寿，其最初受业于门者及游宦于京邑者若而人则胥谋命启超为之辞。启超窃惟先生思以道援天下溺，恻恻焉数十年如一日，顾竟不得所藉手至于今。而世变愈棘，夷狄禽兽，交于中国，四民惨悴颠沛，不可终日。先生盖盍然忧伤，其不能一日展眉以为欢也。虽然，先生有天游焉，终日行不离辎重，而神明乃栖息乎方之外。以故一生所历劳苦患难，非恒人所堪，而常能无入而不自得。古之真人，盖有入水不濡，入火不热，寿不知其几，而颜色常如婴儿者。孔子有言："智者乐，仁者寿。"先生惟仁也故有终身之忧，惟智也故不改其乐，仁且智故乐而寿，正惟弟子不能及也。先生之功在国家，与其学术之开拓千古，若悉说之将累万言不能尽。吾侪今日求所以乐先生者，请语草堂之乐以为乐可乎？

吾侪之初侍先生于长兴也，徒侣不满二十人，齿率在十五六乃至十八九之间，其弱冠以上者裁二三人耳，皆天真烂漫，而志气蹴踔向上，相爱若昆弟，而先生视之犹子。堂中有书藏，先生自出其累代藏书置焉；有乐器库，先生督制琴竽干戚之属略备。先生每逾午则升坐讲古今学术源流，每讲辄历二三小时，讲者忘倦，听者亦忘倦。每听一度，则各各欢喜踊跃，自以为有所创获，退省则醰醰然有味历久而弥永也。向晦则燕见，率三四人入室旅谒，亦时有独造者。先生始则答问，继则广谭，因甲起乙，往往遂及道术。至广大至精微处，吾侪始学耳，能质疑献难者盖鲜有之，则先生大乐益纵，而所以诲之者益丰。每月夜吾侪则从游焉。粤秀山之麓，吾侪舞雩也，与先生或相期或不相期。然而春秋佳日，三五之夕，学海堂、菊坡精舍、红棉草堂、镇海楼一带，其无万木草堂师弟踪迹者盖寡。每游率以论文始，既乃杂遝泛滥于宇宙万有，芒乎汋乎，不知所终极。先生在则拱默以听，不在则主客论难锋起，声往往振林木；或联臂高歌，惊树中栖鸦拍拍起。於戏！学于万木，盖无日不乐，而此乐最殊胜矣。先生著《新学伪经考》方成，吾侪分任校雠；其著《孔子改制考》及《春秋董氏学》，则发凡起例诏吾侪分纂焉。吾侪坐是获所启发，各斐然有述作之志。其著《大同书》，覃思独造，莫能赞一辞；然每发一义，未尝不择其可语者相与商榷，陈礼吉、曹著伟其最有异闻者也。抑先生虽以乐学教吾侪乎，然每语及国事杌陧，民生憔悴，外侮凭陵，辄慷慨欷歔，或至流涕。吾侪受其教则振荡怵惕，懔然于匹夫之责而不敢自放弃自暇逸。每出则举所闻以语亲戚朋旧，强聒而不舍，流俗骇怪指目之，谥曰"康党"，吾侪亦居之不疑也。

自长兴以后，而邝家祠，而府学宫，从游者岁增，动至数百千人。虽得朋日丰，而亲炙之时日不能遍给，乐稍替矣。既而公车上书、强学会、戊戌政变以迄今日，忽忽三十年，先生转徙海外之日强半，吾侪相从于患难中，其间零落凋谢，不一二数。今先生七十，吾侪亦皆垂垂老矣。各牵于人事，或经数岁不得合并；然每一侍坐，则先生谭兴之豪，与抚爱之切挚，壹不减长兴时。吾侪深庆事先生之日方长，而所以鼓舞之使靖献于天下国家者，正未有艾也。

今国事诚有大不忍言者存，然剥极之后，会有其期。戊戌以后之新中国，惟先生实手辟之。今之少年，或能讥弹先生；然而导河积石，则孰非闻先生之风而兴者？事苟有济，成之何必在我！先生其亦或可稍纾悲悯，雍容扶杖，以待一阳之至也。

启超等或于役京国，或息影家园，或栖迟海外，不能一一抠衣趋祝。惟往往风晨雨夕相促膝话畴昔少年同学事，则心魂温醲而神志飞扬，谓为有生第一至乐，而知先生亦必有以乐乎此也。乃以所以乐先生者为先生寿，而属亲炙于侧者致辞焉。先生其将莞尔而笑曰："吾党之小子狂简犹昔也。"

原刊 1927 年《晨报星期画报》

# 公祭康南海先生文

## 梁启超

惟孔子卒后二千四百有五年，岁次丁卯二月二十八日甲子，先师南海先生殁于山东之青岛，越三月十六日辛巳，受业弟子梁启超等，为位而哭于京师宣武城南之畿辅先哲祠。既荐生刍、奠清醑，乃长号而告于其灵曰：呜呼！吾师视中国如命，而今也国则不纲，吾师以孔子之道为己任，而今也道则沦胥以亡，师吞泪泣血，摧肝断肠，视天梦梦，扣地芒芒，既撄冠之弗可救，乃被发而逊于大荒，师乎师乎！其将一瞑不复视耶？毋亦缧马反顾，掩涕而旁皇。惟师以天纵之资，当道丧之运，齐百家以折衷，执圣权而宅俊，虽游心于无垠，终明志于不忍，思托古以改制，作新民而迈进，爰有奇书，书曰《大同》，謽世患之所自始，哀民艰之不可终穷。谓一切恶业皆起于自私自我，救之之道在廓天下而为公；货恶弃地而不必藏诸己，力恶不出而耻以自泽其躬；家之名不立，则谁独亲其亲而子其子；国之界不存，则安有沟池城郭以争长雄。师以谓是孔子所有志未逮，后之善治者舍此其莫从。覃思渊微，辟境蚕丛，籀创其条理，究极其始终，经十年之斟酌损益，乃渐为一编，以诏群蒙。凡今世学子稗贩以相诧之新学说，皆我师三十年所尝瞑索而精奋。非我今日始作此语，其书之散布人间者，固早已如日月之丽空。顾师以为理想可悬鹄于极高，而推行必取次于条贯。《春秋》虽所以致太平，而托始乃在于拨乱。若刍狗群生以自为功，其心术先自不可道，况啸聚莠民以徼功名，其去致治之道抑更远，是故怵然于破坏之不可以尝试，而常思别运心力以弥消祸变。桓桓德宗，帝中之英，发愤国耻，旁求贤良。吾师受特达之知，奋草茅以陟庙堂，上书痛哭，前席慷慨，谓瓜分迫于目睫，非维新无以自强。帝遽动容，举国从将繄百日之施设，实宏远而周详，[强]邻动色以相告，民气蹈厉而发皇。天不厌乱，变在萧墙，牝鸡跋扈，应龙摧藏。师播越于外者十有六年，艰难险阻之备尝，国命日蹙，清乃先亡。曾坠日之不可挽，指虞渊而茫茫，虽骤起而卒蹶，后有作新中国史者终不得不以戊戌为第一章。斯万世之公论，匪吾党之阿扬。复辟之役，世多以此为师诟病，虽我小子，亦不敢曲从而漫应，虽然丈夫立身，各有本末，师之所以自处者，岂曰不得其正，[思]报先帝之知于地下，则于吾君之子而行吾敬，栖燕不以人去辞巢，贞松不以岁寒改性，宁冒天下之大不韪，而毅然行吾心之所以自靖，斯正吾师之所以大过人，抑亦人纪之所攸托命，任少年之喜谤，今盖棺而论定。呜呼哀哉！今复何言。狐狸入室，虎狼在门，同气攘臂以日相斫，各倚狡敌，以为之伥魂。万方一概，八表同昏，魑魅舞于白昼，石民呻于覆盆，僻壤则荆杞生村落，战区则白骨蔽平原，纵有什一之孑遗，亦将为待刲之孤豚。凡此惨象，皆我师二十年前所悬记，大声疾呼而莫之或闻。今大乱方作始耳，他日迁流所届，曾不知其垠。师乎师乎！遽何能瞑于九原。呜呼哀哉！先后一月间耳，方介师之寿，旋执师之丧。叹晷度之昭回，信人命之不常，以师智周万物，道协天行，一瞬息间，往返于诸天者，不知几千百度，久游戏以驰翔。彼生死一屈伸臂，岂足以撄至人之所藏。况为一大事出世，事已则宜返其乡，诸漏已尽不受后有，奚恋乎末次报身之一皮囊，死期乃师所预定，吾侪于曼宣书中已审其端详。示疾仅五日，实等于无病而坐亡。亦知大慧之解脱，非凡夫之所可计量。但悲仰于山颓而木坏兮，其孰能不摧恸乎中肠。呜呼哀哉！去年八月，师来我抚，一一执手，以相劳苦，德容温语，历历在睹，岂期从此，一别如雨。雨落不上天，人去无见期，昨梦见颜色，非复平生时。怅干戈之满眼，欲奔丧而岖崎，并凭棺而不逮，空临风而泪滋。荐春兰兮秋菊，灵之格兮歆斯，呜呼哀哉！尚飨。

1927 年 4 月 18 日《晨报》

# 记南海先生出险事

## 梁启超

　　呜呼！先生之被严捕而不死，盖有天焉。

　　自新政行后，满朝守旧党，疾先生甚矣，千方百计，欲排之，谤诬繁兴。亲友咸忧及于大祸，皆劝勿言变法，早出京。先生曰："死生有命。吾尝在粤城步经华德里，飞砖掠面几死，若死盖亦无所避矣。中国危亡如此，今躬遇圣主，安可计较祸患而不救？"先生之行政，盖早舍身忘生矣。

　　六月，孙家鼐承军机大臣意，奏请派先生出上海督办官报局。而先生感激知遇，且闻九月阅兵废立之阴谋，深知皇上之危险，义不可舍去，欲留京设法有所补救，故迟未行。而皇上亦令军机大臣传旨命将所编《列国强盛弱亡记》一书尽写成进呈，然后出京，盖示意命其留京也。至七月二十九日，而"朕位不保"之密诏忽下，康乃发愤思救护。而初二日旋降明诏，命其迅速驰往上海，毋得迟延矣。先生奉诏后，犹欲布置数日乃行。而初三日又由林旭交到第二次密谕，促行益急。乃于初四日上折告行，初五日天未明出京。时虽极知事之危险，然仍以为大变当在九月也，故尚从容而行。及初六日，忽步军统领衙门率兵役来寓舍逮捕，而先生已在途中，不知事变。当时京师诸同志闻变，为先生大忧，而无从通递消息，咸以为必死。故谭嗣同曰："皇上既无从救，今先生亦无从救，我已无事可办，惟有待死期而已。"

初五晚，先生由铁路至塘沽，搭招商局某轮船赴上海。既已登舟息于舱矣，因无一等舱位，且须翌午乃动轮，心忽动，于是复登岸。宿塘沽一夕，改乘英公司重庆轮船，遂于初六早十点钟动轮。其夕荣禄派飞骑在天津塘沽逮捕，大搜不得，知已乘船去。乃发电往烟台道、上海道，大搜各轮船协拿，又发兵舰飞鹰往追。飞鹰者每点钟行廿九海里，比重庆轮船速率倍之。而飞鹰以贮煤不足，仅行六点钟煤即尽，因追不及。重庆船既到烟台，停泊一点钟有余。时先生绝不知政变事，犹登岸游览，并购五色石子两筐，徜徉良久，乃归舟。先一时许，烟台道员某已接到天津密电，适有急事，须往胶州，因未将其电信看视，藏之怀中而去。及到胶州，译而视之，则命其截搜重庆船密拿也。因从胶州驰归烟台，则船又已开矣，遂不及。先是上海道蔡钧既奉到密拿之电，连日亲乘小轮船到吴淞，凡有船自天津到者，必上船搜毕，然后许搭客登岸。当时上海之志士十数人，闻变后，共谋设法救先生，密乘小船往吴淞，将相机行事。见此情形，以为万无生理，痛哭而返。

初九日下午二点钟，重庆船将到吴淞，上海道等舣船以俟。乃该船未入口数里许时，先生在船头与客谈笑，方阅浙士姚某奏疏而论议之。忽一英人乘小轮到船，持先生之照片，遍认舟中旅客。见先生携手入房，问之曰："君是康某乎？"先生曰然。又问曰："君在北京曾杀人乎？"先生曰："异哉！吾何为杀人哉？"又问曰："然则君何为出京乎？"先生曰："吾奉我大皇帝密旨令出京。"其人曰:"密旨云何?"先生乃命取笔墨书以授之。其人乃在怀中出一纸,则北京政府密电谕上海道,谓皇上已大行,为康某进丸所弒,即可密拿就地正法云云也。先生视毕,骇然泫然。英人曰:"我乃上海领事遣来濮兰德也,君可即随我行。"乃携手下小轮船登英兵舰,甫到舰而上海道搜拿之小轮船已到矣。先生与英使馆及上海英领事,无一面之识,故英人之相救,非惟出中国官吏之意外,并出先生意外也。英领事所以得此消息及先生之照片者,因上海道奉到密旨后,即抄录数十分,并购先生照片数十分,照会各国领事,请其协拿。英人素知先生为变法之领袖,故特救之。

先生既由重庆下小轮,因北京政府密电之语,言皇上已大行,窃意皇上已为西后、荣禄所弒,肝肠寸断,痛不欲生,乃成一诗曰:"忽洒龙髯髴太阴,紫薇移座帝星沉。孤臣辜负传衣带,碧海波涛夜夜心。"又作诀家人弟子数书,盖尚备死所也。英领事又告以皇上大行之事尚不确,故留此身以有待。

当初六至初十四日之间,荣禄等疑先生尚在北京,凡闭城门两次,停铁路车三次,发兵三千,缇骑四出,密电纷驰,大搜数日。至初十日,启超与日本领事自天津下塘沽,犹派小轮船来追捕,疑为先生云。幸捕者人寡,不然启超亦不免。盖天罗地网,既广且密,中国数千年捕一匹夫未有之大举也。而先生乃从容购石吟啸论文,不知事变,未尝少避。以常理论之,盖万无生理矣,而卒获不死,岂不异哉!

是役也,先生有十身不足死:皇上无两重诏书敦促,则先生不出北京,必死;荣禄之变早作一日,则先生无论在京在途,必死；若先生迟一日出京，则在南海馆被捕，必死；若宿天津栈，则不及搭船，必死；若初六日船不开，必死；既搭招商局船，常例必不复登岸，无从搭英船，则英人无从救，必死；飞鹰兵舰速率既倍，若非缺煤，则必追及被捕，必死；（或者曰飞鹰舰长仗义释放云，亦未可知。）烟台之道员，若非往胶州，则截搜被捕，必死；到上海不遇救，必死；上海道不请各国领事协拿，则英领事不知此事，无从救，必死。有此十必死，当是时也，智者无所施谋，勇者无所施力，爱者无所施恩，人事俱穷，能救其一，不能救其他，死矣，死矣！而竟不死，岂非天哉！岂非天哉！天之曲为保全先生，曲线巧奇，若冥冥中有鬼神呵护之，俾留其生以有待者，岂无故欤？

或有责先生不死者，盖未知先生出京，实在事前，先奉诏命而行，非私逃也。及出险后，上又生存，安有舍密诏之重而徇伪命者哉？此不待辨。特于其必死而不死之异，可记之以告天下志士之舍身以救君国者，发起意气焉。

1899年1月《清议报》3册

# 康有为向用始末（节选）

## 梁启超

　　孟子曰："入则无法家拂士，出则无敌国外患者，国恒亡。"信哉言乎！吾国四千余年大梦之唤醒，实自甲午战败割台湾偿二百兆以后始也。我皇上赫然发愤，排群议，冒疑难，以实行变法自强之政策，实自失胶州、旅顺、大连湾、威海卫以后始也。自光绪十四年，康有为以布衣伏阙上书，极陈外国相逼，中国危险之状，并发俄人蚕食东方之阴谋，称道日本变法致强之故事，请厘革积弊，修明内政，取法泰西，实行改革。当时举京师之人，咸以康为病狂，大臣阻格，不为代达。康乃归广东开塾讲学，以实学教授弟子。及乙未之役，复至京师，将有所陈。适和议甫就，乃上万言书，力陈变法之不可缓，谓宜乘和议既定，国耻方新之时，下哀痛之诏，作士民之气，则转败为功，重建国基，亦自易易。书中言改革之条理甚详。既上，皇上嘉许，命阁臣抄录副本三份，以一份呈西后，以一份留乾清宫南窗，以备乙览，以一份发各省督抚会议。康有为之初承宸眷，实自此始，时光绪二十一年四月也。

　　五月，康有为复上书言变法之先后次第，盖前书仅言其条理，未及下手之法也。是时守旧大臣，已有妒嫉康之心，复阻格不为代奏。于时师傅翁同龢，兼直军机，性行忠纯，学问极博，至甲午败后，知西法不能不用，大搜时务书而考求之，见康之书大惊服。时翁与康尚未识面。先是康有为于十四年奏言日人变法自强，将规朝鲜及辽、台。及甲午大验，翁同龢乃悔当时不用康有为言，面谢之。后乃就见康商榷治法，康为极陈列国并争，非改革不能立国之理。翁反复询诘，乃益豁然，索康所著之书。自是翁议论专主变法，比前若两人焉。翁者皇上二十年之师傅，最见信用者也，备以康之言达皇上，又日以万国之故，西法之良，启沃皇上，于是皇上毅然有改革之志矣。其年六月，翁与皇上决议拟下诏救十二道，布维新之令。既而为西后所觉察，乃撤翁毓庆宫行走，而皇上信用之汪鸣銮、长麟等皆褫革。自是变法之议中止，而康亦出都南归，复游历讲学于江南、上海、广东、广西、浙江之间。光绪二十三年十二月，德人占踞胶州之事起，康驰赴北京，上书极陈事变之急。其书曰：（文略）

　　书上，工部大臣恶其伉直，不为代奏。然京师一时传抄，海上刊刻，诸大臣、士人共见之，莫不嗟悚。有给事中高燮曾者，见其书叹其忠，乃抗疏荐之，请皇上召见。皇上将如所请，恭亲王进谏曰："本朝成例，非四品以上官不能召见。今康有为乃小臣，皇上若欲有所询问，命大臣传语可也。"皇上不得已，正月初三日遂命王大臣以宾礼延康有为于总署，询问天下大计、变法之宜；并令如有所见，及有著述论政治者，可由总署进呈。于是其书卒得达。皇上览之，肃然动容，指篇中"求为长安布衣而不可得"，及"不忍见煤山前事"等语，而语军机大臣曰："非忠肝义胆，不顾死生之人，安敢以此直言陈于朕前乎？"叹息者久之。

康之此书，以去年十一月上于工部，至今年正月始得达御览。皇上乃命总署诸臣，自后康有为如有条陈，即日呈递，无许阻格，并宣取康所著《日本变政考》《俄皇大彼得传》等书。而翁同龢复面荐于上，谓"康有为之才，过臣百倍，请皇上举国以听"。自此倾心向用矣。上命康有为具折上言，正月初八日，康有为上疏统筹全局。其疏曰：（文略）

书既上，命总理衙门王大臣会议，并进呈所著《日本变政考》《俄彼得变政考》，并进英人李提摩太所译《泰西新史揽要》《列国变通兴盛记》，及《列国岁计政要》诸书。上置御案，日加披览，于万国之故更明，变法之志更决；日读康书，知之更深。于时皇上久欲召见康有为，而为恭亲王所抑，不能行其志。及四月恭亲王薨，翁同龢谋于上决计变法，开制度局而议其宜，选康有为任之，乃于四月二十三日，下诏定国是。二十五日下诏命康有为预备召见，二十八日遂召见于颐和园之仁寿殿，历时至九刻钟之久，向来召见臣僚，所未有也。康所陈奏甚多。皇上曰："国事全误于守旧诸臣之手，朕岂不知？但朕之权不能去之，且盈廷皆是，势难尽去，当奈之何？"康曰："请皇上勿去旧衙门，而惟增置新衙门；勿黜革旧大臣，而惟渐擢小臣。多召见才俊志士，不必加其官，而惟委以差事，赏以卿衔，许其专折奏事足矣。彼大臣向来本无事可办，今但仍其旧，听其尊位重禄，而新政之事，别责之于小臣。则彼守旧大臣，既无办事之劳，复无失位之惧，则怨谤自息矣。即皇上果有黜陟之全权，而待此辈之大臣，亦只当如日本待藩侯故事，设为华族立五等之爵以处之，厚禄以养之而已，不必尽去之也。"上然其言。此为康有为始觐皇上之事，实改革之起点。而西后与荣禄已早定密谋，于前一日下诏，定天津阅兵之举；驱逐翁同龢，而命荣禄为北洋大臣，总统三军；二品以上大臣，咸具折诣后前谢恩。政变之事，亦伏于是矣。

召见后，皇上命其在总理衙门章京上行走，并许其专折奏事。于是五月初一日康复上一疏曰：（文略）

时国是之诏既下，维新之议已决，而大臣等有所挟持，腹诽特甚。康有为正月所上请开制度局及增置十二局之疏，交总署议覆者，至五月犹未覆。皇上震怒，促其即覆。至是覆上，尽行驳斥。皇上召张荫桓切责之，谓："汝等尽驳康某之奏，汝等欲一事不办乎？"张叩头俯伏曰："此事重大，非臣数人所能决。请再派枢臣会议。"皇上乃命军机大臣会议，复驳斥。皇上复亲书朱谕责之，发令再议。至六月始议上，然不过择其细端末节准行而已，余仍驳斥。皇上无如之何，盖皇上因西后之恶康，故欲借廷臣之议以行之，所以屡次发议也；而廷臣亦知皇上之无权，故敢于屡次驳斥也。

先是康未召见以前，于三月时开保国会于京师，士大夫集者数百人，御史潘庆澜、黄桂鋆、李盛铎屡疏劾之。既召见以后，礼部尚书许应骙、御史文悌，复疏劾之。皇上不为动，而许、文二人，反因此获罪焉。自是忌者益甚，谣谤纷纭，其诬辞不堪入耳矣。

西后与大臣忌康既甚，皇上深知之，不敢多召见，有所询问，惟命总署大臣传旨，康则具折陈奏而已。而康有为所以启沃圣心，毗赞维新者，则尤在著书进呈之一事。盖康既呈所著书，皇上览观，恍然于变法之条理次序。及召见时，皇上亲命将所编辑欧洲列国变革各书进呈，以资采择。康以所辑《英国变政记》《普国作内政寄军令考》等书进呈，又辑十年来列国统计比较表，又辑列国官制比较、宪法比较进呈，皆加以案语，引证本国之事，斟酌损益，其言深切，皇上深纳之。既乃辑《法兰西革命记》《波兰灭亡记》等书，极言守旧不变，压制其民，必至亡国。其言哀痛迫切，上大为感动，故改革之行，加勇决焉。康所陈改革，大纲节目，多详于著书之中，外人不知之，故咸窃窃焉疑康之出入宫禁，私与皇上密谋也。上览甚速，一册甫上，旋即追问，明旨数四，皆命枢臣廖寿恒传之。

六月，大学士孙家鼐上疏请派康督办上海官报，盖军机大臣授意欲出康使居外，以翦皇上之羽翼也。皇上下诏命康办报，而又令其将所著各书进呈完毕，然后出京，盖避嫌疑而欲保全之也。

至七月特擢杨锐、林旭、刘光第、谭嗣同四人为四品卿，参预新政，盖因杨锐、刘光第皆保国会会员，且由陈宝箴奏荐，林旭则康之弟子，而谭嗣同为康所最亲信之人也。皇上因西后及大臣疑忌，不敢用康，而特擢此四人，其用心之苦，有非外人所能知者。自此皇上有所询问于康，则命四卿传旨；康有所陈奏，亦令四卿密陈，不复由总署大臣矣。

七月二十三、四日之间，有湖南守旧党举人曾廉，上书请杀康有为、梁启超，摘梁在《时务报》论说及湖南时务学堂讲义中之言民权自由者，指为大逆不道，条列而上之。皇上非惟不加罪二人，犹恐西后见之，乃命谭嗣同将其原折按条驳斥，然后以呈西后，盖所以保全之者无所不至矣。然是时变象已成，未及数日，即有诏命康速出上海，而两次密诏亦相随而下矣。

《戊戌政变记》卷一，清议报社 1899 年 5 月版

# 南海康先生传

张伯桢

　　先师讳有为，字广厦，号长素，广东南海县人。生时其祖赞修公方官钦州，锡名曰有钦。邮传濡滞，而太伯祖先命名有为。后以祖诒名应试。光绪癸巳领乡荐，乙未成进士，复名有为。戊戌政变，易号更生；丁巳再蒙难，更号更甡。晚号天游化人。母妊十有一月而生，以咸丰八年戊午二月初五日未时诞生于南海西樵之银塘乡。

　　始祖讳建元，南宋时自南雄珠玑里始迁于南海。十七传至高祖，讳辉，号炳堂，举人，从同邑郎中冯成修讲义理之学，从钦州冯鱼山编修为词章，诗文渊雅。讲学岭南，身体力行，弟子千人，为儒宗。曾祖讳健生，号云衢，以布衣任道，治躬尤严，非礼不履。守刘蕺山《人谱》之学，履道行仁，乡人畏而化之。祖讳赞修，号述之，世传理学，盛德笃行。由举人历钦州学正、合浦灵山训导，教诸生有遗爱，祀于钦州宾兴馆、连州昭忠祠。三世皆有传，载《南海县志》。父讳达初，字植谋，号少农，聪警仁孝，好施与。母病三年，服侍不倦。少从九江朱先生次琦游，勤学负大志。从其叔父广西巡抚国器督军闽广，草檄谋议有功，为江西知县。自九世祖惟卿公始为士人，二十一传至先师，凡十三世，均以教授世其家。母劳太夫人，生子二人，先师居长。

咸丰十一年辛酉，先师甫二龄，已有知识。五龄能背诵唐诗数百首。六龄始入塾，从番禺简侣琴先生凤仪学。是年读《大学》《中庸》《论语》《孝经》毕。其师初课以对偶，出"柳成絮"为题，先师应声曰"鱼化龙"，闻者多以大器期之。同治七年戊辰，父卒，先师居丧，执礼如成人。既孤三月，赞修公官连州学博，先师从学官舍。赞修公日夕摩导以儒先高义与夫文字条理，始览《纲鉴》而识古今，次读《大清会典》而知掌故，并读《三国志》《明史》，能论其治乱之所由，为诗文已斐然成章。于时神锋开豁，好学敏锐，慷慨有远志。

光绪二年丙子，先师年十九，师母张太夫人来归。先师愈益愤发，从太老师朱先生次琦学。朱先生硕德高行，博极群书。其品诣在涑水、东莱之间，与明清间顾亭林、王船山为近，动止进退，俱有法度。每议一事，论一学，贯串古今，能举其要，发先圣大道之本、修己爱人之义，扫去汉、宋门户，而归宗于孔子。先师乃洗心受教，一意皈依，以先圣为必可期，以一身为必能有立，以天下为必可为。由是谢绝科举之文，土芥富贵之想，超然而立于群伦之表，与古圣贤为群。先师初入学舍，朱先生试以《五代史史裁论》。先师考群书，仿《史通》体畅言之，朱先生奖谓："博雅该洽，合著书体，不当但以文论。"自是日与同学简竹居徵君朝亮上下其议论，各焕然融释贯通，相期以不朽之业。自是始从事著述矣。

光绪丁丑、戊寅二年，先师仍从九江先生于礼山草堂，大肆力于群经，专攻《周礼》《仪礼》《尔雅》《说文》《水经注》诸书，其《汉书》《楚词》《文选》、杜诗、徐庾文皆能背诵。朱先生提奖后汉风俗气节，先师尤致力焉。时朱先生极推尊韩昌黎，先师谓："昌黎道术浅薄无实际。言道当如庄、荀，言法当如管、韩，即《素问》言医，亦成一体。若如昌黎，不过工为文耳，于道无与。《原道》尤极肤浅。"朱先生素方严，责为猖狂，即同学亦暗讥之。是年冬，先师乃尽弃其所学，闭户静坐，忽觉天地万物皆我一体。自以为圣人可学而至，则欣然笑；一念及苍生困苦，则又流涕痛哭。更思有亲不事，何以学为？即欲束装归庐墓上。心潮起伏，歌哭无端。自云思想变迁从此始。（先师云：此《楞严》所谓"飞魔入心，求道迫切"，未有皈依之时多如此。）

光绪五年己卯，先师年二十二，别礼山草堂，归卧于樵山之白云洞，专读道佛书，养神遗迹。时独啸歌，徘徊散发，或枕卧石窟瀑泉之间。尝夜坐不寐，冥然游想天上人间，神明超胜，欣然自得。习五胜道，见身外有我，又令我入身中，视身如骸，视人如豕。时张延秋编修鼎华与乡宦五六人游西樵，访先师于樵山之洞，相与议论不合，张编修大声呵诋，拂衣去。出而反盛誉之，尝语人曰："此来游西樵，但见一土山，惟遇一异人为快。"自是粤中士夫咸知先师，而震惊之矣。先师亦因此交张编修，借知京朝风气、近时人才及道咸同三朝掌故。先师曰："吾自师朱先生而得闻圣贤大道之绪，自友延秋而得悉近代文献之传。"尝有诗怀之曰："南望九江北京国，拊心知己总酸辛。"先师是年舍弃考据帖括之学，专意养心。既念世乱方棘，民生多艰，慨然有揽辔澄清之志。日取《礼记·王制》《太平经国书》《文献通考》《经世文编》《天下郡国利病［书］》《读史方舆纪要》等书，俛而读，仰而思，笔之于书，皆经纬世宙之言。复遍读各种译本西书，乃知西人治国有法度，不得以古夷狄视之，遂萌革政之想。

光绪八年壬午，先师年二十有五。是年正月，朱先生卒，先师奔视，与礼山草堂同学诸子营视丧葬，凡诸礼节，多出先师及简徽君拟议。事毕归西樵，又读辽、金、元、明史及《东华录》以为日课。五月赴顺天乡试，借以快壮游。抵京师，谒太学，叩石鼓，购碑刻。下第出都，游扬州，过镇江，登平山堂，泛舟金、焦。道经上海，睹街市繁盛，知西人治术有本，大购西书压装归。冬月抵乡，闭户潜修，尽释故见，专肆西学。

光绪十年甲申，先师年二十七。春夏间寓城南板箱巷，后以法越之役，粤城戒严，乃还西樵，居一楼名曰澹如。涉猎西书，并研究佛典，上自婆罗门，旁通四教，万缘澄绝，所悟益深。因显微镜之万数千倍者，视虱如轮，见蚁如象，而悟大小齐同之理；因电机光线一秒数十万里，而悟久速齐同之理。知大之外尚有至大者，小之内尚有至小者；剖一而无尽，吹万而不同。根元气之混仑，推太平之世宙。既知无去来，则专以现在为总持；既知无无，则专以生有为存存；既知智气精神无生死，则专以示现为解脱；既知无精粗、无净秽，则专以悟觉为受用；既以畔援歆羡皆尽绝，则专以仁慈为施用。其道以元为体，以阴阳为用。理有阴阳，则气之有冷热，力之有吸拒，质之有凝流，形之有方圆，光之有白黑，声之有清浊，体之有雌雄，神之有魂魄。以此统物理焉，以诸天界、诸星界、地界、身界、魂界、血轮界统世界焉。以勇、礼、义、智、仁五运论世宙，以三统论诸圣，以三世推将来，而务以仁为主。故奉天合地，以合国合种合教一统地球。又推一统之后，人类语言、文字、饮食、衣服、宫室之变，男女平等之制，人民同公之理，务致诸生于极乐；及五百年后，世界如何，千年后，世界如何，人魂人体变通如何，月与诸星交通如何，诸星诸天气质、物类、人民、政教、礼乐、文章、宫室、饮食如何，诸天顺轨变度、出入生死如何，奥远窅冥，不可思议，想入非非，不得而穷。抉经子之奥言，超儒佛之微旨，融中西之新理，穷天人之赜变；搜合诸教，披析大地，剖析今古，穷察后来。自生物之源，人群之合，诸天之界，众星之世，生生色色之故，大小长短之度，有定无定之理，形魂现世之变，安身立命，六通四辟，浩然自得。然后莫往莫来，因于所遇，无毁无誉，无丧无得，无始无终，汗漫无为，悠然以游于世。又以万百亿千世生死示现，来去无数，富贵贫贱，安乐患难，帝王将相乞丐饿莩，牛马鸡豕，皆所已作，无所希望，无所逃避。其来现也，专为救众生而已。故不居天堂，而故入地狱；不投净土，而故来浊世；不为帝王，而故为士人；不肯自洁，不肯独乐，不愿自尊，而以与众生亲为易于援救。故日日以救世为心，刻刻以救世为念，舍身命而为之。以诸天不能尽也，无小无大，就其所生之地、所遇之人、所亲之众而悲哀振救之，日号于众，望众从之。以是为道术，以是为行己。

光绪十一年乙酉，先师年二十八。是年从事算学，以几何理著《人类公理》，并手定大同之制。时张编修招先师复游京师，二月初将启行。二十三日头痛大作，几死，既而目痛不能识文字。医者束手，惟裹头行吟于室，数月不出。先师检视书稿，从容待死。已而言曰："吾既闻道，既定大同，可以死矣。"后得西医书读之，创试西药，如方为之，渐收效。日走村后大树下，至七月乃瘳。

岁丙戌十二月，先师为其弟有溥冠，字之曰广仁，后以字行。是岁，先师著《康子内外篇》，内篇言天地人物之理，外篇言政教艺乐之事；又续撰《公理书》，依几何为之。时南皮张香涛之洞督粤，欲开局译书，请先师及萍乡文芸阁学士廷式主其事。既而不果。又欲聘先师为学海堂掌教，先师悉却之。时先师方研究天象学，乃重定天然历法，以为人号称为年者，以地绕日一周之故，宜以三百六十五日名为周，十年为十周，百年为百周。地之绕日，卑高及平，凡有四游。宜以二至、二分，名以南游、北游、东游、西游，分一周为四游。今西人仍存十二月，既不用阴历，何必用十二月？地球各国皆以冬至推历，以各文明国皆在赤道之北故。然至高冲卑冲，皆无极准，所推气朔，得大意而已。不如以分为准，日地相平，无少差异。南北球异，春秋分同，而赤道之北之人较多，从其多者，应以春分为正朔。地能自转，故有昼夜，宜以昼夜为一转。凡一切万物，皆以十位纪之，不用散数。周天之度，皆定为一日；一日之时，皆定为十；下至十分、十微、十秒，以此类推。其度量权衡皆以十进为数。故历昼夜为一转，四游三百六十五转为一周，四年一闰，是皆先师所立地球中之定义也。

光绪十四年戊子，先师年三十一。先师抵京师，兼应顺天乡试。五月启程，抵都时，张编修适病重，先师为视其殓，营其丧。九月顺天乡试，闱中原拟中第三，以经瑰玮，场中多能识之。侍郎孙诒经得其卷，谓当是康某。大学士徐桐衔先师上书事，乃曰："如此狂生，不可中。"抑置副榜。房官王学士锡蕃力争之，徐桐更怒，再抑置誊录第一。

乡试报罢，先师乃谒明陵，单骑出居庸关，登万里长城，出八达岭，再游汤山、西山。先师是时讲求中外事已久，登高极望，怅然感喟。盖自马江败后，国势日蹙。及此时变法图强，犹可及；过此以往，外患日逼，不可为矣。时公卿中吴县潘文勤祖荫、常熟翁师傅同龢有时名，以书陈大计而责之，京师哗然。值永陵山崩千余丈，乃发愤上书，略曰：

窃见方今外国交迫，自琉球灭，安南失，缅甸亡，羽翼尽剪，将及腹心。比者，日谋高丽，而伺吉林于东；英启藏卫，而窥川滇于西；俄筑铁路于北，而迫盛京；法煽乱民于南，以取滇粤；乱民遍江楚河陇间，将乱于内。生到京师来，见兵弱财穷，节颓俗败；纪纲紊乱，人情惰偷；上兴土木之工，下习宴游之乐，晏安欢娱，若贺太平。顷河决久不塞，兖豫之民，荡析愁苦，沿江淮间，地多苦旱，广东大水，京师大风，拔木百余株，甚至地震山倾，皆未有之大灾也。而尤可骇痛者，奉天大水，山涌川溢，淹州县十余，甚至冲及永陵，山谷陵圮坍拆，凡十八山形势全改。以为皇太后、皇上闻此奇变，必悚惶震悼，戒励群臣，痛哭戒誓。乃伏处下风，未闻有恐惧责躬、求贤恤民之特诏，亲臣重臣未闻有直言极谏、痛哭入告之封章，内而侍臣，外而藩僚，不闻一言，下而部侍司员，亦不闻一言。上下内外，咸知天时人事危乱将至，而畏惮忌讳，箝口结舌，坐视莫敢发，生所为忧愤迫切，瞻望官阙而惓惓痛哭也。

生窃闻汉、宋时，大学生刘陶、陈亮有上书之义，近咸、同时，监生周同榖、贡生黎庶昌递折言事，荷蒙列圣嘉纳。故敢不避斧钺之诛，披沥血诚，忘其僭越。

生以为自古立国，未有四邻皆强敌，不自强政治而能晏然保全者也。近者洋人智学之兴，器艺之奇，地利之辟，日新月异。今海外略地已竟，合而伺我。日本虽小，然其君臣自改纪后日夜谋我，内治兵饷，外购铁舰，大小已三十艘，将剪朝鲜而窥我边。俄筑铁路，前岁十月已到浩罕，今三路分筑，二三年内可至珲春，从其彼德罗堡都城运兵炮来，九日可至，则我盛京国本祸不旋踵。英之得缅甸，一日而举之，与我滇为界矣。法既得越南，开铁路以通商，设机谋以诱众；又滇、越、暹罗间，有老挝、万象诸小国及猓、苗诸种，法人日煽之。夫敌国并立，无日不训讨军而虞敌之至也。而我兵不数练，器不素备，急乃徐购，募以应之，虽使廉颇、韩信为将，庸有济乎？又美人逐我华工，英属奥大利亚随之，将来南洋诸岛纷纷效尤。我民出洋者五百万，计中国漏卮于洋货久矣，稍借此尾闾。若不保护，还无所业，必为盗贼，金田之役将复起矣。

窃观内外人情，皆酣嬉偷惰，苟安旦夕，上下拱手，游宴从容，事无大小，无一能举。有心者叹息而无所为计，无耻者嗜利而借以营私。大厦将倾，而处堂为安；积火将然，而寝薪为乐所谓安其危而利其灾者。譬彼病痿，卧不能起，手足麻木，举动不属；非徒痿也，又感风疾，百窍迷塞，内溃外侵，朝不保夕。此生所谓百脉败溃，病中骨髓，扁鹊、秦缓所望而大忧者也。

今兵则水陆不利，财则公私溃竭；官不择才，而上且鬻官，学不教士，而下患无学：而生则未以为大忧也。生所大忧者，患我皇太后、皇上无欲治之心而已。顷奇灾异变，大告警厉，不闻有怵惕修省之事，而徒见万寿山、昆明湖土木不息，凌寒戒旦，驰驱乐游，电灯火轮，奇技淫巧，输入大内而已。天下将以为皇太后、皇上拂天变而不畏，蓄大乱而不知，忘祖宗艰大之托，国家神器之重矣。天命无常，而民穷难保。

生维同治初年，大乱甫定，上下肃雍，中外望治。譬大病新愈，补之自强。此中国图治第一机会也。然圣意勤勤而未足振弱者，不变法故也。光绪八、九年，宫庭赫然求治，士风大变。譬久病初起，非更加医药，不能骤瘳。此中兴第二机会也。不幸法夷入寇，于是复蹶。得无有谗愿之口间于左右，以为臣下能言者不周于用乎？

生所欲言者三，曰变成法、通下情、慎左右而已。

今天下法弊极矣。六官，万务所集也。卿贰多而无所责成，司员繁而不分任委，每日到堂，拱立画诺。卿贰既非专官，又多兼差，未能视其事由，劳苦已甚，况欲整顿哉！故虽贤智，亦皆束手。州县，下民所待治也。兵刑、赋税、教养合责于一人，一盗侠，一狱误，一钱用，而被议矣。责之如是其重，而又选之极轻，以万余金而卖实缺焉；禄之极薄，以数百金而责养廉矣。其下既无周人虞衡、牧稻之官，又无汉人三老、啬夫之化，而求其教养吾民，何可得哉？以故外省奉行文书，皆欺饰以免罪；京朝委成胥吏，率借例以行奸。他若吏部以选贤才也，仍用铨叙；武举以为将帅也，仍用弓石；翰林以储公卿也，犹讲诗字。其他紊于法意而迂于治道，舛乱淆决，难遍以疏举。

今论治者，皆知其弊，然以为祖宗之法莫敢言变。今之法例，虽云承祖宗之旧，实皆六朝、唐、宋、元、明之弊政也。吾先帝抚有天下，不用满洲之法典，而采前明之遗制，不过因其俗而已。然则世祖章皇帝既定燕京，仍用八贝勒旧法分领天下，则我朝岂能一统久安至今日乎？故当今世而主守旧法者，不独不通古今之治法，亦失列圣治世之意也。

今之时局，前朝所有也，则宜仍之；若知为前朝所无也，则宜易新法以治之。夫治平世与治敌国并立之世固异矣。昔汉臣魏相专主奉行故事，宋臣李沆谓中外所陈利害一切报罢，此宜于治平之世也。若孙叔敖改纪，管仲制国，苏绰立法，此宜于敌国并立之世也。今但变六朝、唐、宋、元、明之弊政，而采周、汉之法意，即深得列圣之治术者也。皇太后、皇上知旧法之害，即知变法之利。于是酌古今之宜，求事理之实，变通尽利，裁制厥中。如欲采闻之，则农夫耕而君子食焉，生愚愿尽言于后也。尤望妙选仁贤及深通治术之士，与论治道，讲求变法之宜而次第行之。精神一变，岁月之间，纪纲已振；十年之内，富强可致；至二十年，久道化成，以恢属地而雪仇耻不难矣。

今天下非不稍变旧法也，洋差、商局、学堂之设，开矿、公司之事，电线、机器、轮船、铁舰之用，不睹其利，反以薮奸。夫泰西行之而富强，中国行之而奸蠹，何哉？上体太尊而下情不达故也。自督抚司道守令，以下至民，如门堂十重，重重绝隔，浮图百级，级级难通。夫太尊则易蔽，易蔽则奸生。故办事不核实，以粉饰为工；疾苦不上闻，以摧抑为理。至于奸蠹丛生，则虽良法美意，反成巨害，不如不变之为愈矣。今上下否塞极矣。譬患咽喉，饮食不下导，血气不上达，则身命可危。知其害而反之，在通之而已矣。通之之道，在霁威严之尊，去堂陛之隔，使臣下人人得尽其言于前，天下人人得献其才于上。

古者师傅以傅德义，史官以记言动，侍御仆从罔非正人，绳愆纠谬，格其非心。所以养之深而培之密者如此，故君德易成。明年皇上大婚礼成，亲裁庶政。春秋鼎盛，宜慎声色之防；圣德日新，宜慎近习之选。所谓

慎者，辨忠佞而已。去谗愿而近忠良，妙选魁垒端方、
通知古今之士，日侍左右，兼预燕内，以资启沃，则德
不期修而自修矣。云云。

时举国泄沓，京朝官尤顽固，惟国子监祭酒盛昱、翰林院编
修黄绍箕、刑部主事沈曾植深服其议。翁同龢亦韪先师议，然恐
以此获罪，迟疑不敢代递。其时粤人李文田、许应骙皆官侍郎，
深疾先师。一日翁与许、李同侍祀天坛，在翁前大讦先师，同龢
默然意沮。先师与许、李本无隙，只以抵都时不往投谒。先师尝
曰："彼若以吾为贤也，则彼可来先我。我布衣也，到京不拜客
多矣，何独怪我？"然许、李竟以是恨之。

国子监既不得达，盛昱持先师折视祁御史世长，世长约以
十一月初八日到都察院代递，屠侍御仁守派人候之。时先师居
宣南米市胡同南海会馆，出门数十武，即菜市口也。既衣冠将
出馆，仆谭柏告曰："今日菜市杀人，车不能行。"先师心为动，
私念："方欲上书，而适遇杀人，兆大不吉。家有老母，岂可遽
死？"既而又思曰："吾既为救天下救众生矣，生死有命，岂可中
道畏缩？"乃慷慨登车，从南绕道出。及门，仁守遣人来告曰：
"祁公在车中患鼻血，眩晕而归，须改期。"遂返驾。祁公以病请
假，而津海已冰，不能南返，遂留京师。后仁守以言事革职，永
不叙用。

仁守笃守朱学，忠纯刚直。先师曾代其草《请开言路折》
《请铸银钱折》。时铁路议起，两广总督张之洞请开芦汉铁路，而
苦无款。先师与仁守言，宜因漕运之便，先筑清江浦铁路，即

以北漕为之。去漕仓之官役，岁可得千数百万，移为筑路之资。十二月，仁守折上，发交各督抚议，于是定筑芦汉为干路，筹款千万，调张之洞督两湖办焉。十二月十五日，太和门灾。仁守赴救火，还即来先师寓所，属代草折，一请停颐和园工，二请醇邸不预政事，三责宰相无状，请以灾异罢免，（时当国者为孙毓汶。）四请宫寺勿预政事。（时李莲英颇干政。）仁守获罪盖因此。

是时方筹办大婚典礼，吉祥止止，沈曾植劝先师暂勿言国事，宜以金石陶遣。乃徙居于南海馆之汗漫舫，老树蔽天，终日以读碑为事。（著有《广艺舟双楫》。）先师旅京师久，熟审朝局，知其待亡，遂决然舍归，意欲以著书授徒终老矣。

光绪十六年庚寅，先师年三十三。春，居徽州会馆，有池石之胜，既而移家羊城之云衢书屋。六月，陈礼吉先生千秋来谒，八月，梁卓如先生启超来谒，俱著弟子籍。千秋治考据。先师初与之论《诗》《礼》，泛及诸经，后乃告之以孔子改制之意，仁道合群之原。千秋豁然悟。先师谓千秋天才亮特，闻一知二，志宏而思深，气刚而力毅，同门中所未见也。

越年辛卯，先师以从游者众，始赁地于长兴里讲学，著《长兴学记》以为学规。来学者日益众，如韩文举、梁朝杰、曹泰、徐勤、麦孟华、韩铭基等，多有成就者。先师以其暇著书。是年七月，《新学伪经考》成，刊版流布。时义乌朱蓉生侍御一新掌教广雅书院，先师与之往复辨难。先师与语中外之变与孔子之大道，朱侍御初不信，既而大悟，其见于书札中者乃门面语耳。（详朱氏论学札。）

岁壬寅，移讲舍于卫边街邝氏祠。是时所编之书甚多，而以

《孔子改制考》体裁博大，乃选同学高才生助纂焉。

岁癸巳冬，再移讲舍于府学宫仰高祠，颜曰万木草堂。乃以陈千秋、梁启超充学长。先师是年乡试中式第八名，主试官顾瑗、吴郁生也。初本拟第二名，三艺已付聚奎堂刻矣，嗣以次艺"书同文"用孔子改制义，违背朱注，恐犯磨勘，乃抽出改置第八。（顾瑗曾与伯桢谈及此事，谓奉命主粤试时，李侍郎文田即以先师所著《新学伪经考》赠送，谓到粤衡文，万不可中此人。及填榜，先师名列第二。副主考吴郁生欲摈之，经顾力争，乃降置第八云。）

光绪二十年甲午，先师年三十七。二月十二，入都会试，寓盛昱家。昱，肃邸从弟也。时有贵人问先师曰："国祚能几何年？"先师答曰："祸在眉睫。"某贵人大骇，而心以为非。时拟以三千万举行万寿。已而朝鲜变起，日本乘之，与我搆兵，有甲午之败。是年七月，给事中余联沅劾先师惑世诬民，非圣无法，同于少正卯，圣世不容，请焚《新学伪经考》，而禁粤士从学。幸沈曾植、盛昱及文编修廷式致电与粤学使徐琪营救，张修撰謇、曾编修广钧亦奔走援救焉。电文中，"伯羲"（盛昱之字）字误作"伯翊"，徐琪疑为褚伯约之误。时褚方劾李瀚章，而劾先师之折，传系乡人某不慊于先师者贿褚为之。李畏褚，事得缓，令先师自毁《伪经考》版而止。时粤城谤议沸腾，先师避之，再游桂林，旅行中著《春秋董氏学》及《孔子改制考》。

越年乙未，先师再入都会试，寓东城三条胡同金顶庙。时清廷正与日本议和，拟割辽、台，并偿款二万万元。三月二十一日电到，先师知之，即联结公车粤人，同上书拒和议。湘人和之。

二十八日书上，署名者湘则全省，粤仅八十余人。他直省莫不发愤，连日俱递章都察院，衣冠塞途。台湾举人垂涕请命，观者哀之。其时士气方张，先师乃再约合十八省举人于达智桥松筠庵会议，与名者千二百余人。书由先师起草，凡一昼二夜而成，文不加窜。书中要旨，言下诏鼓天下之气，迁都定天下之本，练兵强天下之势，变法成天下之治，凡万四千余言。民气愤涌，列名争先恐后，一时遍传都下。四月八日递呈，都察院以既已用宝，无从挽回，却不收。

先是公车联名上章，孙毓汶已忌之，至此千余人之大举，尤为前此所无。孙恐滋变，耸德宗速用宝，又令北洋大臣王文韶诬奏海啸，垒械弃毁，北洋无以为备。孙与李莲英相比，内外恐吓。是日翁同龢入朝房，犹持勿用宝，电日相伊藤博文请展期五日。孙谓："若尔，日本必捣京、津，吾辈皆有身家，实不敢也。"同龢厉声责之曰："我岂不知爱身家者，其如国事何？"孙苦无法，乃使李莲英请之太后，于是大错成矣。是时降朱谕，告廷臣，皆哀痛不得已之言，盖德宗实有难言之隐也。

越日榜发，先师中式进士第五名。本拟会元，总裁徐桐以次篇"优优大哉，礼仪三百，威仪三千"题文分天地人鬼四比，诧其奇诡，降第五。先师殿试、朝考皆直言时事，读卷大臣李文田与先师有宿怨，排之。殿试时，徐侍郎寿蘅树铭欲置前十卷，各阅卷大臣皆圈之矣，惟李文田不圈，并加黄签，乃降二甲第四十八名。朝考时，翁同龢又拟置第一卷，适在李文田处，李吹求不得疵，乃于闷、炼等字加黄签斥之，遂降二等。先师谒翁同龢，同龢具以始末告之。

十一日引见，授工部主事。先师不欲就，告假归，拟以讲学著书终。未行前草一书，请及时变法，富国养民，教士治兵，求人才而慎左右，通下情而图自强。各要政征引详博，深合国情。遂于五月六日递之都察院，以十一日上于朝。德宗览而喜之，发下枢垣。恭邸阅至论矿务一条，以手作圈状。德宗又追入，谕即日抄四份，以一呈太后，一留军机，发各省督抚将军议，一存乾清宫南窗小箧，一存勤政殿备省览。同时群臣言时事之书简，在帝心者共九折，以胡燏棻折列首，先师折列次。

五月，先师再草一书，大旨言立科以厉智学，设议院以通下情，更推言下诏求言，开门集议，辟馆顾问，设报达聪，开府辟士云云。次第曲折之故，凡万余言，尤详尽。递都察院，都御史徐郙使人告先师曰：凡通籍有衙门者，都察院例不得收，须交本衙门代递。时孙家鼐长工部，乃于五月十一日到工部递之，孙面允代递，五堂皆画押矣。适署工部侍郎者为李文田，不肯画押。又托袁世凯代递京营督办处，荣禄亦不肯收。

先师决心返粤，陈次亮炽（时官工部主事，著有《庸书》内外编）、沈子培曾植尼之，谓时有可为。先师为之迟迟其行。以京朝士夫不通外国政事风俗，当创办一报，以输灌其智识，当自京师始，在京师当自王公大臣始。乃商之于送《京报》人，每日刊送附张千份，京朝士大夫乃得闻所未闻，识议渐变焉。时翁同龢以师傅当国，颇思振作，访先师不遇。先师趋谒之，相与讲变法事，反覆讲求。同龢谓："德宗实无权，太后极猜忌。自经文廷式召见后，即不许召见小臣。"先师至是始知宫中事。时同龢锐意变法，先师说以宜先变科举。同龢决欲行，令陈炽草定十二道新政旨意，将次第行之。时同龢每召，独对毓庆宫，恭邸、李鸿藻颇妒之。自四月合力攻孙毓汶、李鸿章后，渐不和矣。翁内畏太后，欲托之恭邸以行，而恭邸不明外事，未能同心。后孙毓汶虽被斥，而徐用仪犹在政府，事事阻挠。恭邸与同龢皆欲去之，叠经言官奏劾，徐犹恋栈。六月初九日，先师草折，觅戴少怀庶子鸿慈劾之。戴逡巡不敢上，乃与御史王幼遐鹏运言之。王新入台，敢言，于十四日上焉。越日，徐用仪竟逐出枢、译两署矣。

先师自倡行新政后，渐为大臣所侧目。于时大学士徐桐、御史褚成博皆欲奏劾，陈炽、沈曾植至是又劝先师行。先师从之，于八月二十九日出都，九月二日到天津，十二日到上海，十五日入江宁。张之洞督两江，欲说之洞开强学会，张勇自任。后与张论学，张不信《孔子改制考》，频劝先师勿言此学，又使梁星海鼎芬来言。先师云："孔子改制，大道也，岂以一两江总督供养而易之？"张以论学不合，故翻前议。先师以"会章已发行，不可中止"告，乃赁屋设于上海张园之傍，远近响应。而张之洞所允供给之费不至，且多所掣肘。十二月，先师以祝母生日，遄返里门，沪事委徐君勉勤等主之。旋以京师御史杨崇伊具疏劾强学会，竟遭封禁。

是时朝野局势又一变，渐讳言新政，文廷式、长麟、汪鸣銮、志锐被斥。逾年二月，撤毓庆宫，逐翁同龢，杀太监寇良才，杖珍、瑾二妃，两宫之间嫌隙已成，不可终日矣。

光绪二十三年丁酉，先师再游桂林，与唐景崧（前署台湾巡抚）、岑春煊开圣学会。六月还粤，讲学于万木草堂，从学者尤众。先师乃昼夜会讲，伯桢亦于其时从而受业。

先师以中国患人满，遍考大地可以殖吾民者，惟巴西经纬度与中国近，地域数千里，亚马孙河贯之，肥饶衍沃，人民仅八百万。若吾迁民往，可以为新中国。于乙未年曾倡议之。当乙未返粤时，遇葡人及曾游巴西者，知巴西曾来约通商招工。巴使至香港，适东事起，驻港候数月，而东事益剧，知事不谐，乃归国。先师于是再入都，拟有建议。适有德人据胶州案，先师乃上书痛言之。工部尚书松溎读其疏，至"恐偏安不可得"语，大怒，压不肯递。先师乃约户部主事曾刚甫习经同递，都察院李苾园侍郎端棻亦联九卿以继声，嘱先师代拟草。后九卿无联名者，端棻乃交司业贻穀上之。

时先师知所志不行，决归粤。临发，翁同龢来留行。翊日，给事中高燮曾奏荐先师于朝，请召见，并加卿衔出洋。翁同龢在德宗前力称之，奉旨交总理衙门议。许应骙于恭邸前沮之，恭邸乃奏令先师于总理衙门问话。

自十一月十二日德人发炮据胶州，掳去提督章高元，朝廷托俄使言和，德使甚桀黠，不就范。日本参谋本部神尾宇都宫谒鄂督张之洞，献联英拒德之议。朝士多猜疑日本，恭邸更主联俄，遂却日本之请。先师走告翁同龢，详言当倚信日本；又为御史杨深秀草疏，请联英、日；又为御史陈其璋草疏，再请联英、日；又自草联英、日策，遍告朝士。李侍郎端棻深然之，独李鸿章持异议。时翁同龢在总署倡之，于是王大臣集议，但多不明国际情势，咸驳先师说，议卒不行。自是，旅顺大连湾、广州湾之要索相继起矣。

　　越年戊戌正月初二日，总理衙门约先师以初三日下午三钟至总署，李鸿章、翁同龢、荣禄、廖寿恒（刑部尚书）、张荫桓（户部左侍郎）见于西花厅，待以宾礼，问变法之宜。荣禄曰："祖宗之法不能变。"先师答曰："祖宗之法以治祖宗之地，今祖宗之地不能守，何有于祖宗之法乎？即如此地为外交署，亦非祖宗之法所有也。因时制宜，诚非得已。"廖寿恒问："宜如何变法？"先师答曰："法律、官制为先。"李鸿章曰："然则六部尽撤，则例尽弃乎？"先师答曰："法积久而弊生，而且今昔异势。今之法律、官制诚宜改弦更张，即一时不能尽革，亦当斟酌为之，新政乃可推行。"翁同龢问筹款事宜，先师答以日本之银行纸币，法国印花，印度田制。以中国之大，若制度既变，岁入可比今增十倍。于是详陈法律、度支、学校、农、商、工、矿、铁路、邮信、社会、海、陆军种种改革，并言日本维新仿效西法，制度甚备，与我国相近，最易仿摹。问答极多，至暮乃散。荣禄先行，是日恭、庆两邸因事未至。

　　越日，召见枢臣，翁同龢以先师之言入奏。德宗命召见，恭邸谓："请先令其条陈所见，若可采取，乃令召见。"先师遂进呈《日本变政考》及《俄彼得变政记》。（附片"请变生童岁科试易八股以策论"，并下总署议。）四月，乃奏"请誓群臣以定国是，开制度局以定新制，别开法律、度支、学务、农、商、工、矿、铁路、邮信、社会、海、陆军共十二局，各省设民政局，举行地方自治"。折上，许应骙等仍在恭邸前攻讦，多方抑压。至十三日始上，即下总署议。

　　已而，俄人索旅顺大连湾。三月十一日，先师上折陈三策，请拒之：二若出于战，则败而后割未迟；否则用西人蒲卢爹士之策，听俄人占据，非吾所愿，犹可返也；又否则请尽开沿海口岸，以利益各国，俄人当无如何。折上，不省。自是以后，法索广州湾，英索九龙、威海。当俄之索旅大也，德宗大怒，面责恭邸及李鸿章，谓："汝等言俄可倚，与订约，许以大利。今不独不能阻，乃自渝盟索地，亲善之谓何？"恭、李皆免冠叩首曰："若以旅大与之，密约如故。"德宗震怒。太后曰："此何时，汝乃欲战耶？"德宗默然。

时以偿日本赔款急，中允黄思永请用外国公债法发行昭信股票，下户部议。北档房总办陈宗妫、晏安澜素主搜括者也，力主之，司员签名者二十余人。先师于翁同龢前力诤之，并以书责张荫桓。而户部覆折已上，即日奉旨行。

先师谓："今欲统筹全局，非大筹五六万万不可。以二万万筑全国铁路，限三年成之；练兵百万，购铁舰百艘；各省遍立学堂，沿海分立船坞、武备水师学堂；开银行，发纸币。如此全力并举，庶几挽救危局。"乃草折二份，交御史宋伯鲁、陈其璋上之，又草《请改律例折》，交御史王鹏运上之，均留中不发。

时吏部主事洪嘉与，守旧党也，三拜先师不遇，阍者忘其住居，未答拜。洪以为轻己，大造谣。浙人孙灏者欲举经济特科，洪恬之，谓："某公恶康，如能攻之，特科可得也。"孙故无赖，喜从之。洪乃草议驳保国会，谓先师将欲为民主教皇。印数千册，遍投朝贵。谤益腾，乃停会。李盛铎，会员也，反参保国会以求自免。四月初七日，潘庆澜附片劾先师聚徒不道，德宗曰：

"会为保国，岂不甚善？"虑太后见之，将此片抽出。时御史黄桂鋆劾保滇会、保浙会，并及保国会，皆洪嘉与为之。

先师遭谤，意大沮，复萌归志。时翁同龢频被劾，不安于位。先师虑翁去，变法无人主持，欲成数事乃行。于十八日草折，请定国是而明赏罚，交御史杨深秀上之。略谓："门户水火，新旧相攻。当此外患交迫，日言变法，而众论不一，此皆由国是未定之故。昔赵武灵之胡服，秦孝公之变法，俄彼得及日本维新之变法，皆大明赏罚，而后能行新政。"又草一折，交徐子静学士致靖上之。二十三日，奉明定国是之谕，举国欢欣。又草《请派近支王公游历折》《请开局译书折》，皆由杨深秀上之，奉旨允行。又为宋侍御伯鲁草《请催举经济特科折》，又盛宣怀借款八百万，岁息约三十余万，无人敢言其非，乃请提其息为译书设学之费，皆奉旨俞允。

是时，先师已定二十四日出京，二十五日诣颐和园，宿户部公所，即见懿旨，逐翁同龢，令荣禄出督直隶。盖训政之变已伏于是矣。

先师二十八早入朝房，与荣禄遇，与谈变法事。荣禄入对时，即面劾先师辩言乱政。荣禄下，先师入对。皇上问先师年岁、出身毕，先师即言："四夷交侵，分割渐至，覆亡无日。"皇上言："皆守旧者所致耳。"先师奏言："皇上之圣明，洞悉病源。既知病源，则药即在是；既知守旧之致祸败，则非尽变旧法与之维新不能自强。"皇上言："今日诚非变法不可。"先师言："近岁非不言变法，然少变而不全变，举其一而不改其二，连累致败，终必无功。"皇上然之。先师又奏言："所谓变法者，须将制度、法律先为改定，乃谓之变法。今言变法者，是变事耳，非变法也。"又请先开制度局，皇上以为然。先师又奏："臣于变法之事，尝参考各国变法之故，曲折之宜，择其可施行于中国者，斟酌而损益之，章程条理皆已备具。若皇上决意变法，可备采择。"皇上曰："汝条理甚详。"先师乃曰："皇上之圣，既见及此，何为不厉行之？"皇上以目睨帘外，既而叹曰："奈掣肘何？"

先师知皇上有所碍，又奏曰："就皇上现在之权，行可变之事，虽不能尽变，而扼要以图，亦足以救中国矣。惟方今大臣皆老耄守旧，不通外国之故。皇上欲倚以变法，犹缘木以求鱼也。"皇上曰："伊等皆不留心办事。"先师对曰："大臣等非不留心也，奈以资格迁转，至大位时，精力已衰矣。又多兼差，实无暇晷，无法参考新学，实无如何。皇上欲变法，惟有擢用小臣，广其登荐，予以召对，破格擢用。方今军机、总署并已用差，但用京卿、御史两官分任内外诸差事，当无不办。其旧人且姑听之，惟彼等事事守旧，请皇上多下诏书，示以意旨所在。凡变法之事，皆特下诏书，则彼等无从驳议。（先师又曰："昨日赏李鸿章、张荫桓宝星，何不明下诏书？"皇上一笑。）自割台后，民志已离。欲悚动臣僚之意，团结兆民之心，非得皇上哀痛之诏，无以收拾也。"皇上曰："然。"

先师又奏："今日之患，在民智不开；而民智不开之故，皆由以八股试士为之学。八股者，不读秦、汉以后之书，更不考地球各国之事。然可以通籍，累致大官。今群臣济济，然无以任事变者，皆缘以八股考试致大位之故。"皇上曰："然。西人皆为有用之学，而吾中国皆为无用之学，故致此。"先师对曰："皇上既知八股之害，废之可乎？"皇上曰："可。"先师对曰："皇上既以为可废，请皇上即下明诏，勿交部议。若交部议，部臣必驳矣。"皇上曰："然。"

皇上曰："方今患贫，筹款如何？"先师略言中国矿产遍地，生财有道，但当设法开源，不患财用不足。先师又详奏译书、派游学、派游历各事，每终一事，稍息以待皇上命。皇上犹不命起，重及用人行政，末及推广社会，以瀹民智而激民气，并招抚会匪。因间，遂奏谢保国会被劾，皇上为保护之恩。皇上点首称是。久之，皇上点首云："汝下去稍歇。"又云："汝尚有言，可具折条陈来。"先师乃起出，皇上目送之。苏拉迎问，盖对逾十刻，为从来所未有也。

既退出，军机大臣面奉谕旨，着在总理衙门章京上行走。时李鸿章谢恩，同下，对先师叹惜谓："荣禄在皇上前劾君。皇上问枢臣以何位置，廖寿恒言：'请赏五品卿。'而刚毅在皇上前力排，故有此命。"云云。

先师归寓，即告宋侍御伯鲁，令其上废八股之折，盖此折先师早代宋草定者。五月初五日，奉明旨废八股矣。先是二十九日，宋伯鲁折上，皇上即命枢臣拟旨。是时京师哗然，传废八股。连数日寂然。及皇上得宋折，即令降旨。刚毅请下部议，皇上曰："不可。"刚又曰："此事重大，请皇上思之。"皇上厉声曰："汝欲阻挠我耶？"刚乃不敢言。及将散直，刚又曰："此事重大，愿皇上请懿旨。"皇上默然，既而曰："可去请。"待初二日诣颐和园请太后懿旨，故至初五日乃降旨也。

初三日，总理大臣代先师递谢恩折。皇上曰："不必代递。后此康有为有奏，可令其直递来。"又令枢臣将所著《波兰分灭记》《法国变政考》《德国变政考》《英国变政考》等书即钞进呈。先师乃附片并陈，谨当昼夜编书，不能赴总署当差。

时乡、会试既废八股而用策论，生童岁科试仍未改。先师三月时所上之折，交总署议而未行，欲因势请并行之。乃自草一折，交侍御宋伯鲁代上，奉旨允行。于是岁科试均废八股而改策论矣。

先师以愚民之害既去，当开民智。泰西文明各国，对于制新器、著新书、发见新地皆有奖励，遂于初八日上折言之。奉旨交总署议，张荫桓遂托梁先生启超代拟稿颁行焉。

其时新法萌蘗，旧党大恐。御史文悌、黄桂鋆等奔走谋之，将联名请复八股。先师再草折，交侍御杨深秀上之，请御门誓群臣，并定谤新政之律，违者重惩之。于是上降谕切责，旧党焰少息而恨愈深矣。时许应骙对开经济特科及废八股事多方阻抑，侍御杨深秀、宋伯鲁联名劾之。德宗怒，拟罢许职。刚毅乞恩，不许；又请令其自行回奏，德宗不得已允之。许夤夜走请于刚毅，刚云："牵攻康某，必可免。"许从之。于是耸御史文悌劾宋伯鲁、杨深秀，因旁涉先师。军机得文悌折，喜甚，以为必陷先师矣。德宗阅折大怒，谓文悌受许应骙指使，将革职。刚毅叩头恳免，至于流涕，乃罢。文悌折谓先师尽弃名教，保中国不保大清。后来伪谕皆缘文悌折为定案。悌心术诡诈，佯与先师交好，而阴探先师意向；又从先师仆从询悉累宿张荫桓宅，张荫桓之被祸即由于此。

八股既废，先师请采用朱子科场贡举议，分科试士，令人习一经，如《诗》一科，《书》一科，《易》一科，《仪礼》一科，《礼记》附，《春秋公羊、穀梁》一科，《左传》附之，《史记》、两《汉书》一科，三国、晋、六朝史一科，唐、五代、宋史一科，辽、金、元、明史一科，国朝掌故若《会典》《东华录》《十朝圣训》一科，经史各五科，《四书》则人人须通，西学则人专一门，草折陈之。又为徐子静学士致靖草一折，大意略同。奉旨交礼部议，为所驳。又附片请将优拔贡改试策论，并请凡朝殿试勿尚楷法，得旨允行。

已有旨于京师设大学堂，先师再上折，请于各省开高等学，各府开中学，各县开小学，拨各省善后款及各规费以充学费，并请废天下淫祠，以其室宇充学舍，以其租入供学费。二十一日奉旨允行。先师意以为城乡多有淫祠，皆有租入，故欲改为学校，佛寺不在淫祠之列。不意地方莠民，借端扰挟，波及寺院，此则非先师当时意料所及矣。

时德宗频命枢臣催上所著书。先师先成《日本变政考》，每条附加案语。自明治元年至二十四年，共十二卷，举凡中国之变法条理，无不于案语发之，网罗宏大。一卷甫成，即进呈德宗；复催，又进一卷。

时大学堂议起，枢垣托草章程。先师命梁先生启超拟作，酌英、美、日之制为之，以大权归总教习。乃总署覆奏学堂事，改大权属章京。于是章京张元济来商洽，先师为拟四款：一曰筹巨款，二曰拨官舍，三曰选教习，四曰刻学书。清廷派大学士孙家鼐管学。孙始颇言变法，曾与编修蒯光典言曰："今朝士深通时务者，惟康某一人耳。"时广东学政、内阁学士张百熙亦奏荐先师。

六月一日，先师上商务一折，令十八省各开商务局，先就上海、广州试办，由善堂公举殷实而略开通之商人办理，限两月内草定章程，呈总署，再进御览。先师又荐上海经元善、严作霖为总办，广西龙泽厚副之。奉旨交各直省督抚议。

其时适上海《时务报》汪康年亏款甚钜，报亦无起色，先师乃草折，交宋侍御伯鲁上之，请饬梁先生启超专办此事，并请选择各省报纸进呈。奉旨交孙家鼐议。枢臣欲借故挤先师于外，授意孙，令先师办官报，并以京卿总办名义相诱，先师却之。是时，德宗虽锐意振作，而实无权，旧党日造谣言，谓德宗患病甚重，人多为先师危。时荣禄居天津，厚结李莲英以媚太后。至是出统三军，微闻欲于天津阅兵，日行废立之事。先师弟广仁屡劝先师出都，曰："伯兄平生言教，以救地球；区区一家之祚，牺牲无益。"于是先师又欲领《时务报》事，借以观伺朝局而定进退。初八日，孙入奏，奉旨命先师督办《时务报》。

先师前所上制度局之折，经枢垣搁压，至是德宗催问数四，并面责张荫桓，总署乃请派军机王大臣会议，竟以敷衍游词驳之。德宗朱批发还再议。先师折中言于京师开十二局，外省开民政局。流言因之纷起，咸谓先师尽废内阁六部及巡抚、藩臬司道矣，故张元济请废翰林院、都察院，岑春煊请废卿寺、裁局员，皆归之于先师。于是朝野内外咸撼动。枢臣私议："若开制度局，是废我军机也。我宁忤旨，必不可允。"王文韶曰："上意已定，我全驳之，则必明发上谕，我等无权矣。不若敷衍而了之。"王大臣喜从王言，遂定议。所云誓群臣、定国是一条，以为诏书两下，国是已定，此条无庸议；先师所请选天下通才二十人置左右议制度一条，乃改为选翰詹科道十二人，轮日召见，备顾问；所请令臣民咸得上书一条，改为职官递本衙门，士民递都察院；所请开法律局，改为每部派员司，改定律例；均与先师本意大相反。学校局一条，则以大学堂及各省中、小学堂已经另奉谕旨了之。农、工、商局，则以屡奉旨饬办了之。所请起民兵以练陆军，购铁舰以成海军，则以裁兵并饷等语了之。所请民政局，则拟令由督抚责成州县妙选人才了之。至铁路、矿务局，则请即在总理衙门派人办理。于是所议先师折，似无一语受驳者，又似无一条不行者，德宗亦无以难之。虽奉旨允行，而此折等于虚文矣。

时湖南巡抚陈宝箴奏荐先师，而独攻《改制考》，上留中。湘绅王先谦、欧阳节吾大攻新党新政。先师草折，交侍御杨深秀，奏请奖励陈宝箴，严责湖南旧党。德宗从之，一方奖陈宝箴，令其认真整顿，又一方申斥湖南旧党。时粤督谭钟麟漠视新政，又故纵盗贼。先师草折，交宋侍御伯鲁劾之，奉旨交陈宝箴查办。

当万寿后，先师进《波兰分灭记》，详言波兰被俄、奥分灭之惨，士民受俄人荼毒之酷，国王被俄人控制之苦，守旧党遏抑之深，后国王愤悔变法，俄使列兵禁制，不许变法，卒以割亡，云云。德宗览毕，为唏嘘不置，又赏给先师编书银二千两。七月初四日，总理衙门传言，谓当有旨到，命勿出门。既而章京李岳瑞来，口传谕旨，即令仆人将赏银捧出。先师仓卒拜受，例应诣宫门谢恩。惟以未降明旨，恐有曲折，致为太后所忌，故不敢行，但具折谢恩而已。又于折末极陈时变之急，新政变而不变、行而不行之无益，制度局不开，零星散杂之无裨，末复举波兰事，反覆言之，折凡数千言。德宗大感动，非复曩时之迂回矣。时七月十二日也。原折附片辨《孔子改制考》事，辨孔子称王为历朝封典，非自创造。先师自上此折后，不复言事。

是时既许群臣上书，大臣多有抑之者。礼部主事王照条陈请德宗东游日本、痛抑守旧一折，尚书许应骙、怀塔布掷还，不肯代递。康广仁谓："皇上明目达聪，广开言路，岂容大臣阻蔽不达？"请先师草折劾之。王照性戆直，即具折弹劾堂官，侍郎堃岫、溥颋令掌印者勿收。王照怀之而出，谓将递都察院，两堂乃许代递。而许应骙乃劾王照："妄请乘舆出游异国，陷之险地。日本素多刺客，昔俄太子出游及李鸿章奉使，皆遭毒手。王照用心不轨，故臣等不肯代递，乃敢登堂咆哮。"然德宗曾览先师所进《俄大彼得变政记》，极以游外国为然，乃降旨责礼部六堂蔽塞言路，并云："亲游外国之举，朕躬自有权衡，无烦该大臣鳃鳃过虑。"交部严加议处。于是尽褫尚书怀塔布、许应骙、左侍郎堃岫、徐会沣、右侍郎溥颋、曾广汉六堂之职，而令群僚封章直递。又令各直省府道自行递折，各州县交督抚代递，上谕谓"藉觇中国人之才识"。自是，先师请臣民上书之说乃始行。各衙门每日得折数十件，德宗鸡鸣即起，披览奏章，日昃不遑；荐剡交上，每日轮班召见之。是时，揣摩风气者翻然变计，又争上条陈以邀宠，京肆新学书为之一空。

时德宗留意登用新进，特加侍读杨锐、主事刘光第、中书林旭、知府谭嗣同以四品卿衔，命为军机章京，参预新政。凡臣工所上之折，令四人阅看拟旨，军机大臣伴食而已。时有湖南举人曾廉上书，请杀先师。德宗特交谭嗣同拟旨驳之。凡给先师密谕，皆令林旭带出。时谭嗣同与先师同居，林旭亦日日来南海馆，先师有所欲白，皆借谭、林二人通之。

时议多主汰冗官，废卿寺，德宗决行之，枢臣力谏不听。惟先师向来论改官制，但主增新，不主裁旧，用宋人官差并用之法。如以尚书、翰林同直南斋，侍郎、编修均兼学政，亲王、京卿同任枢垣，总署、提督、千把同作营官，专问差事，不拘官阶。故请开十二局及民政局，选通才以任新政，存冗官以容旧人。军机大臣廖寿恒颇韪斯论，托人请先师代拟草。先师乃草折言官差并用之制，引唐宋为法，举近事为例。言："方今官制，诚不可不改，然一改即当全改，统筹全局。如折漕之去漕运，抽灶之去盐官，尤为要义。"时德宗方大裁冗散，内而卿寺，外而云南、广东、湖北三巡抚及各道各局，并及漕运；（时太后不肯裁漕。）新局之置，德宗则将有待也。廖寿恒乃咎先师，于是先师乃主全裁之议。

盖其时德宗勇于变政，但左右无人咨询，盖有行政之人而无议政之人，古今亦无此政体。于是先师又请置三四五品散卿、三四五六品散学士，草折交侍郎徐致靖上之。时礼部六堂皆易人，德宗即擢仓督李端棻为礼部尚书，少詹王锡蕃为左侍郎，学士徐致靖为右侍郎。内阁学士阔普通武尝上疏，请开议院，但先师曾于《日本变政考》中力发议院为泰西第一政，而今守旧盈朝，万不可行。德宗乃不用阔普通武言，而仍拔为礼部侍郎。

先师注意在开制度局，既不得请，于是又请开懋勤殿以议制度，草折交宋侍御伯鲁上之。王照又言之。于是德宗命谭嗣同拟旨，并云：康熙、乾隆、咸丰三朝皆有故事。饬内监捧三朝圣训出，令其检查，盖欲有所依据，以请于太后。时七月二十八日也。

是时以天津阅兵期迫，新党朝夕忧危。先师奏请仿照日本立参谋本部，选天下虎罴之士、不二心之臣于左右，上亲擐甲胄而统之。又请改维新元年，易服制，以新天下耳目。又请弃旧京，迁都上海，借以脱后党圈禁；并言旅大、胶威门户尽失，俄人屯重兵于旅顺，扼吾之吭，无可守矣；又以北京连年水灾城崩，屡次尘土坌天，泉恶脉坏，王气将绝；又旗人环拥，旧党弥塞，下则市侩胥吏，中则琐例繁礼，种种皆亡国之象，不易扫除，非迁都不能维新也；借行幸举之，则定天下于无形。云云。

先师默审将帅中惟袁慰亭世凯素机警，又凤驻高丽，颇知外国事，曾与同办强学会，欲引为助；知其与荣禄厚，未必就范，惟舍此又无他路可行。于六月时，暗使徐仁录入其军幕，借观志向。袁谬称倾向先师甚。先师遽信，亲荐于德宗，又为徐致靖草折荐之，又交谭嗣同递密奏，请结袁以备不测。上即降旨，召见袁世凯。袁于二十九日入京，是日召见于颐和园。初一日，降旨嘉奖袁世凯，并赏给侍郎衔。

先是，自怀塔布既黜，李鸿章撤去总署差，旧党惶悚，内务府人皆环跪西后前，谓德宗妄变祖法，请训政。后不许。立山等皆走天津，谒荣禄，谋废立。御史杨崇伊亦荣党也，草折请训政，持示荣禄。荣禄许之，令杨崇伊持折见庆邸，庆邸亦赞同。于是庆邸与李莲英皆跪于西后前，坚请训政。自八日请开懋勤殿，都人士方拭目以望，而密诏遽下。荣禄见袁世凯被召，即调聂士成守天津，以断袁军入京之路，调董福祥军密入京师，以备不测。杨崇伊于初一日至颐和园，递请训政折，西后意遂决。

德宗知事中变，欲保全先师，故促先师出京也。是夜，未见旨，宋侍御伯鲁邀先师饮于其家。酒牛酣，李尚书端棻、徐侍郎致靖唱昆曲，主宾极洽；而声带变徵，曲终哀动，谈事变之急，相与歔欷感叹。自是夕后，先师遂长为出亡之人，与诸同志永不复见矣。酒罢，归，即奉德宗手谕，曰："朕惟时局艰难，非变法不能救中国，非去守旧衰谬之大臣而用通达之士，不能变法。而皇太后不以为然。朕屡次几谏，太后更怒。今朕位几不保。汝康有为、杨锐、林旭、谭嗣同、刘光第等，可妥速密筹，设法相救。朕十分焦灼，不胜冀望之至。"谕由杨锐带出，时七月二十八日也。越四日，又传密谕曰："朕今命汝督办官报，实有不得已之苦衷，非楮墨所能罄也。汝可迅速出外，不可延迟。汝一片忠爱热肠，朕所深悉。其爱惜身体，善自调摄，将来更效驰驱，共建大业，朕有厚望焉！"谕草于八月初二，初三早由林旭传出。先师跪读痛哭，即草密折谢恩，并誓死救皇上。令林旭持还缴命，并奏报于初四日出都，并开用官报关防。

先师乃召梁先生启超及弟广仁来，筹画救皇上之策。徐菊人世昌时在袁世凯幕府，亦来。先师相与痛哭，世昌亦哭，举座痛哭不成声。先师乃属谭嗣同游说袁世凯勤王，率死士数百，扶皇上登午门，杀荣禄，除旧党。袁曰："杀荣禄如一狗耳。然吾营官皆旧人，枪弹火药皆在荣处；且小站去京二百余里，虑不达事泄。若天津阅兵时，上驰入吾营，则可以上命诛贼臣也。"自谭嗣同入城后，梁先生启超至金顶庙容纯甫处刺探消息，先师发留别书，检行李。及夜，杨锐、宋伯鲁、李岳瑞、王照来慰，天将曙，乃睡。翌日上午九时，访李提摩太与谋。适英公使赴北戴河，不得要领。先师又见伊藤博文，请其游说太后。至夕出城，入南海馆，居室墙忽倾，心窃恶之。黄绍箕饯先师，言："变将作，荣禄将不利于君。"劝先师易装，迂道山东，勿经天津。林旭来言，英、俄已开仗。是夕，太后还宫。以为外患方殷，内忧当渐息，心少安。旋弟广仁来劝先师微服行，先师以"死生有命"答之，乃命广仁留京。广仁送先师出门，遂从此永诀矣。

先师独携仆李唐于天未明出京，车中思黄绍箕言，欲改从山东行，已而决过天津。薄暮，抵津沽，即登招商局海晏船。先师以该船须俟初六日下午四时启轮，恶久滞船中，思另搭别船，再运行李入栈。至初六早，改搭太古公司重庆船，十一钟启轮。先师以既离天津，亦无戒心矣。过烟台，购梨及石子。

初九日抵上海，下午二时，船将入吴淞，登船面瞻眺。时有浙江贡生姚祖义以其所上书来示，先师因与议论，船中人无不争识康某。忽有英人来问曰："君为康某乎？"先师姑应之。英人即邀先师至一小室，出照片相视曰："此为君之相乎？"先师曰："然。"英人问曰："君在北京曾杀人否？"先师曰："吾安得杀人？何问之奇也！"英人乃手出上海道蔡钧一函，附抄伪上谕一道云："康有为进红丸弑上，即密拿就地正法。"（案：戊戌八月初六日，北京有电旨到上海，言：皇上已崩，系康有为进红丸所弑，急速逮捕，就地正法。云云。此电旨，上海道持以告各国领事，请其协拿。英领事抄传之。）先师览毕，眩然大哭。英人曰："汝有进丸弑上事否？"先师即抄密谕示之，并哭言其故。英人曰："我英人濮兰德也，故知君是忠臣，必无弑上事，特以兵舰救君。可速随我下轮，勿迟，恐上海道即来搜船。"先师乃随之下小轮。

时骤闻上弑之讯，痛不欲生，预为蹈海计，口占一绝句云："忽洒龙漦翳太阴，紫微移座帝星沉。孤臣辜负传衣带，碧海青天夜夜心。"乃草与家人遗书、与徐君勉勤书及与诸门人书，托以家事。与徐勤书曰："吾以救中国故，冒险遭变，竟至不测，命也。然神明何曾死哉！君勉为烈丈夫，吾有老母，谨以为托。照料吾家人，力任大道，无变怠也。同门中谁能仗义护持吾家吾国者，吾神明嘉之。任公若存，并以为托。"与诸门人书曰："我专为救中国，哀四万万人之艰难而变法救之，乃蒙此难。惟来人间世，发愿专为救人起见，期皆至于大同太平之治，将来生生世世，经历无量劫，救此众生。虽频经患难，无有厌改。愿我弟子、我后学体吾此志，亦以救人为事，虽经患难无改也。地球诸天，随处现身，本无死理。至于无量数劫，亦出救世人而已。聚散生死，理之常，出入其间，何足异哉！到此亦无可念，一切付之。惟吾母、吾君之恩未能报，为可念耳。"（时光绪二十四年八月初九日也。）诸书交与仆人李唐密藏之。濮兰德见先师痛哭，慰之曰："皇上大行，尚无确信，盍少待之？"先师哭少止。

至英兵舰旁之某公司，即电澳门《知新报》陈仪侃、何穗田等，告无恙，属其救家人；又电广州城云衢书屋、万木草堂，命即移家澳门。英领事班德瑞来见。次日，总领事璧君来见，并送行。而上海道连日搜船，追问英领事甚急。既知已过英船，欲登船搜，船主不许。上海道又派兵船二艘来，英人又派兵船二艘夹护之，仍虑有变，调威海卫大铁舰协同护送。是舰方上煤，闻电即行，舰中严备战具。护至福州，度无中国兵船，乃还。当时，先师在沪，托濮兰德交大同译书局各书，皆复云：局中无人矣。

十四夕，到香港，何晓生东即同英港督所派之辅政司波君、总巡捕梅君来迎，盖璧君领事先有电告之也。先师居巡捕房，弟康有需来见，悉家人已抵澳，而太师母未至，忧甚。十五日，师母张夫人自澳来，知太师母适由港到澳，以畏风浪故不来。十六日，太师母来，先师抱膝痛哭。

先是，先师以五日出京，伪临朝以六日幽上，命步军统领崇礼率健儿三百围宣外南海馆，捕先师弟广仁及门人程式穀（后易名大璋，号子良，广西人）、钱维骥（号硕甫，湖南人）并仆人王升、王贵、田叔以去，（时广仁方如厕，本可避免。长班张禄以尝受责怀恨，带兵往厕搜捕，遂及于难。）车骑塞米市胡同口，观者如堵。三人乘一车，至步军衙门，讯问先师何往，诸人答以"已出天津"。维骥震惧流涕，欲寻死，广仁从容言笑以解之。有旨交刑部，式穀曰："吾等必死矣。"广仁曰："汝年二十余，我三十余，不愈于生数月而死、数岁而死乎？一刀而死，不愈于久病岁月而死乎？"式穀曰："外国变法，前者死，后者继。中国新党寡弱，恐我等一死，后无继也。"广仁曰："八股已废，人才将辈出，何患无继哉？"至初七日下午四时，一卒提广仁，交刑部，而于次日释式穀、维骧及诸仆。刑部堂官亲讯广仁，问："汝兄何在？"广仁答以"已出天津"。又问曰："汝兄何以私逃？"广仁答曰："我兄奉旨敦促，曾于初四日奏报皇上起程，并非私逃。"堂官曰："汝兄不来，汝必不释。汝必写书招汝兄来，方释汝。"狱中饭食、卧具皆谭嗣同等为之供给。

方步军围南海馆，搜先师不获，以文悌曾奏劾先师屡宿张荫桓家，缇骑遂又围张宅。时刑部主事区震适在张宅，误以为先师，捕之去，既知其误，释之。张荫桓亦因此下狱。

初七日，荣禄入都，发兵三千，闭城门，断铁路，大搜索，凡平日与先师往来者多被累。既又大搜天津、塘沽客栈及轮船，并电烟台、上海，凡经过轮船一律大索，又电广东拿办家属。既查知先师先搭招商局船，后改搭重庆船，即发飞鹰快船追捕。飞鹰者，初购自德国，每一时能行三十海里，速率倍于重庆，追必可至。而船主以煤尽，中道返，下之狱。或曰："船主，义士也。煤能返津，即可来沪。实仗义耳。"谭嗣同等谋所以救先师者甚切，皆以为决无生望矣。谭嗣同促梁先生启超入日使馆，求救于伊藤博文。伊藤闻而顿足，随电上海日领事小田切设法保护，不知先师已鸿飞冥冥矣。

时又捕梁先生急，谭嗣同劝梁先生东渡，而自誓就死。梁先生乃于初七日出京。时京、津间风声鹤唳，处处谣传先师踪迹，捕令严急。或误梁先生为先师，聂士成带队，登舟强索，护梁先生之日领事郑永昌亦惊惶失措。时梁先生拥被股栗，面无人色，手持破纸草家书。幸去海岸十余里，聂士成兵至，则日舰已列队护之登舟，虽再三索问，为日人所拒，仅乃免。

时皇上被幽瀛台，王照与日人谋逾南苑救皇上出，谭嗣同与京师侠士大刀王五亦谋救上，皆未及行。初九日，谭嗣同被捕。王照被逮甚急，日人劝之东行，王照遂于初十日离京。先是，初八日，杨深秀递折，请伪临朝勿训政，遂被捕。昔郅寿奏请王莽归政汉室，退就臣列，其愚不可及。今杨深秀复似之。然郅寿不死，王莽真大度哉！初九早，逮捕杨锐。锐在床未起，单衣就缚。林旭是日入直，亦就缚。刘光第、徐致靖闻捕，乃自投狱。时又欲遍捕保国会员，则株连遍天下矣。朝士闻风惊惶，恐及于祸，多避而南下者，铁路、轮船挤壅甚。又传闻皇上已有不测，各国调兵，若将有大乱者。

十一日，下伪旨曰："刑部奏案情重大，请钦派大臣，会同审讯折所有官犯徐致靖、杨深秀、杨锐、林旭、谭嗣同、刘光第并康有为之弟康广仁。着派军机大臣会同刑部、都察院严行审讯。其张荫桓屡次被人参奏，声名甚劣，惟尚非康有为之党，着刑部暂行看管，听候谕旨。至康有为结党营私，情罪重大，业将附和该犯之徐致靖等交部严讯。此外难保官绅中无被其诱惑之人，朝廷政存宽大，概不深究株连，以示明慎用刑至意。"云云。十二日下午二时，刑部开堂讯问，伪旨命军机大臣荣禄、刚毅、王文韶、廖寿恒会讯。已而，忽传伪命：不必审讯，将六人即行正法。下午四时，在宣外菜市口行刑，观者塞途。康广仁先就刑，欲有所语，左右顾盼无一人。次及五人，从容慷慨，颜色不变。呜呼惨哉！广仁就义时，衣短衣。南海馆司阍人张禄觅得先师之衣，为之缝首市棺，葬于南下洼龙爪槐观音院旁，立石树碑曰："南海康广仁之墓。"广仁年仅三十二，无子，遗一女，名同荷，才八龄耳。

政变之狱，一以文悌之折为案据。先是，四月大阅，先师与弟广仁往参观。还游极乐寺，入西直门，经文悌宅，先师乃与广仁访之。后文悌视先师疾，广仁作陪，与谈变科举事。文悌劾先师，因并及之。谈者又造为广仁出入内廷，有在乾清门遇之者。展转传述，旧党泄愤，遂及大戮。而杨深秀亦为文悌所劾，谣传谓为先师供奔走，致罹于难。张荫桓遣戍，亦因文悌劾先师曾宿其家。

先是，初六日闻变，梁先生启超电上海麦先生孟华告变。上海初七日得电，狄葆贤与日本《亚东时报》人设法营救，而汪康年讦于上海县，引捕役赴大同译书局及梁先生家逮捕，幸皆事前逃避。先师有别墅在花埭。初八日，陈荣衮电广州公善堂区谦之告变。区谦之星夜渡江，抵别墅，语先师家人，阖家饮泣，谦之催拾行李。初九日五更，举家下舟。是日适星期，澳、港轮船不行。初十日，乃下澳门船。甫开，逮捕之兵至。盖粤督谭钟麟亦于初八日得电，已于初八夕引兵围粤城云衢书屋矣，捕先师家属不得，故于初九日侵晓而来也。兵役大掠，捕司阍者三人去。先师电发时已迟，若无陈荣衮、区谦之，则家人皆被逮矣。又幸居花埭，若在粤城云衢书屋，夜间区谦之无从入城，亦及于难矣。时太师母还西樵苏村，得区谦之信，令仆人关纯往迎出港。家人惊定而痛，相向泣。十二日，关纯偕一女仆护太师母出城。十三夕，由粤城下香港。关纯谨慎，谓当坐下舱，避耳目。舱客繁杂，竟夕无卧处。太师母屏气不敢作语，不敢屑涕，其艰苦皆平昔所未曾经者。至港，入鸿安栈，不知家人所在。十四日，关纯复还城查问，始知已过澳门。十四夕，关纯还港。十五日晨，护太师母过澳，则知先师已还港。十六日，复来港相见。太师母深居简出，当患难忧惊，仅与一女仆相对隐泣，凄苦万状。时风声传播，亲戚多被掳挟。至十一日，花埭屋被封。十二日，粤城云衢书屋被封，先师所藏书及所著之稿均散失矣。十八日，又封西樵苏村老屋。二十二日，封广州城万木草堂，藏书三百余箱尽付一炬。先师所刻书，亦电各省毁版。

当先师家族方移而太师母尚未出也，何东于初八日托陈欣荣至粤城迎先师家属，梁铁君请于广州英领事，用小轮迎太师母，虽未得遇，而侠士高义不可及。先师每念及而泣。

先师遂于二十一日移居香港何东家。港、澳赁屋，用度浩繁，俱何穗田供给。何东复赠金数千，借济宗族及供游赀焉。先是，日人宫崎寅藏托梁铁君赆金二千，先师却之。

先师于九月五日东渡，在港凡二十日，时时忧君亲之亡，哀家族之隐。而李端棻、张荫桓之见流，徐致靖之下狱，宋伯鲁、陈宝箴、陈三立、江标、熊希龄、王锡蕃、李岳瑞、张元济之被革，文廷式、黄遵宪之被捕，日接于耳目。其他复八股，禁报馆，捕主笔，罢经济特科，农、工、商局复冗官，停漕折，务反其旧，凡先师凤所经营者尽皆罢废。久而闻六烈士之被戮，益哀侧肝肺矣。

先师维新事业，自四月二十八日召见，至七月二十九日奉密诏，凡九十日也。先师尝云："戊戌之难，身冒十一死，事后追思，无一生理：一、若先出上海办报，则上海道掩捕，立死；二、德宗无明诏、密诏之敦促，若迟迟出京，必死；三、荣禄早发电一日，无论在途在京，必死；四、无黄绍箕之告宿天津，亦死；五、若从黄绍箕之言，出烟台，又死；六、若搭招商局之海晏船，英人欲救无从，必死；七、是日若无重庆船之开，或稍迟数时行，追必及，必死；八、飞鹰快船不因煤乏还津，必死；九、莱青道非因有事往胶州，则在烟台，必死；十、上海道不托英人搜查，英领事不知，无从救，必死；十一、英人不救及不派兵舰护送到福州，亦死。"凡此十一死，纵得救一二，亦无济。或天欲留先师之身以有待，而大道未绝耶？

先师出亡时，曾草奉诏求救文，布告海外，声讨西后十大罪状，谓"比诸飞燕之啄皇孙、则天之祸宗室，殆有过之"云云。其时太后议废德宗，故先师首发其谋，国内清议竞起抗阻，海外华侨和之，友邦亦起责言。太后以废立事电询疆吏，征同意，两江总督刘坤一覆电，有"君臣之分已定，中外之口难防"二语，最扼要。太后微感悟，废立之议暂罢，而仍幽德宗于瀛台。

先师出亡后，先至日本，由日本而伦敦，又抵加拿大。己亥九月归港，政府悬重金购先师，又特命大学士李鸿章督两广，意在俟机捕先师。而先师居港奉母，不及四月，闻风远行。此四五年往来欧美，不宁厥居。

岁庚子，先师联合海外义士有所举。先是，浏阳唐才常与梁先生启超主湘学，深相契。自政变后，俞廉三代陈宝箴巡抚湖南，停办湘学。才常亦出走，周游皖、汉间，招致豪士，联络会匪，乘拳乱作，欲在湖北起义。事泄，被捕于夏口。才常在湖南负盛名，张之洞知其才，欲令诱致先师自赎。才常笑却之，且语之洞曰："恨公不足望张柬之，徒成曲学耳。"竟被害。

岁癸卯，先师游印度，而缅甸，而爪哇。九月归港，伯桢曾赴港造谒。先师拟命伯桢随游，充记室。时吾邑东莞始创中学，伯桢任筹办，辞不获，乃别先师归。

光绪三十年甲辰二月，先师再为海外游。是岁始作游记，所经历之地及时日俱可考。二月初六日，乘法国船自港行。二月十六日，过安南。三月十二日，适暹罗，过槟榔屿，留一月。四月十二日，自槟榔屿乘英之舟山船，十八日至锡兰。二十日自锡兰行，二十五日六时到亚丁。二十六早九时自亚丁行，四时至丕伦，英属地，一平岛也。四月三十夜九时抵苏彝士河口，五月初一行苏彝士河，晚六时入地中海。五月初三夜十二时至意大利。六日抵罗马，游彼得庙、教皇宫、纪功坊、奥古士多宫等。十三日二时去罗马，车行十八时到美兰，意大利之北部也。至三十一年乙巳七月二十二，游法国。二十三抵巴黎，登铁塔，游拿破仑陵墓、路易十六坟。至三十二年丙午十一月十九，再游德国。二十日抵柏林，先师至是盖九至柏林矣。濡滞柏林等地年余，至三十四年戊申五月，自北冰海还。六月十八日，自瑞典历游欧东。十九日入奥大利，旋至匈牙利。二十二日入塞耳维亚，晚过多饶河。二十三日抵塞耳维亚京，旋至布加利亚京城苏非。六月二十九日游突厥，自罗马尼亚乘船过黑海，至君士但丁。

是日适值突厥下诏立宪，定于西历十一月十四日开国会。他日，驻德公使孙宝琦问先师曰："突厥既立宪开国会矣，其国运前途如何？"先师答曰："吾在突厥，闻突人所学皆法国学也。突人所期之立宪，则尽去旧制之纪纲风俗，举国均自由平等也。各国立宪，不过以法治国，上下同受治于法律而已；非荡无纲纪，人人可平等自由也。突厥将危乱且亡矣。夫平等自由，乃法国革命时救病之药名，只可饮于一时，以快人心，不可以为朝夕之饔飧也。旧制行之数千年，实人心国命所寄。虽有积弊，只可去其太甚，以渐推行。如尽去之，人心国命无所寄，则荡然而大乱耳。今突厥青年党久游法国，日事破坏，不思建设，徒心醉革命之名，而未尝从事政治理财之学；徒艳炫欧美之俗，而未尝审风俗历史之宜。一旦以兵胁其君而收其权，乃举旧制之法律道揆尽弃之，一朝而易二百余条空文宪法。然而青黄不接之时，欧美之实效又非突人所能骤受。于是国人不知措手足，惟乱舞偓偓而已。国情如是，不亡何待？"

七月七日，乘汽船往雅典。八日，泊士兔拿岛，仍突厥地也。九日至希腊，遍游雅典各胜地，乘船还意大利之巴连德诗。

计甲、乙、丙、丁、戊五年以来，历游意大利、瑞士、澳地利、匈牙利、德意志、法兰西、丹墨、瑞典、比利时、荷兰、英吉利等十一国，著有游记。以上所述，皆游记中一部分，已编定印行者；尚有未定丛稿，想已散佚，其时日不可考矣。游记中并附论欧土政俗、中西比较、物质救国诸论，以供国人采择。

宣统元年己酉，先生再居槟榔屿，曾迎养太师母于此。太师母年七十八。是年十一月二十六日，其长子同箴生。先师年五十始得子，太师母嘉慰，故名所居曰"南兰堂"；又于所居葺一亭，名曰"乾坤一草亭"；于亭外筑一廊，颜曰"行吟径"。十二月，太师母还粤。逾年庚戌八月，先师复归港省亲，至十二月行。行后八月，武昌起义，党禁解，始谋归国。

时民军决行共和，清室主立宪。先师乃草《共和救国论》，号召天下倡虚君共和之说。以中国帝制行已数千年，不可骤变；而大清得国最正，历朝德泽，沦恰人心。存帝制以统五族，弭乱息争，莫顺于此。而清廷为袁世凯所迫，改国体为共和，下诏逊位。先师知空言不足以挽阻，思结握兵柄者以挽之，多方游说，卒无补救。遂再游日本，旅居箱根。

其时国体已改，先师草《共和政体论》，略曰：

共和之义，于古也六，于今也六，凡有十二种。体各不同，利病各有，不能统以共和空名混之也。

其在中国，周召共和，为共和之始，一也；远古人皇氏九头纪，尤为大地共和之先，二也；希腊雅典贤人会议，三也；斯巴达二王并立，四也；罗马三头之治，五也；罗马世袭总统，专制如王，六也。此为已过之迹矣。其在近世有议长之共和国焉，瑞士创之。其制以政府各部长共行政；其有不谐，决以多数；数同，则折衷于议长。故只有议长而无总统，共和之极则也。此其一。有国民公举总统之共和国焉，美洲是也。其制总统握行政之大权，而有任期，使全国民选之；各部隶于总统。此其二。有上下国会合选代表王之总统共和国焉，法国是也。其制总统代表王者，有任期而无权；政府有宰相，以行政各部隶于宰相。此其三。有上下国会合选之总统不代表王之共和国焉，葡萄牙是也。其制国会公举总统，握行政权，各部隶之，无宰相而有任期。此其四。有虚君之共和国焉，加拿大创之，匈牙利行之。其国会有完全自治权，英与奥皇以虚名领之，不能干涉焉。此其五。有君主之共和国焉，英创之，比利时、罗马尼亚、布加利牙、那威行之。其权全在国会，虽有君主，虽无成文限制其权，然实无权，故英称大不列颠共和王国。此其六。

凡此十二体，吾国人将何从焉？其古远不足论，取其近而可行者，亦有六体。夫各国政体，各有历史风俗，各不相师；强而合之，必有乖谬致败。是故罗马人不师希腊，美人不师瑞士，而欧人自法外不师美洲；若中南美与法误师美国，则致祸乱矣。今时势推移，决行共和。周召、希腊、古罗马之共和，今决不能行，既无论矣。罗马大国，不宜于共和，故不久遂变为帝政。深望国人慎于取法。云云。

先师又著《中华救国论》，略曰：

今共和告成矣，扫中国数千年专制之弊，不止革一朝之命，五族合轨，人心同趋，必无复于帝政之理。守旧者疑于诸夏无君，深忧过虑；维新者以为共和已得，大功告成。然所深虑者，则以共和虽美，民治虽正，而中国数千年来未之行，四万万人士未之知，虑其错行而颠坠也。

今共和数月矣，所闻于耳、触于目者，悍将骄兵之日变也，都督分府之日争也，士农工商之失业也，小民之流离饿毙也。纪纲尽废，法典皆无；长吏豪猾，土匪强盗，各自横行，相望成风。搜括则择肥搏噬，仇害则焚杀盈村；抢掠于白昼，勒赎于都会，胁击于公会，骚扰于城市；以至私抽赋税，妄刑无辜；暗杀则伏血载途，明乱则连城陈战；兵变成习，叛立日闻，莫之过问也。

故谓今者补救中国之亟图，在整纪纲，行法令，复秩序，守边疆。其为万事之本，则莫先于弭暴乱以安生业也。故不先去悍将骄兵，无以靖地方之变乱；不先锄暴民强盗，无以保人民之财命；不先复士农工商，无以为生计之维持；不先保辽、蒙、回、藏，无以保内地之疆土。否则，虽全举美、法之文明、平等、自由，加之吾国四万万人之身，其亡国必益速而无救也。

今国人将欲成良政党乎，其道有二：一、输进通识；二、崇奖道德。若能为之有序，措之得宜，讲乎外势而先弭内乱，以国为重而民从之，有政党内阁以为强力政府，行保民之政，富而加教，保中国已有之粹而增其未备，则中国之强可计日而待。云云。

癸丑二月，先师自日本神户双涛园迁近月见山下须磨寺侧居，有小园。时值初度，梁先生启超等十余人设筵祝嘏，先师答之以诗，曰："月见山前海有痕，须磨寺里佛仍尊。劫灰飞散知何世，逋客孤羁得小园。蜡屐游频思赌墅，桃花开遍或寻源。一枝栖托聊随喜，豺虎中原何处村。"是年八月十三日，先师祭戊戌被戮六君子于日本神户游存簃，追忆戊戌英舰送还香港时，感慨徘徊，赋诗以寄慨，曰："旧时月色雾难开，海外惊看十五回。偶免朝衣赴东市，忽经灰劫哭西台。永伤白首同归日，怕见黄图改色来。救国杀身谁念尔，波涛拍海夜堪哀。"

癸丑七月朔日，先师在日本刊《救亡论》，其目有十：一、革命已成有五难，中国忧亡说；二、革命后中国民生惨状说；三、革命由动于感情而无通识说；四、新世界只争国为公有，而种族、君民主皆为旧义，不足计说；五、君与国不相关，不足为轻重存亡论；六、共和政体不能行于中国论；七、欧人立宪必立君主，且迎异国或异族人为君主之奇异说；八、立宪国之立君主，实为奇妙之暗共和法说；九、虚君之共和国说；十、民族难定，汉族中亦多异族，而满族亦祖黄帝考。其论满族亦祖黄帝曰：

> 今言革命者，若谓政府不善，宜力革之，宜也；若持民族之说，谓满族不同汉族，必宜排之，则今未知真汉族者为谁，而满族亦未始非出中国族也。近人多谓中国汉族全为黄帝子孙，有欲以黄帝纪年者。其实大地万国，无有能纯为一族者也。

夫黄帝出自昆仑，实由中亚洲迁徙而来。《史记·黄帝本纪》称"以师兵为营卫"，则实由游牧而入中国之北方。其时中国地属有苗，《书》所谓"蚩尤为始作乱，爰及于苗民"，此言黄帝时也。至尧舜时，大江以南尚为苗人所据。欧人以中国人种同于蒙古人种，而马来人别自为种族。盖马来人种出自苗人，其音本同；而黄帝徙自中亚，实即蒙古之种，况史称匈奴之先淳维出自有殷之后乎？

惟孔子作《春秋》，以礼乐文章为重，所谓"中国""夷狄"，专以别文野而已。合于中国之礼者，则进而谓之"中国"；不合于中国之礼者，则谓之"夷狄"。故晋伐鲜虞，则夷狄之；楚庄救郑，则中国之。《春秋》以吴为夷狄，则吴为泰伯之后，实周之宗室，安有以为夷狄者哉？可知《春秋》中国、夷狄之辨，不纯在种族矣。

即论种族，若必谓今中国人皆黄帝后，则《左传》曰："夫许，太岳之胤也。"乃即许已为伏羲后而非黄帝后矣。若谓皆为五帝三王之后，遥遥华胄，卜姓受氏，皆神明之裔也，则实不然。云云。

先是，壬子十二月初九日，值太师母八十二生辰，先师居东京，念母，欲束装归省。适麦先生孟华等东渡，谒先师，以乱徒横行桑梓，力请勿归。至是年癸丑，先师决欲移家归港，永承色笑。适患疡，日医主割治，乃就治于东京医院，三阅月未痊。而七月初七日，太师母病风，不省人事；翌日初八，遽尔逝世，春秋八十三。先师闻丧，痛不欲生。时袁世凯当国，电促先师归国，先师却之。十月，先师自日本奔丧归。十一月十六日，厝葬太师母于南海西樵苏村之后冈，以弟广仁祔焉。

先师葬亲后，移居上海辛园。时伯桢拟刻丛书，先师知之，乃将生平诸稿编定见授。内《大学注》一卷。先师以为，《大学》一书，内圣外王，条理毕具，提大道之要，钩至德之玄，诚孔门之宝书，学者之阶准也。是篇存于《戴记》，朱子以为曾子所作，误分经传。夫《诗》《书》《礼》《乐》《易》《春秋》，孔子圣作，乃名为经；余虽《论语》，只为传；《礼记》则为记、为义。况一篇中，岂能自为经传乎？篇中仅一指曾子，亦无曾子所作之据。惟记皆孔门弟子后学传孔子之口说，孔子之微言大义实傅焉。朱子特选《中庸》与此篇，诚为精要。惟朱子未明孔子三世之义，盖孔子太平之道暗而未明，郁而不发，盖二千年矣。先师此注，发挥微言大义，于旧文错简亦多有订正。

又《中庸注》一卷。先师以为，孔子之教论，莫精于《中庸》一篇。此书自《汉·艺文志》既别为篇，梁武帝曾为之注，而朱子亦注之。郑康成曰："《中庸》者，孔子之孙子思作之，以昭明圣祖之德。"天下之为道术多矣，而折衷于孔子；孔子之道大矣，荡荡如天，民难名之，惟圣孙子思亲传大道，具知圣统。其云"昭明圣祖之德"，犹述作孔子之行状云尔。子思既趋庭捧手，兼传有子、子游之统，备知盛德至道之全体，原于天命，发为人道，本于至诚之性，发为大教之化；穷鬼神万物之微，著三世三统之变，其粗则在人伦言行政治之迹，其精出于上天无声无臭之表。而所以行之后世，为人不可离者，则以其不高不卑，不偏不蔽，务因其宜而得人道之中；不怪不空，不滞不固，务令可行而为人道之用。尚恐法久生弊，又豫为三重之道，因时举措，通变宜民。惟其错行代明，故可并行不悖；既曲成万物而不遗，又久历百世而寡过。因使孔子之教，广大配天地，光明并日月，仁育覆后世、充全球。以去圣久远，伪谬滋炽。如刘歆之派，既务攻今学而乱改制之经，于是大义微言湮矣。宋、明以来，言者虽多，则又皆向壁虚造，仅知存诚明善之一旨，而遂割弃孔子大统之地，僻陋偏安于一隅。后进承流守旧，画地自甘，不知孔子三重之道，通变因时、并行不悖之妙，气弊水浅，不足以容民畜众，则群生将困，而不得被其泽。圣道不明，为害滋大。幸仲尼祖述尧、舜之旨，犹存大义；子思昭明祖德之说，尚有遗言。惟据兹义，推阐明之，庶几孔子之大道复明，而三重之圣德乃久。

又作《论语注》二十卷。先师以为，《论语》二十篇，记孔门师弟之言行，而曾子后学辑之。夷考其书，称诸弟子，或字或名，惟曾子称子，且特叙曾子启手足事，盖出于曾子门人弟子后学所纂辑也。曾学既为当时大宗，《论语》只为曾门后学辑纂，但传守约之绪言，少掩圣仁之大道，而孔教未宏矣。故《论语》之学，实曾学也。盖当其时，六经之口说犹存，《论语》不过附传记之末，不足大彰孔道也。然而孔门之圣师若弟之言论行事，借以考其大略。司马迁撰述《仲尼弟子列传》，其所据引，不能外《论语》。凡人道所以修身待人，天下国家之义，择精语详，他传无能比焉。不幸刘歆纂圣，作伪经以夺真经，公、毂《春秋》，焦、京《易》说既亡，而今学遂尽，诸家遂掩灭，太平、大同、阴阳诸家之说皆没，于是孔子之大道扫地尽矣。宋贤复出求道，推求遗经，而大义微言无所得，仅获《论语》为孔子言行所在，遂以为孔学之全，乃大发明之，翼以《大学》《中庸》《孟子》，号为四子书，拔在六经之上，立于学官，且以试士，盖千年。自学子束发诵读，至于天下推施奉行，皆奉《论语》为孔教大宗正统，以代六经，而曾子守约之儒学于是极盛矣。此书发明《易》《春秋》阴阳、灵魂、太平、大同之说，而《论语》本出今学，实多微言。所发大同神明之道，有极精奥者。

又《孟子微》八卷。先师以为，欲得孔子性道之原，平世大同之义，舍《孟子》莫之求矣。论者因孟子发民贵君轻之义，誉子贡过于孔子，则未知孟子传道之本末也。孟子曰："乃所愿，则学孔子。"《孟子》之义，由子游、子思而传自孔子，非孟子所创也。民贵君轻，乃孔子升平之说耳。孔子尚有太平之道，群龙无首，以为天下至治，并君而无之，岂止轻哉？欲知孔子者，莫若假途于孟子。盖孟子之言孔道，如导水之有支派脉络也，其本末至明，条理至详。通乎《孟子》，其于孔子之道得门而入，可次第升堂而入室。惜乎数千年来注者虽多，未有以发明之。此书探原分条，引而伸之，其中微言大义，一一为之表出。

又《礼运注》一卷。先师以为，孔子三世之变、大道之真在于是；大同小康之道，发之明而别之精，古今进化之故，神圣悯世之深在于是；相时而推施，并行而不悖，时圣之变通尽利在于是。是书为孔氏之微言真传，其余论多说小康，寡发大同之道，所谓"知其不可而为之"者也。孔子之道有三世，有三统，有五德之运。仁、智、义、信，各应时而行运。仁运者，大同之道；礼运者，小康之道。拨乱世以礼为治，故可以礼括之。礼者，犹希腊之言宪法，特兼该神道，较广大耳。治《礼运》者，当先明孔子礼治之本与先圣制作之原，然后究其微言大义所在，方有心得。

又《新学伪经考》十四卷。先师以为，经学所以迷乱乖迕之由，盖出于刘歆伪为古学以乱真经之故。以刘歆伪经写以古文，遂目真经为今文，自汉季来，经学遂有今文、古文之异。今文者，西汉世立于学官，若《诗》则齐、鲁、韩，《书》则欧阳、大小夏侯，《礼》则《仪礼》、大小《戴记》，《易》则施、孟、梁邱，《春秋》则公羊、穀梁，与夫齐、鲁《论》。凡此皆孔子之真经，七十子后学之口说传授，今虽有窜乱，然大较至可信据也。古文者，毛氏《诗》、孔氏《书》、费氏《易》《周礼》与《左氏春秋》，与其他名古文者及与古文证合者，皆刘歆所伪撰而窜改者也。郑康成不辨今古之真伪，和合今古，杂揉真伪，号为经学之集成，实则伪古行而今文废，于是孔子之微言绝，大义乖，大同太平之道暗塞而不明。孔经虽未全亡，然变乱丧失亦已甚矣。故宋人求之经，已有疑之，乃舍弃经而求之传，得《论语》《孟子》，至朱子选最粹之《大学》《中庸》，合为"四书"，祧六经而代之，以教天下，垂范几千年。虽多今文传说，然实同于一隅割据偏安，迥非大一统之旧观矣。及国朝高谈汉学，祖述许、郑，不过扬伪古文之残灰而已，于今文之真经说乃多疑难，岂非所谓盗憎主人耶？暨道、咸后，今学萌芽，然与伪经并行尊信，未能别白真伪、决定是非，令学者舍伪从真而知所从事也。然自刘申受、魏默深、龚定庵以来，疑攻刘歆之作伪已多。先师因读《史记》，偶得《河间献王传》《鲁共王传》读之，并无得古文经一事；乃取《汉书·河间献王、鲁共王传》对较《史记》读之，又取《史记》《汉书》两《儒林传》对读之，则《汉书》详言古文事，与《史记》大异；又取《太史公自序》读之，子长自称天下郡国群书皆写副集于太史公，太史公仍世父子纂其业，乃翻金匮石室之藏，厥协六经异传，整齐百家杂语，则子长于中秘之书、郡国人间之藏，盖无所不见。其生又当河间献王、鲁共王之后，若有献书开壁事，更无所不知，子长对此孔经大事，更无所不纪。然而《史记》无之，则为刘歆之伪窜无疑也。加以师丹大怒，公孙禄、范升严劾，龚胜称病，诸博士严拒，乃知古文之全为伪，骈然以解矣。于是以《史记》为主，遍考《汉书》而辨之；以今文为主，遍考古文而辨之。遍考周、秦、西汉群书无不合者，虽间有窜乱，或儒家以外杂史有之，则刘歆采撷之所自出也。于是涣然冰释，怡然理顺，万理千条，纵横皆合矣。因撰《伪经考》，发其大端，俾学者明辨之，舍古文而从今文，辨伪经而得真经，庶几孔子之微言大义昭然发矇。

又《孔子改制考》二十一卷：第一，上古茫昧无稽考；第二，周末诸子并起创教考；第三，诸子创教改制考；第四，诸子改制托古考；第五，诸子争教互攻考；第六，墨老弟子后学考；第七，儒教为孔子所创考；第八，孔子为制法之王考；第九，孔子创儒教改制考；第十，六经皆孔子改制所作考；第十一，孔子改制托古考；第十二，孔子改制法尧舜文王考；第十三，孔子改制弟子时人据旧制问难考；第十四，诸子攻儒考；第十五，墨老攻儒尤盛考；第十六，儒墨交攻考；第十七，儒攻诸子考；第十八，儒墨最盛并称考；第十九，鲁国全从儒教考；第二十，儒教遍传天下战国秦汉间尤盛考；第二十一，武帝后儒教一统考。

又《春秋董氏学》八卷。先师以为，汉兴，惟董生明于《春秋》，两汉博士、公羊家严彭祖、颜安乐皆其后学。刘向称董仲舒为王佐，虽伊、吕无以加；即刘歆作伪，力攻《公羊》，亦称为群儒首。朱子通论三代人物，独推董生为醇儒。其传师说最详，其去先秦不远，然则欲学《公羊》者，舍董生安归？王仲任曰："文王之文传于孔子，孔子之文传于仲舒。"因董子以通《公羊》，因《公羊》以通《春秋》，因《春秋》以通六经而窥孔子之道本。此书第一述《春秋》旨，第二述《春秋》例，第三述《春秋》礼，第四述《春秋》口说，第五述《春秋》改制，第六述《春秋》微言大义，第七述传经表，第八述董子经说。

又《春秋笔削大义微言考》十一卷。先师以为，孔子之道，其本在仁，其理在公，其法在平，其制在文，其体在各明名分，其用在与时进化。夫主乎太平，则人人有自立之权；主乎文明，则事事去野蛮之陋；主乎公，则人人有大同之乐；主乎仁，则物物有得所之安；主乎各明权限，则人人不相侵；主乎与时进化，则变通尽利。故其科指所明，在张三世。其三世所立，身则行乎据乱，故条理较多；而心写乎太平，乃意思所注。虽权实异法，实因时推迁，故曰孔子圣之时者也。若其广张万法，不持乎一德，不限乎一国，不成乎一世，盖浃乎天人矣。汉世家行孔学，君臣士庶劬躬从化，《春秋》之义深入人心。拨乱之道既昌，若推行至于隋、唐，应进化至升平之世，至今千载，中国可先大地而太平矣。不幸当秦、汉时，外则老子、韩非所传刑名法术、君尊臣卑之说，既大行于历朝，民贼得隐操其术，以愚制吾民；内则新莽之时，刘歆创造伪经，改《国语》为《左传》，以大攻《公》《穀》，贾逵、郑玄赞之。自晋之后，伪古学大行，《公》《穀》不得立学官，而大义乖；董、何无人传师说，而微言绝。甚且束阁三传，而抱究鲁史为遗经；废置于学，而嗤点《春秋》为断烂朝报。此又变中之变，而《春秋》扫地绝矣。先师悟笔削微言大义于二千载之下，既著《伪经考》而别其真伪，又著《改制考》而发明圣作。因推公、穀、董、何之口说，而知微言大义之所存，又考不修《春秋》之原文，而知笔削改本之所托。使先圣太平之大道隐而复明，暗而复彰。（案：此书先师旧草于广州万木草堂及广西桂林之风洞；戊戌蒙难，东走日本，携以俱；后游欧、美，存于日本。己亥九月二十二日，《清议报》馆被焚，稿遂烬。后补成之，自庚子年十一月朔日始，共一百九十七日而书成。阅十四年丙辰冬，付伯桢刻于北京，逾年丁巳夏五刻成。）

又《大同书》十卷。先师以为，上览古昔，下考当今，近观中国，远揽全地，尊极帝王，贱及隶庶，寿至篯彭，夭若殇子，逸若僧道，繁若毛羽，盖天下人民，无非忧患苦恼。虽有深浅大小，而忧患苦恼之交迫并至，未有能少免者矣。既生乱世，目击苦道，思有以救之。遍观世法，舍大同之道，欲救生人之苦，求

103

其大乐，殆无由也。大同之道，至平也，至公也，至仁也，治之至也。虽有善道，蔑以加矣。人道之苦，无量数，不可思议，因时因地，苦恼变矣。此大同书之所由作。全书计分十部：甲部，入世界观众苦；乙部，去国界合大地；丙部，去级界平民族；丁部，去种界同人类；戊部，去形界各独立；己部，去家界为天民；庚部，去产界均生业；辛部，去乱界治太平；壬部，去类界爱众生；癸部，去苦界至极乐。书成，既而思大同之治非今日所能骤几，骤行之，恐适以酿乱，故秘其稿不肯以示人。

又著《广艺舟双楫》二十七篇。自云：十一岁随侍廉州官舍，初临《乐毅论》及赵、欧书，不能工。年十九，学于朱九江先生。朱先生执笔主平腕竖锋，虚拳实指，盖得之谢兰生先生，为黎山人二樵之传也。先师于是始学执笔，手强甚，昼作势，夜画被，数月乃少自然。得北宋拓《醴泉铭》临之，始识古人墨气笔法。复见陈京卿兰甫，谓《醴泉》难学，欧书惟有小欧《道因碑》可步趋。因并取《圭峰》《虞恭公》《玄秘塔》《颜家庙》临之，乃少解结构。间及行草，取孙过庭《书谱》及《阁帖》模之；少读《说文》，尝作篆、隶。苦《峄山》及阳冰之无味，问于朱先生，称近人邓完白作篆第一。先师因搜求于粤城，苦难得。壬午入京师，乃购得之，因并得汉、魏、六朝、唐、宋碑版数百本，从容玩索，下笔渐远于俗。及久居京师，日购碑版，于是尽见秦、汉以来及南北朝诸碑，泛滥唐、宋，乃知隶、楷变化之由，派别分合之故，世代迁流之异。嘉兴沈主事曾植谓先师书转折多圆，六朝转笔无圆者。先师以《郑文公》证之，然。由此观六朝碑，悟方笔无笔不断之法，画必平长，又有波折，于《朱君山碑》得之。湖北有张孝廉裕钊，其书高古浑穆，点画转折皆绝痕迹，而意态逋峭特甚，其神韵皆晋、宋得意处。先师得其书，审其落墨运笔，中笔必折，外墨必连；转必提顿，以方为圆，落必含蓄，以圆为方；故为锐笔而实留，故为涨墨而实洁，乃大悟笔法。又得邓顽伯楷法，苍古质朴。盖邓顽伯生平写《史晨》《礼器》最多，故笔之中锋最厚；又临南北碑最夥，故其气息规模自然高古。夫精于篆者能竖，精于隶者能画，精于行草者能点。能使转熟极于汉隶及晋、魏之碑者，体裁胎息必古，于完白山人得之。完白纯乎古体，张裕钊兼唐、宋体裁而铸冶之，尤集大成。是书论书法最详：第一，原书；第二，尊碑；第三，购碑；第四，体变；第五，分变；第六，说分；第七，本汉；第八，传卫；第九，宝南；第十，备魏；第十一，取隋；第十二，卑唐；第十三，体系；第十四，导源；第十五，十家；第十六，十六宗；第十七，碑品；第十八，碑评；第十九，余论；第二十，执笔；第二十一，缀法；第二十二，学叙；第二十三，述学；第二十四，榜书；第二十五，行草；第二十六，干禄；第二十七，论书绝句。呜呼备矣！

此外尚有《春秋邮》十卷（案：此书与门弟子说学《春秋》之凡例，戊戌之祸，毁失于上海大同书局。后先师再提其要领，略发凡例，补明数卷，以为学《春秋》者之入门）、《公羊与孟子同义考》、《国语原本》（伪《左传》从《国语》分出，今归还于《国语》）、《今文易学》、《今文诗学》、《今文书学》、《今文礼学》、《礼类》、《乐记注》、《各上书记》（四卷，戊戌毁版）、《时务刍言》、《俄大彼得变法记》（丁酉十一月上，戊戌八月、庚戌

正月两奉旨毁版)、《俄大彼得变法考》(上下二卷,丁酉十一月
进呈,八月抄没)、《日本明治变政考》(十六卷,戊戌正月奉旨
令进呈,八月抄没)、《突厥削弱记》(六卷,戊戌五月奉旨令进
呈,八月抄没)、《波兰分灭记》(四卷,戊戌七月奉旨令进呈,
八月抄没)、《法国革命记》(四卷,戊戌六月奉旨令进呈,八月
抄没)《戊戌奏稿》(宣统辛亥印于日本东京)《光绪圣德记》(庚
子正月奉旨毁版)、《光绪圣政记》(庚子正月奉旨毁版)、《我史》
(即年谱)、《政见书》(光绪壬寅印于上海)、《官制考》(光绪壬
寅印于上海)、《物质救国论》(光绪丙午印于上海)、《金主币救
国论》(宣统庚戌印于香港)、《理财救国论》(上卷印在《不忍》
杂志)、《印度游记》、《意大利游记》(光绪丙午印于上海)、《威
尼士游记》、《法国游记》(光绪丙午印于上海)、《法国游记补》、
《满的加罗国游记》(印在《不忍》杂志第九期内)、《德国游记》
(刻在《不忍》杂志第八、九期,未完)、《补德国游记》、《奥国
游记》、《英国游记》、《比利时游记》、《荷兰游记》、《瑞典游记》、
《丹麦游记》《那威游记》《美国游记》《墨西哥国志》(游记附)、
《突厥游记》(印在《不忍》杂志内)、《塞维游记》(印在《不忍》
杂志)《布加利牙游记》(印在《不忍》杂志)《罗马尼亚游记》、
《希腊游记》(印在《不忍》杂志)《耶路萨冷游记》《埃及游记》、
《续印度游记》、《樗伽游记》(即锡兰)、《缅甸游记》、《爪哇游
记》《日本杂记》《百国政教艺比较论》《十住记》《续十住记》、
《救亡论》(刊在《不忍》杂志)《共和政体论》(辛亥印于日本)、
《共和论汇编》(未刊)《中华救国论》(印在《不忍》杂志)《废
省议》(印在《不忍》杂志)、《拟中华民国宪法草案》(印在《不

忍》杂志)、《国会代议院选举法案》(印在《不忍》杂志)、《哀烈录》《内外名园记》《拟诏草》一卷、《老子注》(少作,已毁)、《民功议》《教学通议》(少作,不刻)《内外篇》(一半印在《新民丛报》)、《澹如楼笔记》《画镜》《文镜》《日本书目考》(丁酉印于上海,戊戌八月、庚子正月两奉旨毁版)《人身公法》《尚美法》、《神明书》《诸天讲》《万木草堂所藏中国画目记》(名画附)《万木草堂所藏百国古器图画记》《万木草堂所藏书目记》、《鹤归亭不忍记》《不忍杂志论说》(癸丑印行)《延香老屋诗集》(写本,电镀印于日本东京)、《汗漫舫诗集》(写本,电镀印于日本东京)、《万木草堂诗集》(写本,电镀印于日本东京)、《明夷阁诗集》(写本,电镀印于日本东京)、《大庇阁诗集》《须弥雪亭诗集》《逍遥游斋诗集》《寥天室诗集》《避岛诗集》《潀涟诗集》《南兰堂诗集》《憩园诗集》《纳东海亭诗集》《鹤归亭诗集》《美森院居幽诗集》《沁园六十自寿诗》一卷(戊午石印于上海)、《应制文》三卷。

民国六年丁巳,先师年五十九。先是,各省督军在徐州会议,公推张勋为盟主,是年六月一日,以调停督军团为名,率师入京,阴挟异图。布置未周,于月之三十夜仓猝宣布复辟。先师先被邀来京,至是授为弼德院副院长,并赏给头品顶戴,着加恩在紫禁城内赏坐二品肩舆。其时先师主张虚君共和,张勋主张君主立宪,政见各异,遂受排挤。张勋本武人,不谙政治,为左右所挟持,遂致先师无可匡救。先是,先师代草诏书,用虚君共和之意,定"中华帝国"之名,立开国民大会,议宪法,选举国会,其他融满汉、合新旧、免跪、免讳等诏,预草十余,以备施行，竟置不用。先师乃持诏草，面示醇王与近支王公世续等，皆愿行虚君共和，并去大清国号，称中华帝国，于皇室及国家之利害譬说万端。盖先师历游欧、美，默察诸国政体有善有不善，知之明而究之熟，深信君主独裁之制不适于今日，法、美共和之制又与吾国情不合，运用不灵，适以长乱。意在保中国兼保清室，与其他复辟派之意见固绝不同也。不幸所议不蒙采用，方冀伺机转移，而七月八日段祺瑞马厂誓师，大势一变，张军败衄。张勋逃东交民巷荷兰兵营，先师亦避居美使馆之美森院。是年十二月，美公使施恩芮备专车派兵护先师出都。

越年戊午，为先师六秩正寿，自撰五言古诗，详述身世，影印行世。是年三月，先师草《共和平议》一书，计五十篇。其要点：一、求共和适得其反而得帝制；二、求共和适得其反而得专制；三、代议员绝非民意；四、中国即成共和之宪法，亦虚文而不能行；五、武人止有为君主之翼戴或自为君主，而与民主相反不相容；六、中国若行民主，虽有雄杰，亦必酿乱而不能救国；七、中国若仍行民主，始于大分裂，渐成小分裂，终遂必亡；八、民国之兵止可自乱；九、民国之兵费必亡国；十、民国之官方只同盗妓；十一、民国之贤才必隐沦摧弃；十二、民国之政俗坏乱，人莫不厌之、愤之、忧之、怒之；十三、民主能行于大国只有一美，然美有特因；十四、美国共和之盛，而与中国七相反，无能取法，误慕师之，故致乱。先师自是常居上海，或往来杭州。

逾年庚申五月初一日，先师迁葬劳太师母及弟广仁于江苏勾容县茅山。是年十一月，先师居沪，汇搜曩年旧著关于尊孔尊经诸稿，命伯桢刊为一册。书中略谓：今日祀孔废拜跪，学校废读经，循是以往，恐礼教灭而六经亡。若社会人心不死，私家祀圣能行拜跪，私塾犹能读经，尚能补救于万一。他日礼失而求诸野，或赖此篇之存。

其《以孔教为国教配天议》略曰：

中国数千年皆归往孔子，而尊为教主。在昔专制之君主，以其无德无功之祖宗配上帝；今共和之国民，以神明圣王之孔子配上帝，不犹愈乎？故宜复崇天坛，改祈年殿或太和殿为明堂，于冬至日祭天坛，上辛祭明堂。以孔子配上帝，义之至也，礼之崇也，无与易之者也。其在天坛、明堂，则总统率百官行礼；其在地方乡邑，则各立庙祀天，而以孔子配之；其学宫，因文庙之旧，加上帝于中，而以孔子配之可也。听立奉祀生宣讲遗经，民无男女，皆于来复日释菜而敬礼焉。凡入庙礼天圣者，必行跪拜礼，以致其极恭尽敬。（今之妄人，于祭谒孔圣亦行鞠躬礼者，其意徒师欧美，以为废跪拜耳。不知欧美人之废他种跪拜，乃专施其敬于天主。中国人不敬天，亦不敬教主，不知其留此膝以傲慢何为也？学欧姜而不知其所由，只有颠倒猖狂，可笑而已；否则留此膝以媚富贵人耶？）

其《覆教育部书》略曰：

自共和以来，百神废祀；乃至上帝不报本，孔子停丁祭；天坛鞠为茂草，文庙付之榛荆；钟簴隳顿，弦歌息绝；神徂圣伏，礼坏乐崩；曹社鬼谋，秦廷天醉。呜呼！中国数千年以来，未闻有兹大变也。

顷乃闻部令行饬各直省州县，令将孔庙学田充公，以充小学校经费。有斯异政，举国惶骇。既已废孔，小学童子未知所教；俟其长成，未知犹得为中国人否也！抑或误效法国之革命，举教产以充公乎？则彼新、旧教争，所毁者教皇之旧教耳，其敬奉者固在路德之新教也，其尊基督如故也；犹吾国昔逐荀子、郑康成于文庙外，而尊孟子、程、朱云耳，于孔子无损也。今乃公然收文庙之祀田，则是直欲废黜孔子矣。在诸公久停丁祭，不敬已久，宁在此举？然贵部主持教化，名为教育。教者，文行忠信，不知以何为教；育者，果行育德，不知以何为育！

今中国犹是孔教也，四万万余人，其从耶教、佛教者不过数百万，从回教者千数百万而止矣，余四万万，殆犹是孔教也。假大部与诸公，乃由外国入主中华，兵力滂大，尚不敢犯四万万人之国教而收其祀田；况大部与诸公犹是中国人乎？以各国异教，暴主豪酋谬挟强权，妄犯宗教，犹触举国之怒，合而叛之，大战三十年；大部与诸公有几何权力，乃能以数日之在位，而行万国异教暴主所不敢行之事乎？幸今四万万国人未之知耳，又久服从于专制国下，未知欧国之例耳，又未审共和国之法耳，故大部行此巨变之政，犯全国之怒，尚能安然无

事。倘如欧俗有此巨变，则国民咸操戈而起，与政府诸
公从事。诸公数人，能当数万万人之怒乎？故大部只能
恪守数千年之旧章，无更革祀典之权，更无收孔庙祭田
之权。

　　幸收回成命，不废丁祭，保存祀田，则天下闻
风，犹知向往，大教未坠，人心未死，中国犹有望也。
云云。


　　岁甲子，有逼清逊帝移宫之事，先师驰电当道以争，曰：
"优待条件，系大清皇帝与民国临时政府议定，永久有效，由英
使保证，并用正式公文通告各国，以昭大信，无异国际条约。今
政府擅改条文，强令签认，复挟兵搜宫，侮逐后妃，抄没国宝，
则内而宪法，外而条约，皆可立废，尚能立国乎？"越年乙丑，
逊帝出居天津，先师由沪来觐，以进德修业、亲贤远佞奏陈。既
而漫游内地各省：游赣，登庐山，宿僧寮，与老僧谈因果事；游
鄂，登黄鹤楼，赋诗；游鲁，登泰山，谒孔林；又游豫，临黄河
而叹，顺道至洛，晤吴将军佩孚；又游秦，访咸阳故迹，造古
寺，观摩唐经；游晋，登五台，礼文殊；游冀，过保定，观莲
池书院；归游吴、越，登茅山省墓，止于三潭印月；至岁暮乃
归沪。

　　丙寅八月，先师重游京师。十四日出都，旋返沪，讲学于天
游学院。

　　丁卯，先师年七十。二月五日，庆生朝毕，以居沪纷扰，于
月之十三日赴青岛。二十日得病，犹手书楹联，分赠仆从。弥留

前，拟《赐寿谢恩折》千数百言。竟于夏历二月二十八日上午五时卒于青岛寓舍，暂厝于李村象耳山，春秋七十。原配张太夫人，副室何夫人、梁夫人。男三人，同篯（梁夫人出）、同凝（何夫人出）、同吉（梁夫人出，幼殇，葬于印度）。同篯配西林岑氏。女六人，同薇、同璧（张太夫人出）、同复、同环、同俊、同令（梁夫人出）。先师卒后数日，同令亦卒，年仅十二，附葬先师墓侧。同薇适顺德麦仲华，同璧适宝安罗昌，同复适南海潘其璇。门弟子拟私谥曰"仁忠"。

伯桢见闻浅陋，侍先师之日少，同学诸子又感离索，无从详论。姑记大略，以俟异时修史者采择焉。

"沧海丛书"本，北平琉璃厂文楷斋刻印，1932 年 5 月版

# 附：读《南海康先生传》

## 徐一士

康有为以卓荦不群之资，高视阔步，倡维新最早。戊戌之事，虽以失败终，而中国风气之开，其力甚伟。晚年故步自封，不能顺应潮流，遂有顽旧之目。民六复辟一役，躬与其间，益为世论所讥。其最亲厚之弟子梁卓如，亦以宗旨不同，趋舍异致，而加遗一矢，斥为"大言不惭之书生"焉。然综其生平，自是一代人物，政见学术，均有其本色，固大有可传者，不当与草木同腐也。民十六卒于青岛，梁氏与同学诸子，设位公祭于北京畿辅先哲祠。祭文出梁手，绝沉痛。（此弟子公祭之文，而文中多专用梁氏个人口气，盖于文体稍乖。）于复辟事有云："复辟之役，世多以此为师诟病，虽我小子，亦不敢曲从而漫应。虽然，丈夫立身，各有本末。师之所以自处者，岂曰不得其正？"又云："栖燕不以人去辞巢，贞松不以岁寒改性。宁冒天下之大不韪，而毅然行吾心之所以自靖，斯正吾师之所以大过人，抑亦人纪之所攸托命。任少年之喜谤，今盖棺而论定。"盖康氏早岁为立于时代之前者，而晚年则为时代之落伍者，前后均为举国所哗怪非笑。吾人尚论及彼，亦曰立身各有本末而已。梁氏《前清一代中国思想界之蜕变》谓"启超与康有为有最相反之一点，有为太有成见，启超太无成见。其应事也有然，其治学也亦有然。有为尝言：'吾学三十岁已成，此后不复有进，亦不必求进。'启超

113

不然，常自觉其学未成，且忧其不成，数十年日在旁皇求索中。故有为之学，在今日可以论定，启超之学则未能。然启超以太无成见之故，往往徇物而夺其所守，其创造力不逮有为，殆可断言矣”。（此文作于民九、十间。）梁之善变，与康之不善变，师弟二人，洵适相反。而梁氏晚年，以新思潮推进之速，亦复苦于应接不及，而见讥落伍。师弟感情之恢复，盖亦与此有关。康氏既卒，梁以夙擅文事，且治史学，颇有志为其师撰传谱；而以资料不敷，逡巡未作，良以传康氏诚不易也。（梁出亡日本时，曾著《康南海》一书，惟重在议论，取便宣传，与史传异。）梁氏卒后，其友丁文江以语体文为撰年谱，闻已脱稿，行将出版。而康氏尚无传谱之属行世，实一憾事。（《清史稿》以之与张勋合传，限于体制，仅具概略；且《史稿》已禁止发行矣。）东莞张篁溪（伯桢）于戊戌前一年从学于万木草堂，著籍为弟子，久闻绪论，拳拳服膺。于康氏著作，裒弃最多，尝为康氏刻《万木草堂丛书》若干种，其笃于师门可见。近所撰《南海康先生传》出版，凡数万言。（在北平烂缦胡同东莞会馆出售，每部定价二元。）卷后附有王树枏等跋语。王氏云：“弟子述先生事，见闻较为真确，故能始末备举，钜细不遗。此书可作康先生年谱，并可为一朝史镜焉。”吴闿生云：“南海康先生，本一代伟人。此文洋洋数万言，综述其学术志行，略无遗蕴。自首至尾，如一笔书，波涛起伏，石破天惊，即以文论，亦古今有数之大文字也。南海身后得此，可以无憾，而作者亦可无愧于师门矣。”宋伯鲁云：“先生于是为不朽矣。”杨圻云：“记戊戌事者多矣，皆不得统系之记载。此作络脉分明，叙事翔实，可作维新史读。”金梁云："皆事实，至沉痛，读之泣下。此必传之作，南海瞑矣。"均甚推服。全书披读一过，觉其致力之勤，洵非苟作。于康氏身世志行，类能源源本本，道其终始；学术思想，则提要钩玄，煞费翦裁。文亦沉着遒整，与题称。自系研究康有为及近代史实有价值之参考书。

以康氏之人物，为作传非易事，故疏脱之处，盖难尽免。光绪间之变法运动，以至戊戌维新，为康氏平生政治活动最有声色之举，亦近代史中关系重大之事。康氏鉴于国耻国难，发愤而以救国自誓，政治活动，再接再厉，其意义尤足重视。书中于此，记述颇详，深便读者。惟戊戌康氏之蒙召见，由于先世父仅叟公（即徐致靖）之上疏论荐，于戊戌维新及康氏与光绪帝之关系上，亦一重要关键。传中漏未叙及，而召对乃若突如其来矣。康氏与先从兄由盦（即徐仁镜）为癸巳乡试同年，以年家子见先世父，谈变法图强。先世父大器异之，目为国士，密疏请特旨宣召，破格委任，以行新政而图自强。是疏所荐凡五人，康氏居首，以下为黄遵宪、谭嗣同、张元济、梁启超。其称康氏云："忠肝热血，硕学通才；明历代因革之得失，知万国强弱之本源。当二十年前，即倡论变法。其所著述有《俄彼得变政记》《日本变政记》等书，善能借镜外邦，取资法戒。其所论变法，皆有下手处，某事宜急某事宜缓，先后次第，条理粲然，按日程功，确有把握。其才略足以肩艰钜，其忠诚可以托重任。并世人才，实罕其匹。"奉谕："翰林院侍读学士徐致靖奏保举通达时务人才一折，工部主事康有为，刑部主事张元济，着于本月二十八日预备召见。湖南盐法长宝道黄遵宪，江苏候补知府谭嗣同，着该督抚送部引见。广东举人梁启超，着总理各国事务衙门查看具奏。"此康氏四月二十八日奏对之所由也。庚子李鸿章以议和至京，与先世父相见，慰问甚殷，曰：奈何为康党乎？先世父曰：孰为康党者？曰：康有为非君所保耶？曰：然则康有为是徐党耳。李亦为之哑然也。康氏于先世父知己之感最深，戊申在瑞典误闻先世父逝世，设祭痛哭作诗云："郁唈痛余怀，乃闻明月碎。徐公竟长谢，天乎于此醉。崇陵已龙腾，老臣随波逝。风云皆惨淡，明良失嘉会。耆德不再见，昼日遂永晦。感慨追旧事，崩摧恻肝肺。倒尽银河水，来洒知己泪。"又云："好士频荐贤，推毂及鄙人。圣主翕受之，辟门大咨询。超擢赞春官，简在属大贤。百日启大业，千秋导维新。"又云："党锢作大狱，新参惨冤魂。丈人坐误荐，经年系囚薪。秋风吹银铛，正气惨不伸。夜月照狱墙，幽梦徒相亲。夫人方卧疾，惊死泣血频。长公遂哀毁，亡家罹祸辛。哀哉为党祸，实我杀伯仁。"又云："莫拜德公床，已闻董相坟。知我不能报，东望但辛酸。万载新中国，维新应书勋。千古党人碑，摹写应伤神。"情文交至，哀挚动人。后归国重晤，悲喜交集，声泪俱下。民国六年先世父捐馆杭州，时康氏避迹美使馆，复设祭为文以哭之。挽联云："维新首戊戌，惟公为变法第一人，为国忘家，忠主遗身，求才若渴，嫉恶若仇，苍苍者天，不遗一老"；"削刻荐贤豪，为我系诏狱者二载，上无补国，下不救民，生未报德，死不奔丧，茕茕在疚，永负是翁。"尤为血泪交迸之作，难以寻常格律绳之也。《南海康先生传》于高燮曾、张百熙之奏荐，均著其事；先世父之奏荐，重要远过之，实未宜略而不书。（此外所记，与余所知亦间有不尽同者。）至翁同龢之荐康，向为世人所公认。政变后西后追论翁罪，特著"今春力陈变法，密保康有为，谓其才胜伊百倍，意在举国以听"等语，传中述翁氏荐康及相善事，自非无根。而据翁氏日记，则于康有贬词，谓尝为光绪帝言其居心叵测，且当睹因康获咎之谕时，谓"臣若在列，必不任此逆猖狂至此；而转以获罪，惟有自艾而已"。斯乃成一疑案。抑翁氏故作疑阵耶？暇当再谘考之。

传中言戊子应顺天乡试，"闱中原拟中第三，以经策瑰玮，场中多能识之。侍郎孙诒经得其卷，谓当是康某。大学士徐桐衔先师上书事，乃曰：如此狂生，不可中。抑置副榜。房官王学士锡蕃力争之，徐桐更怒，再抑置誊录第一"。忆戊子典顺天试者为福锟、翁同龢、许庚身等，徐桐、孙诒经均不在其列，此当有误。或壬午耶？至岑春煊作岑春萱，此误相沿已久。清季所传之巧对，已以川冬菜对岑春萱矣。

康氏诗文书法，苍茫横逸，均足成家。（晚年尝语人云：昔我诗第一，文次之，字又次之。今则反是。）传于书法既述其工力境诣矣，其诗文之所造，似亦当加以发挥。

读传一过，粗识所见，质之张君，未知以为何如。张君表彰本师，风义甚笃，他日或更扩而充之，撰成年谱，以飨遗读者乎？

1932 年 5 月《国闻周报》9 卷 20 期

# 戊戌政变前后之万木草堂（节选）

## 张伯桢

康南海先生与石德芬友善，光绪十六年德芬主讲大馆时，特于冬月别讲冬学。时吾粤城馆有大馆、中馆、蒙馆，犹大、中、小学也。其就蒙馆读经者十人以上，中馆讲经兼论文则弱冠生二三十人以上，其数十百人者号大馆，则有诸生达才长者，余粤九十县才俊萃焉。粤例冬学以冬月初旬起至腊月中旬止为学者专课诗文，遂延先生说诗，于是粤之学者始从先生问学，时假徽州会馆为授徒地。六月陈千秋来谒，先生初与之论《诗》《礼》，泛及诸经后，乃告以改制之义，仁道合群之理。千秋豁然悟，遂著万木草堂弟子籍，是万木草堂弟子以千秋为首。

明年辛卯，始赁地长兴里讲学，并草《长兴学记》，以为学规。时《新学伪经考》成，千秋任校刊。岁壬寅，再移讲舍于卫边街邝氏祠，时所编之书正多，而以《孔子改制考》体大思精，乃选同门助纂，以千秋总其成。岁癸巳冬，三移讲舍于府学宫文昌后殿内仰高祠，始颜曰万木草堂。

先生原居芳村，自长兴里讲学时已移居于布政司前惠爱街之云衢书屋。与陈千秋同时著万木草堂弟子籍者，有新会梁任公先生（启超），继而三水徐君勉（勤），新宁梁伯隽（朝杰），顺德麦孺博（孟华），亦先后来受业，彬彬称盛。任公先生于寿先生文中，述此有云：（略）盖实录焉。

先生以来学者众，派千秋及任公为学长。先生称千秋天资亮特，闻一知二，志宏而思深，气刚而力毅，为及门之冠。不幸年仅三十而卒，先生哭之恸，同门悼惜。梁伯隽年十四中式辛卯科举人，负时誉，长于史，尤强记。先生谓伯隽九岁读《广韵》，遍能记忆。稍长读二十四史，颇能成诵，深于史学，为及门所无。又云戊戌会试，头场各艺为场中冠，主试官读其"所以动心忍性，曾益其所不能"一文，以手作圈势，拟中会元；惜第三场明用时事，不能进呈，恐受磨勘，争元下第。自戊戌政变十年后乃赴美国办报，今亦垂垂老矣。

余于光绪二十二年从先生问学广州。明年秋，南海先生属余与诸同学汇集功课、札记成书，南海先生欣然为题三绝诗曰："万木森森散万花，垂珠连璧照江霞，好将遗宝同珍护，勿任摧残毁瓦沙。""春华秋实各为贤，几年伤逝化风烟，偶登群玉山头望，八万珠璎总可怜。""万木森森万玉鸣，集鳞片羽万人惊，更将散布人间世，化身万亿发光明。"

缅怀前尘，为时虽暂，食于斯宿于斯者，约计两载。洎戊戌政变骤起，万木草堂横遭满虏之摧残，至是万木草堂遂辍讲。

《戊戌变法》（四），上海人民出版社1957年5月版

# 南海先生四上书杂记

## 徐　勤

　　戊子十月，祖陵奇变。十一月，南海先生上书，极言外夷之交迫，变法之宜亟。初呈国子监，管监事者常熟翁尚书暨盛伯熙祭酒欲以上闻。因书中有"谗言中于左右"数语，时张幼樵副宪得罪罢官，朝廷不喜新进之士，虑以斯言，上触圣怒，若问"谗言为谁？何由得知"，恐获重罪，故不为代递，意在保全也。移至都察院，亦不纳，遂罢其事。自同治元年黎莼斋后，数十年无布衣诸生上书言事者，咸骇为非常之举，京师哗然。

　　上书既不达，先生遂南归。出都时有诗云："此去南山与北山，白石齿齿松柏顽。或劝蹈海未忍去，且歌《惜誓》留人间。"盖将已矣。时法越之事初定，上下熙熙。先生独发日本之阴谋，明高丽之危局，指强俄之畜志，书中有"数年之后，四夷侵于外，乱民起于内，岂能待我十年教训乎"等语。盖自以讲求天下之故十有余年，至彼时而不得不言；抑计中国大局，及彼时自强，犹可补救，过此恐不可为，故冒众议上书。不幸言中，仅五年而遂有日本之事。

　　乙未三月，和议将成，颇有争之者，然皆不达于事势，徒以大言主战，不足以折和者之口也。先生于是集十八省公车千三百人于松筠庵（杨椒山先生故宅），拟上一公呈，请拒和、迁都、练兵、变法。盖以非迁都不能拒和，非变法无以立国也。属草既定，将以初十日就都察院递之。执政主和者恐人心汹汹，将挠和局，遂阴布私人入松筠，以惑众志，又遍贴匿帖，阻人联衔。尚惧事达天听，于己不便，遂于初八日趣将和约盖用御宝。同人以成事不说，纷纷散去，且有数省取回知单者，议遂散。然执政主和者实畏之，而谒病去，京朝士夫咸以为公车与有力焉。此国朝未有之举也。

和议既定，肉食衮衮，举若无事；其一二稍有人心者，亦以为积弱至此，天运使然，无可如何，太息而已。先生以为，先事不图，临事无益；亡羊补牢，犹未为迟。中国及此速图自强，尚可拯救。于是取公车联衔之书，乙其下篇言变法者，加以引申，并详及用人行政之本，复为一书，于五月初六日在都察院递之。十一日，察院据以上闻。是日发下，半时许，再传旨取回。留至十五日发下，有旨命抄三份，限一日抄讫，一呈懿览，二存御匣，三贮乾清宫北窗。十六日抄就，呈懿览，留览十日，二十六日乃发下。闰五月发各省督抚会议奏覆。伏读上谕，忧危如此，神断如此。而诸臣泄沓，不思图报，负圣主励精求治之心，深可为太息痛恨者也。上召见裕寿田总宪德，面谕以"康某人条陈，深通外务。惟钞法一条不可行，如此，恐失人心，乱天下"。顾此实日本已行之法，然若上下不通，仍如今法，则诚如圣训，故变法当全变也。后来举人才之诏已下，小轮船已开，办铁路、开矿亦定议举行，皆书中所言也。

先生以为，前书所陈，条理节目详细繁重，末由一旦具举。

故复草一书，力言缓急先后之序，深察中国之势，期于可行，扫拨陈言，曲折层累，冀以上启圣聪，立救危败。时已授官，分隶工部，于闰五月八日在本部递之，部之五堂悉画稿允奏。顺德李文田方摄部事，误中撝扇之言，谓先生所著《广艺舟双楫》，于其书法颇有微辞，因抱嫌排挤，独梗僚议，甘为炀灶。寔则先生于李某，向薄其人，而爱其书，《广艺舟双楫》中未尝攻之也。本部既阻，乃移而之都察院、督办处，皆以李既阻阂，不便因此失欢，遂壅上闻。

计四上书，达者凡一，阻者凡三。曲突徙薪，既弗纳于前；见兔顾犬，复遗弃于后。此其中盖有国运焉，非人之所能为也。特事变益新，望治益亟。及今不治，后有扁鹊，望而却走。书中所谓"因循泄沓，坐失事机，五年、十年以后，败坏非所敢知"，盖疾不可为。而先生亦于是倦游矣。

工部既遏第二书，其自解之言，以为"此等议论，近多有陈之者，行否不在一人之言"，此最谬论也。第一书铺陈条理节目，稍讲洋务者人人能言之；若夫深探中国数千年之积弊，通较地球数十国之政本，统筹全局，盛水不漏，曲折入微，图穷匕见，如第二书之所言，海内知斯义者，不知几何人也！肉食诸公，宜其河汉。

程子曰："能通所以然，是第一等学问。"第二书中言泰西之强，由诸国并立及倍根立奖励书器之法，此所谓通其所以然也。治天下者知此义，欲无富强，不可得也。先生尝言："治天下有三统：曰通，曰同，曰公。"通之道，一上下通，二中外通。今此书所言，于通之义仅发其一二而已。

　　先生今科朝、殿，皆直言时事之文。殿试卷，徐寿蘅侍郎拟置第一卷，李文田摘"冒"字下缺去一字，谓不能置前列；朝考卷亦李所阅也，摘卷中"闷"字、"症"字、"炼"字，指为误笔，置二等末。区区之故，吾先生岂以是为轻重哉！二文索观甚众，以皆告君上之言，故并附焉。其公车联名一书，上海近有《公车上书记》刻之，今不复上石。

　　光绪二十一年乙未八月写既竟，弟子三水徐勤记。


　　《南海先生四上书记》，上海时务报馆代印本

# 康有为构乱始末

胡思敬

光绪二十年甲午秋八月，倭人潜师渡海，胁朝鲜变政，败我援兵于辽东，京师大震。越明年，从大学士李鸿章请，割台湾，纳币二百兆，与之议和。南海举人康有为，方入都应试，率公车三百余人，上书都察院，力陈不可，请迁都西安，急图变法自强。俗传《南海先生四上书记》，此其一也。和议既成，有为旋举进士，以主事签分工曹，大失望，携其所著书日《新学伪经考》者，遍谒朝士大夫。或传其字长素，盖以素王自比，争呼"圣人"揶揄之，有为益喜自负。

先是有为未通籍时，御史安维峻见其书，大恶之，密具疏纠参，比之少正卯。事下两广总督李瀚章案问，瀚章为剖辨之，得无罪。朱一新讲学浙东，五致书与论学派源流。真若有为之才，足以鼓煽徒众，隐然如一敌国者，由是康圣人之名震天下。翰林侍读学士文廷式、刑部郎中陈炽，方纠约四方名士，立强学会于京师，有为与焉。都人骇其议论，旋为言官杨崇伊论止。有为见四方无事，无所逞其阴谋。会太后逐翁同龢出毓庆宫，汪鸣銮、长麟以言事削职，党狱将兴，公卿不敢见士，益惧祸及，始乞假南归。至上海，立强学分会，遣使四方游说。湖广总督张之洞，辇金助之，附者渐众。所出月报，不用国号，以孔子降生纪年，之洞不悦，有责言。又因狎游为娼寮所窘，遂奔桂林，夤缘臬司蔡希邠，倡圣学会。粤西僻在一隅，士纯朴，不尚声气。久之无所发舒，不得已，跄踉返里。

有为虽名诡谲，其借以煽动流俗，不外勤请谒，结社党，卒亦无他技能。其徒梁启超者，新会举人，好读周秦诸子，阅《四库总目》，三与计偕不第，方徘徊海上，落魄无所归。强学分会虽散，器皿宅舍具存，因收拾余烬，与浙人汪康年，改设时务报馆。甲午款夷后，朝政多苟且。上下皆知其弊，以本朝文禁严，屡兴大狱，无敢轻掉笔墨讥时政者。自《时务报》出，每旬一册，每册数千言，张目大骂，如人人意所欲云。江、淮、河、汉之间，爱其文字奇诡，争传诵之，行销至万七千余册。由是康门之焰张，而羽翼成，党祸伏矣。

有为既屡踬不用，家居二载，益揣摩中外时局，其弟子流散四方，稍稍复集，理其一家之业，援据公羊何休学，著为《孔子改制考》一书。大旨谓《春秋》既作，周统遂亡。杂引董子、《淮南》诸篇，附会牵强，以证孔子改制称王之实。盖私揣乾隆中叶以后，汉学大兴，不构一汉儒之狱，寻隙攻经，未足倾动士林；而中国君权至尊，欲隐避辩言乱政之名，又不得不文饰经言，托之孔子。其后梁启超主讲时务学堂，张其师说。叶德辉、宾凤阳、梁鼎芬等，起而攻之，尽发其覆，其说遂不得行。

二十三年丁酉十月，胶州事闻，有为抚掌喜曰："外祸亟，吾策行矣。"遍觥亲友，得多金，挟以渡海。沪渎遇文廷式，方罢官侨居，授以书，甚秘。抵京不十日，即草疏数千言，求总署代奏。其疏发明兼弱、攻昧、取乱、侮亡四说，末斥帝与诸臣求为长安布衣而不可得。总署得疏大惊，指其疵，令删汰以进。有为执不可，疏卒未上。然有为得廷式书，交通内廷，左右已先为之地。既而给事中高燮曾上疏密保，上大喜，欲召对，为恭亲王奕䜣谏止。乃命总署随时接见有为，谘问大计，并索其书观之，大惊叹不置。于是《日本变政考》《彼得变政记》诸书，以次上达，而请定国是之疏，总署亦为之代达矣。

有为颀身修髯，目光炯炯射人。始学经生，继治名法，末乃变为纵横。见人长揖大笑，叩姓名毕，次询何郡邑，物产几何，里中长老豪杰，必再三研诘，取西洋铅笔，一一录其名，储夹袋中。是时天子方开特科，四方高视阔步之士，云集辇下，争昵交康先生；有为亦倾身结纳，终日怀刺，汲汲奔走若狂。

戊戌三月，开保国会于粤东馆，京僚集者四百余人。有为登台演说，谓异时有不忍言之事，我辈士大夫，即欲学钱蒙叟作贰臣，西人设官，各有专门，非专学不能承乏；学熊鱼山作僧，西教专毁佛寺，僧且无依；无已，其蹈海而死，中国既无海军，即无海境，此亦非我干净土矣。众皆拊掌称善。御史李盛铎，初与有为倡议开会，既入康党，又依附荣禄。闻潘庆澜欲参倡会诸人，乃检册自削其名，先举发之，疏留中勿问。

四月，广东学政张百熙，应诏举有为使才，侍读学士徐致靖，论荐尤力。上问翁同龢，同龢雅慕文才，好延揽，凡江浙名流，悉罗致出其门下。当东方兵衅未开，有为上书当道，言日本畜谋叵测，高丽、琉球，将尽为所啖，后卒次第如其所言，同龢甚奇之。及乙未再来上书，引往事遍告同僚，有援用之志，重于发言。至是适承上询，遂赞上召有为入对。

有为见上，极陈英、德、俄、法之强，教堂遍地，无刻不可起衅，矿产遍地，无处不可要求，骨肉有限，脧削无已，亟宜改用西法，以日本明治之政为政，以俄皇彼得之心为心。上曰："巨室世臣，多因循守旧。罚不及众，奈何？"对曰："旧臣何患之有，阳以禄位尊宠之，阴夺其权，则谤议无从作矣。世宗设军机，而内阁如故；文宗设总署，而会同四译馆如故。前事可师也。"上嗟叹再三，即日诏入总署，充章京。

有为既蒙召对，自以不时遭际，功名可旦夕成；旨下仅得章京，意颇怏怏。一日诡言出京，潜徙内城，匿僧舍，结珍妃母弟志锜，使觇宫中动静；又广交言官王鹏运、杨深秀、宋伯鲁等，日夜聚谋，由是内外党援渐坚。以私意牵合新书，缀成《俄皇彼得传》《英国变政记》《普国作内政寄军令考》《列国统计比较表》《列国官制宪法比较表》《法兰西革命记》《波兰灭亡记》等篇，先后进呈，尽售其保种合群诸谬说。上读其书善之，又左右誉言日进，遂一意倾向新法，恨得有为晚。时翁同龢已罢，廖寿恒新参枢务。上眷有为甚，时有宣问，密授寿恒达之，有为诸陈奏，亦缘寿恒得进。同时四大军机，不尽与闻政谋，而内批稍稍出矣。

初，阮元总督两广时，开学海堂延士，汉学大兴。其后陈澧、朱次琦，分为两派，各有门徒。有为虽及朱门，考据甚疏，粤人谈汉学者，屏诸户外。有为引为大耻，因集门徒，别树帜讲学，遂伪群经，翻成案，敢为大言。又素行不检，颇干与外事，阴持大吏短长，粤人掩手诧骂，比之邪匪。顺德李文田，乙未典礼闱，有为座主也。其初入谒见，字文田曰约农先生，自称贡士。又廷试策卷，文田签其破体字，抑置下等，心甚衔之。进用之初，唯张荫桓以同里，日与之游，常以总署密情相饷；二人称服泰西，私相褒重。尚书许应骙、副都御史杨颐以下，视之蔑如也。

时粤人官京朝者，唯应骙位最崇，守旧最坚，闻有为聚讲粤东馆，则遣人喝止之；既又密参其居乡构讼，及入京干谒营求诸款。宋伯鲁、杨深秀起与之争，诋应骙窃位蔽贤，阻挠大局。上令应骙自陈，而有为向用如故。御史文悌，在台臣中颇称强直。始有为曲意勾致之，欲引以为助，令参粤东沙田事，文悌不从；又令倡率全台，伏阙痛哭上书，请变法，复坚持不可。至是愤应骙之不直也，遂疏攻宋、杨庇党，有为奸邪不可用。上主先人之言，责文悌沽直好名，以不胜台职黜之。应骙、文悌，既先后遣罢，公论大沮。有为益坚僻自用，对人言，谓"突遭许、文狂噬，即拂衣欲去；不意刘整弹章，反成祢衡荐表"。言辞咄咄逼人，甚盈满自得。

五月，改上海《时务报》为官报，孙家鼐荐有为主报务，上阳许之。有为借口进书，实逗留不去。一切变法章奏，皆其主使，力诋各部寺院诸臣，老悖不谙外务；请天子御门誓众，仿日本参谋本部，萃天下精兵猛将，拔置亲卫，自将之；又倡议立十二制度分局。都人惊相走告，谣传有为力伸民权，将开上下议院，尽革九卿六部诸衙门。既而改律例，裁冗官，兵制、学堂、农、工、商、矿各政，日有设施。召谭嗣同、林旭、杨锐、刘光第，以四品卿入参新政，内廷别辟一室，值宿其中，谕旨皆其撰拟。言事者，虽布衣得露章直达，四卿裁决后，取中旨，径付所司，枢府不得与闻。礼部以阻格司曹上书，两尚书四侍郎，同日褫职。江督刘坤一、粤督谭钟麟，皆受诘责。或有献谋裁撤内监者，阉党大惧，则构蜚语谋陷于太后之前，而两宫浸成嫌隙矣。

太后自归政后，避居颐和园。一日，上诣园朝谒，太后责上曰："九列重臣，非有大故，不可弃；今以远间亲，新间旧，徇一人而乱家法，祖宗其谓我何？"上泣谏曰："祖宗而在今日，其法必不若是。儿宁忍坏祖宗之法，不忍弃祖宗之民，失祖宗之地，为天下后世笑也。"置酒玉澜堂，不乐而罢。

七月，李岳瑞请易服色，张元济和之，有为实主其谋。上犹豫未决，有为奏曰："自古言变法者，皆云小民难与虑始，乐于观成。今一二老成人，尚张利口，牵掣执政之权，筑室道谋，安能成事？古异姓受命者，必变服色，将与天下更始。而不一新其耳目，数千年沉痼惯习，其何术瘳之？"上可其奏，潜遣中使购西服五百余袭，杂优人衣冠以进，将改元开化，择吉谒庙，祭告天地。以太后故，趑趄不敢遽发。既又议开懋勤殿，招致东南名士，兼聘客卿，大更制度。

或泄其谋于太后，太后恚曰："小子以天下为玩弄，老妇无死所矣。"上由藩邸入承大统，谨事太后，不敢示异同；独用有为变法，排众议，毅然行之，不少绌。然左右大臣，皆由太后拔用，内廷奔走宦竖，服侍西宫有年，多为太后耳目；上虽骤欲自强，势孤，恒惴惴如防大敌。至是闻太后恚怒，有违言，内不自安。欲用一人调停，恭王新厌世，奕劻、世铎，皆疏远不甚倚重，外廷诸大臣，失职怨望，尤不惬上心。察四卿中，独杨锐沉

毅，可属大事。二十九日昧爽，召锐入宫，告以故，泣涕商保
全。锐辞曰："此陛下家事，当谋之宗室贵近。小臣惧操刀而自
割也。"上曰："尔胡然？"出手诏一道，命就有为商之。锐退语
嗣同，嗣同捧诏大哭，奔告有为。有为曰："太后当国几四十年，
是更变多而猜忌甚，未可口舌争也。"嗣同曰："是不难，当为主
上了之。"引有为入卧室，取盘灰作书，密谋招袁世凯入党，用
所部新建军，围颐和园，以兵劫太后，遂锢之。有为执嗣同手，
瞠视良久曰："母后固若是其可劫耶？"嗣同曰："此兵谏也。事
成，请自拘于司；败，古人有行之者矣。"次日，以告梁启超、
林旭。启超称善。旭言世凯巧诈多智谋，恐事成难制，请召董福
祥，嗣同不可。

时世凯以臬司内擢侍郎，嗣同所密荐也，恃推毂恩，自以为
缓急可恃，遂独造之。世凯延入上坐，执礼甚恭。嗣同曰："新
政将成，而满员内外阻压。明公苟出而图吾君，北洋之位，可取
而代也。"世凯曰："唯朝廷所命，敢不尽死！"嗣同曰："荣禄、
刚毅，实播弄口舌，挟母后以临天子。今将借明公刃，取二人头
以谢天下。"因出手诏示之，且告以兵谏密谋。世凯许诺，请回
天津，简军实，戒将士，先诱诛总督荣禄，疾驱入都，听命阙
下。嗣同颔之，戒勿泄。

世凯至天津，适聂士成以军事上谒制府。士成淮北骁将，统
武毅军五千人，驻芦台，非有急，不轻离营。世凯疑荣禄已觉其
谋，北洋兵权，尽萃督署，士成外，尚有董、宋两军，势不敌，
遂叛有为，反输其情于荣禄。荣禄大惧，遣人变服赍蜡书，驰告
奕劻，奕劻言于太后。上闻变愕然，密旨趣有为出都。有为知事

败，介教士李提摩太，求援于英使，英使避暑之西山，不遇，遂奔塘沽，时八月初五日也。太后漏尽四鼓还宫，即收上印绶。翼日，缇骑四出索有为，已远飏不可得；执其弟广仁，及杨深秀、杨锐、刘光第、林旭、谭嗣同诛之。有为至香港，英人以国事犯任保护，上海悬十万金购募不得。杨崇伊请太后训政。太后暮年再出垂帘，尽反前政，倚荣禄练兵，刚毅筹饷，召礼部尚书怀塔布等，使复其位，始稍稍偏任满人矣。

《戊戌履霜录》卷二，1913年仲夏南昌退庐刊本

# 柏岩感旧诗话（节选）

赵炳麟

壬戌元旦，康南海旅居杭州，适戏园演戊戌变政故事，南海往观之。顾无为装德宗，罗笑倩装南海，演至痛心处，顾、罗哭于台上，南海哭于台下，一时观者咸引领看南海，传为奇事。南海有诗记之曰："君臣鱼水庆明良，戊戌维新事可伤。二十五年忘旧梦，无端傀儡又登场。""九天阊阖夜灯低，袍袴宫人眼欲迷。成住坏空经几劫，不堪旧事更重提。""犹存痛史怀先帝，更现前身牵老夫。优孟衣冠台上戏，岂知台下有真吾。""解牛密觅大刀王（王五侠士），欲入瀛台跳苑墙。北望尧城不能救，孤臣负罪最神伤。"南海尝以中国因总统之故，争竞不休，年年称兵，民不堪命，舍英制虚君共和不能救国。又以共和真理，首重民生，民生之源，端在实业。闻山西阎伯川督军尊孔教，行民治，遣其友刘仁航、黄荣晔等来晋，说以山西生计，必招华侨资本，大开矿业，民自富裕。督军甚韪之。当是时，山西方欲以井田土地归公遗意行之于矿务，一切矿产皆收归公有，仍由个人经营，以免资本家之垄断，故南海闻而赞之。

《赵柏岩集》，太原潜并草堂 1922 年刊本

# 南海康君墓表

## 王树枬

　　吾观于光绪戊戌之变，不禁喟然而叹也。夫用人行政，国之大经也；人非其人，政非其政，其必变法而更张之者，又国之先务也。然变之不以其序，与变之不得其宜，适皆足以误国。夫以贾长沙之才，遭遇汉文聪明仁圣之主，其痛哭流涕、前席而陈者，皆政与人之宜变者也。文帝明知之而不用之者，则以少年新进之徒，一朝得志，欲尽取先朝所行之政、所用之人，一切废置于立谈之顷。文帝知其说之难遽行也，故托为老其才而不之用。不然，晁错之祸必先见于贾生之身矣。孟子曰："国君进贤，如不得已，将使卑逾尊，疏逾戚，可不慎与？"吾于此，不能不为变法诸君惜也。

　　南海康君，戊戌变法之魁也。君自幼勤劬于学，其学说屡变，每变必穷理创义，将之以勇猛之力，辅之以深湛之思。其卒也，谓治学莫大于救国，救国莫大于改制，而以改制托之孔子，爰作《孔子改制考》。榜其讲学之所曰"万木草堂"，与群弟子讨论倡和之。光绪十四年戊子，应顺天乡试，以法人白马江之役，具疏请变法，有尼之者，不果上。

　　癸巳，举于乡。甲午，应礼部试。上书言日本改纪，将翦朝

133

鲜而犯中国，不报。乙未，日本据我辽东，京师大震，廷议允割台湾，与之讲和。君约公车千余人上书力争，呈都察院代奏，以已用宝却之，不为通。是年，成进士，授工部主事。复条举变法次第，呈本部长官代奏，侍郎李文田不画诺。廷臣金以君好事，数论时政失得与百官有司短长也，谋劾之。君乃南归，过江宁，说江督张之洞，设强学会于上海。以御史杨崇伊之劾，数月辍会。

丁酉秋，再入京。时常熟翁同龢以师傅当国，夙倾慕君，为延誉于朝。君亦颇从文学侍从臣及诸台谏游，说之以变法利害。给事中高燮曾疏举君，召见，加卿衔。明年戊戌正月，总理各国事务署王大臣约君会商变法事宜，君至，与大学士李鸿章、翁同龢、荣禄、尚书廖寿恒辩论，倾一座人。同龢疏其问答语奏闻。于时德据我胶澳，俄、法效之，亦以租借旅顺大连湾、广州湾为请。上愤怒，及得同龢疏，四月复召见君，谕进所著《日本变政考》《彼得变俄记》《波兰分灭记》。上读之，动容累欷，求治之心益急，谓君可足以当大事。非时召见，许有疏密闻。自是，君臣之契深矣。

是月，诏定国是，谕中外大小诸臣，自王公至于士庶，宜发愤为雄，以圣贤义理之学植其根本，兼博采西学之切时势者，实力讲求，以成通达济变之才。京师大学堂应先举行，为行省倡。军机王大臣等妥议以闻。从君请也。寻授总署章京，督办官报局。君每造膝陈请，多至数十事。御史宋伯鲁、陈其璋、王鹏运、杨深秀、学士徐致靖交章助之，疏皆出自君手。其得请者，为科举罢《四书》文，改试策论；立京师大学堂，改各省省设书院为高等学，郡为中等学，州、县为小等学，各兼习西学；选派宗室王公出洋游历；颁士民著书制器奖励法；设译书局、官报局，置各省商务局；命士民得上书言事；裁詹事府、通政司、大理、光禄诸寺，裁与总督同城三巡抚，裁河道总督，裁各省粮、盐道，而置三、四、五品卿，三、四、五、六品学士。若开银行，发纸币，购战舰，筑沿海船坞，设参谋本部，巡幸上海，建新都，令百官留守北京，皆上所谕允，而未及见诸明谕者也。七月，上加内阁侍读杨锐、中书林旭、刑部主事刘光第、江苏知府谭嗣同四品卿衔，参预新政。林、谭皆君之门弟子也。于是，百官众庶言事之书日数十起，批阅票拟，胥四人主之，军机大臣伴食而已。

君之初入京也，自谓行其说足以救国，惟吏部主事玉山洪嘉与诵言攻之，谓行其说必致误国。自明定国是之诏下，而翁同龢被逐，大臣中无欲为君左右者。君又复请上御门誓群臣，定毁谤新政者罪。已而御史文悌以劾君，斥回原衙行走。君又劾礼部尚书怀塔布、许应骙等，以不代递主事王照书褫职。内外官被裁者数十缺，军机大臣复不得闻枢密事。于是，亲贵重臣，百官有司，咸侧目切齿于君矣。

先是，上有九月十五日奉太后阅兵天津之谕，谋废立事。君大悚惧，私念诸将中惟袁世凯有雄材，晓中外大势，使人阴说之，报于上。上召见世凯，命以侍郎候补专练兵事，以抵制直隶总督荣禄。御史杨崇伊尝劾禁强学会，与君忤，至是，具疏请太后训政，以其草示荣禄，令转商之庆王，奕劻乃以闻。荣禄忌世凯有变，单骑入其军，开诚与语。世凯本持两端，悉以君之谋密告。于是，荣禄、奕劻先后谒太后，请为社稷计。太后即命驾自颐和园还宫，下逮捕令，时戊戌八月五日也。先一日，上密诏促君速行。君初以保国自任，后更其党曰保皇。既事迫，微服走天津，以英使力，三易舟达香港。杨锐、林旭、刘光第、谭嗣同暨君之仲弟广仁，同及于难。太后既再训政，幽上于瀛台，十有一年而薨。其薨也，先太后一日。

君受德宗特达之知，谏行言听，诚千载一时之会也。然壹志孤行，专己违众，使当国重臣，人人无自容之地，复不善处两宫母子间，使忌者有以抵其隙，操刃相向。孟子曰：不信乎友，不获乎上，君子是以知其事之不能终也。夫君之当日所陈新法者，今日十九行之，而国愈乱，何也？徒善不足以为政，徒法不能以自行，人存政举，人亡政息，古今无二理也。

君仅行政九十日，而蒙难出亡，前后居外国十有六年，历三十一国。辛亥国变，袁世凯践大总统位，遣使奉书币招。君时有母丧，归自日本，报以书曰："亡人负罪，久播异邦。有母八十，莫奉尸饔，竟尔见背。斩焉衰绖，不入公门。母死谓何，敢有他志？伏望明公，幸为矜怜。若夫大教沦胥，人心陷溺，中国殄亡，种族随之，实为邃古所无之变。他日誓墓余生，扶持大教，足迹所至，托于徇铎。尊圣卫道，想公同心。"

丁巳，今上复辟，授君以弼德院副院长，赏头品顶戴。君先预拟诏书，用虚君共和之意，定中华帝国之名。立开国民大会，满、汉合新旧，凡数十事，备施行。会段祺瑞举兵攻复辟军，君复避居美使馆之美森院数月。美使专车以兵护之出都，再免于难。

嗣是，专以著书鬻字或购售书画消遣岁月。间游名山大川，所至各军民长礼敬之，如奉上宾。

君之游历各国也，考其政治、风俗、道德、文章，始知其不如中国远甚。所撰《十一国游记》，旁参对镜，考证详博。吾仅见其二三策而已。生平著述，经部十八种，史部六十二种，子部十八种，集部二十六种，都一百二十六种。付其弟子东莞张伯桢，编为《万木草堂丛书》。其《春秋笔削大义微言考》《孔子改制考》《董氏学》《论语注》数种，伯桢已刊成，行于世。

丁卯二月，君以苏、浙有兵事，避居青岛。是月，为君七十生辰，今上赐寿，而君适病作，弥留之际，草谢恩折，草成痛哭者再。二十八日，遂卒。

君讳有为，字广厦，一字长素，遭难后又号更生。初名祖诒，既成进士，易今名。先世南雄人，后徙南海，遂著籍为南海康氏。曾祖讳建昌，祖讳赞修，皆为士。考讳达初，知县，母氏劳太夫人。生子三，君其长也。配张夫人，副室梁氏、何氏。子男二，同籛、同凝；女子六，同薇、同璧、同复、同环、同俠、同令。丁卯三月，厝于青岛李村象耳山之原。

伯桢既撰君事略成，持示树枏，要为文，以表其墓。树枏以君之名灼人耳目，虽妇孺无不知之者。至其忠于故主，每饭不忘，放逐流离，虽死不悔，此其尤可悲者。爰撮其事略大凡，俾镌之石，以昭诸阡。

1928 年作

《陶庐文集》二十卷本卷十九，"陶庐丛刻"本

# 凌霄一士随笔（节选）

## 徐凌霄

康有为晚岁以顽旧见讥于世，而昔年实为先觉之士。其高谈大眺，放言无所诎，已被目为怪物矣。王伯恭《蜷庐随笔》（又名《兰隐斋笔记》）云："乙未之秋，余访陈次亮于西珠市口。坐未定，忽有冠服者昂然而入。主人略一欠身，客便就坐。闻其姓字，则新科部曹康有为也。次亮手摩其首曰：'头痛。'康叹曰：'时事不可为矣，先生何必自苦乃尔？'陈亦咨嗟不已。因言'两江曾帅又出缺，今任何人为宜乎'，因泛论当时人物。既而曰：'刘岘庄似可，且曾督两江，固当不至蹉跌。'康抚掌称善。陈言'便可决计，无用游移'。两人问答如此，直忘其一为员外而章京，一为新进之主事，乃妄人耳。余亟掩耳而去。已而两江一席果属刘公，亦可谓善于揣摹者矣。"形容有为辈神态，颇为尽致，盖所谓大言不惭也。然事则大误。曾国荃卒官，刘坤一继任，乃庚寅年事。至乙未，坤一已重督两江五年矣。有为乙未通籍，以新进部曹，而意气不可一世，抱负既异寻常，位卑言高之戒，固非所措意耳。民国六年，梁启超通电声讨复辟，有"此次首造逆谋之人，非贪黩无厌之武夫，即大言不惭之书生，于政局甘苦，毫无所知"等语，大言不惭之书生，即指有为。当时论者颇赞其善下考语，而称其对有为之勇决焉。启超中举后师事有为，执弟子礼甚谨，且为之宣传最力。戊戌政变，亡命海外，议论渐有不合。入民国，意见益形参差。惟师生情谊，尚能保持。至是乃大决裂。其后事过境迁，复为师弟如初。民国十六年，有为七十生日，启超集成语为联以祝云："述先圣之玄意，整百家之不齐，入此岁来，已七十矣"；"奉觞豆于国叟，致欢忻于春酒，亲受业者，盖三千焉"。为其得意之作。是年有为卒，启超复挽以联云："祝宗祈死，老眼久枯，翻幸生也有涯，免卒睹全国陆沉之惨"；"西狩获麟，微言遽绝，天之将丧，不仅动吾党山颓木坏之悲"。极感慨悲凉之致。祭文则综叙有为生平，尤极沉痛激楚。时启超亦一肚皮不合时宜也。戊戌启超召见后，仅赐六品顶戴，未予实官。传闻因启超不习京语，奏对时口音差池，不能达意，光绪帝不快而罢。有为代为快快，拟令接办上海《时务报》，事又不谐。因托王照密保为懋勤殿顾问，戚然谓曰："卓如至今没有地步，我心甚是难过。"及折入，政变已将作，遂未实现。见王氏《复江翊云兼谢丁文江书》。

# 蜷庐随笔·康有为

## 王伯恭

　　康有为者，康国器方伯之孙辈，康雄飞观察之侄也。改名祖诒，应试乙未，得进士，复改用原名。以长素为号，自命长于素王，其诞妄可知。其实晋人中固有"长素"之号，未敢为诞说也。未捷前，伏阙上万言书，大谈时政；又著《伪经考》，以惊鄙儒。一时王公大人，群震其名，以为宣尼复生，遂呼为"康圣人"。甲午会试，各省举子毕集，有为创保国会，士子争辏其门，多有执贽称弟子者。吾友徐积余亦往请谒，归向余说"康先生问皖人之有闻者"，彼举吾以对。因劝我同往访之，余敬谢不敏，积余怏怏而去。次年礼闱，有为一卷为吾友余寿平所荐，而徐荫轩相国取中。朝殿后引见，以部属用。有为既捷，声名愈大，而趾高气扬亦愈甚。是年秋间，余遇有为于陈次亮座上，闻两人相对妄谈，疾掩耳而去。而有为虚声所播，圣主亦颇闻之，将为不次之擢。常熟窃窥上意，因具折力保，谓"康有为之才，实胜臣十倍"。既又虑其人他日或有越轨，乃又加"人之心术，能否初终异辙，臣亦未敢深知"等语，以为此等言词，可以不至受过矣。孰意大谬大然，斯亦巧妙太过之一误也。乙未之秋，余访陈次亮于西珠市口，坐未定，忽有冠服者昂然而入。主人略一欠身，客便就坐。问其姓字，则新科部曹康有为也。次亮手摩其首曰："头痛。"康叹曰："时事不可为矣，先生何必自苦乃尔！"陈亦咨嗟不已，因言"两江曾帅又出缺，今任何人为宜乎"，因泛论当时人物，既而曰："刘岘庄似可。且曾督两江，固当不至蹉跌。"康抚掌称善。陈言"便可决计，无用游移"。两人问答如此，直忘其一为员外而章京，一为新进之主事，乃妄人耳！余亟掩耳而去。已而两江一席果属刘公，亦可谓善于揣摩者矣。

《蜷庐随笔》，无冰阁 1932 年刊本

# 《康南海先生事略》序

金天羽

　　有清既以学术诱进士类，士治经多为朴学，宗法许、郑无违戾。乾隆末，今文学兴，挟其骏发瑰玮之说，与古文家竞爽，董江都、何劭公《春秋》之学，尤餍切人心，人心隐然思齐襄九世复仇之义，然疑而不敢发。咸、同间，其说渐张，文学士始载笔论河漕、兵政当世之务，横议之风，寝以开矣。然光绪中叶，义乌朱鼎父侍御，掌教岭南，尚守东汉家法，深诋素王改制之说。岭南先有陈兰甫、朱九江，以经术理学，为世尊重，流风所被至广。南海康先生，少受业九江之门，而经术参之湘潭、井研二老，灼古以知今。闽西土之人虣武，攫剟嗜利，我国适以嬴邦当其冲，故宣扬孔教，张三世，欲使海陆一跻于大同。惟中土政法，不应乎世变，非改制无以图强。岁甲午，王师大挫于日。将为城下盟。南海首率公车士，抗疏阻和议，名声一日动天下。于时海内知名士，多主变国统，昌言九世复仇不讳。南海独议保清室，行君宪，此志坚定，迄国亡不渝。虽因是丁厄难，受举世笑侮，戛然无变乎其素。呜呼！可谓一世奇男子矣！丙辰秋，余客彭城，邂逅南海于张定武所，同车赴济宁。南海欲观汉武梁祠石刻于紫云山，骑行一日，往返计百二十里。

或尼之,南海笑曰:"曩余客印度,北赴大吉岭,与女同璧骑行万山中,高峰接天,夜造次不遇兰若,时时虎啸出林薮。女辄怖呼余曰:'爹,虎来乎?'如是登降十余日,鞍马控送不劳。今鲁道如矢,何区区百二十里之足败吾行哉?"言次,意气伟然,目炯炯似流电。于是天微明,驵骑传呼出郭,济宁道尹如皋邓际昌,亦控骑以从,六十里,抵紫云,髀肉碎矣。泊返乎济宁,南海两足,亦惫不克举,以两弁掖而升堂。是岁,南海行年五十有九,虽矍铄,无复少壮筋力矣。先是余在兖济车中,与南海论世务,曰:"今日国是无可商者,惟人心嗜利而背义,陷溺深而将不国。意必有雄杰不世出之材,博闻强识过人之辩,坐皋比讲学,正人心,挽末法,拯斯民之劫,以吾观之,先生其人也。曷不修万木草堂之遗规,教授名山大泽,培养多士,为国家房、杜?顾驰骋南北,以搜金猎石名于世,诚非所望于先生也。"南海张髯睨余,翘其指曰:"松岑好讲学,自为之,无多让。"余举觞引满徐饮之曰:"闻南海之言,使我壮气!"东莞张仁海,执贽南海之门,终身守师说之贰。南海殁于青岛,执心丧,且将刊其平生著述。应清史馆请,撰《南海事略》都七万余言,文章、志节备矣,将单行于世,属为之弁言。余维岭南负山而面海,山川之气,盘互屈注,不与中原同科。中原屏之,以为炎荒要服,冠带之盟不得与,故人文久而始进。其进焉,必生魁磊负气之材,若将若相若通儒名贤,一日成其名,必凌今而跞古,赫然有闻誉于世,下至豪驵奸盗奇倡怪优,亦往往卓诡可深喜。岛舶西来,西土之文物,濡渍久而知其根极,燕齐吴越之民不逮也。南海以盖世之才,先醒之智,欲取一国政教，因革焉以从吾学，虽赍志以终，要其震动一世之力，卓然垂称于后世矣！

《天放楼续文言》卷二，《天放楼续集》，苏州国学会 1933 年 5 月版

# 兴中会革命史要（节选）

陈少白

## 三、在日本之活动

### （二）与康梁交涉之经过

在孙先生没有回横滨之前，到我家里来谈天的人很多，有一个会员黎焕墀，他是做法国邮船公司的买办，同一个朋友郭雅生，两个人常常对我说起，要我在晚上抽出些时间，教教他们中国文字。因为他们自幼出国，中文的学问不多，现在很想借个机会自修自修。我听到这话，未尝不赞同他们的诚意，但我以为此种办法，未为尽善。所以我对他们说，他们的来意甚为可取，但是我本人性情不近于教读，况且我也不能长久住在横滨，所以照我的意思，以为不如正式办一间合宜的中国学校，（那时候横滨华侨有一间公立小学校，规模很小，教法又很腐旧的。）使横滨的中国青年孩子，一齐得受相当的教育，这样也可宣传我们的主张。黎、郭二人觉得很对，同几个会友商量过，就在中华会馆开了一个全体会议，当时到会的也有几十人。讨论结果，就决定以中华会馆为校址。学校的经费，一部分由中华会馆的产业划出，一部分由华侨分任到外边去募捐。这样一来，果然把开学校的事情，办得大有眉目了。恰好这时候，孙先生由英国回来，我因为要到台湾去，就把这件事完全交给孙先生去办。不过我在临走的时候，因为学校的教员，还没有着落，就写了一封介绍信，交给学校的董事，叫他们到上海去请梁启超代聘教员。

我为什么要托梁启超替我们聘请教员呢？说来话长。乙未年正月，孙先生叫我到上海来，召集同志，回广东起事，当时我在上海住在洋泾浜全安栈内。其时适康有为、梁启超师徒二人进京会试，路过上海，也住在全安栈内。住在全安栈的，多半是同去会试的广东举人，也有做过康有为的学生的。当时有人对我说："康圣人到了。"康有为系志大言大的人，我们久欲延揽他同办大事，我想到在那年的春天，我和孙先生特地到广州去找他，到他那广府学宫里面教学的万木草堂，刚巧他还没有开学，没有见着。这一次我到上海，竟能同他同住一个栈房，我当然要去见见他了。康有为的学生，听见我要去见他，总不以为然，说："还是不去见他的好。"我很奇怪，问他们的缘故。他们说："康圣人的脾气是很古怪的，见了人，如果说得有些不合他意思的，就随便骂人，所以我们都叫他做'康怪'。"我说："无论他是怎样一个人，我一定去见见他，我是不怕的。"

当时，我住在全安栈的十九号房，康有为就住在二十一号。相隔只有几步，所以我就跑过去。他的房门闭着，敲了许久，才见房门轻轻打开，一个人探头出来，问道："你找谁？"我说："我要见康先生。"他说："我就是康某，请你进来谈罢。"我就走进去，他又马上把房门重新关起来了。

在三四十年前，旅馆的设备装置是很简陋的，全安栈的客房，也很狭仄，所谓光线空气，当然都不讲究，房间内也肮脏得很，把门关起来，更是闷气。而康有为在房间内，还是长袍马褂，谈话的时候，总是正襟危坐，一话一拱手，我也为之肃然起来。

不过我同他谈话，倒也并没有什么令人不快。寒暄之后，他问我来意，因何至此？我就同他谈革命。我说："现在中国的情况，已很危急，满清政府，实在太不行，非改革一下不可。"他也说："很对的。"然后他就问我长江一带的情形如何？人才多少？我就大概的把局面说了一下，他也点头称是。

我们正畅谈之间，外边又有人来敲门，康有为就去开了门，让那人进来。康有为说是他的学生梁卓如，当时亦是很有名的，我就说了几句仰慕的话，当下三人对话，谈了几个钟头，我才告辞而退。

当时康有为的几个学生，以为康有为是没有人敢无事去见他的，几个人在门外，走来走去，打听消息。等到我出来了，他们就围拢上来，问康圣人说什么话，神气如何。我说康先生是很可以谈天的。他们倒弄得奇怪起来。我认识康、梁二人，就从那日起。

所以那时在横滨，觉得学校既然没有教员，就想起梁启超来。他那时正在同几个同志在上海办《时务报》，我就写了一封信，交横滨学校的董事，请他们派人拿着这封信到上海去见梁启超，托他代为聘请教员，交代完妥之后，我就离日到台湾去了。

横滨学校，孙先生把他起了个名字，称为东西学校。校董派了两个专员，携着我的介绍信，到了上海，果然请得三个教员，一个徐勤，一个林奎，一个陈荫农，一齐到横滨来。这三个教员，都是康有为的高足，众人见了他们，真是欢喜无限，优礼有加，赶着预备正式开学。

但是三位教员到埠未久，先要把孙先生所定的东西学校名称，改为大同学校。孙先生想这个学校，既然交托他们去办，况且与彼等向无芥蒂，区区一个名称，随他们更改去，并不过问。开学之后，彼此往来，异常亲热，真无所谓有彼我之分。

## 五、保皇党之占领横滨学校

有一天，孙先生到大同学校去看那教员们。其实，我们会员，与他们来往很密的，那一天孙先生去，也不是偶然的事。当时孙先生进去，房间内一个人都没有，只有桌上一张条子，上面写"不得招待孙逸仙"几个字，并无下款。孙先生看见很奇怪，并不说什么，就出来。见着几个兴中会的会员，把这一段意料不到的事，告诉他们。大家听了，都以为校里的人无理，非去严重质问不可，一齐到大同学校来。当时校长就是徐勤，他见来势汹汹，不敢出来。他们吵着要追究桌上字条的来历，徐勤站在房门口说："不要误会，字条不是他写的。"当时又有几个董事在座，做好做歹，替他辩护，我们几个会员，只得责斥几句，说他们不念木本水源。有性子不好的，要同他们火并，被孙先生制止，一同出来。从此以后，孙先生亦不再进大同学校了。兴中会创办的学校，到这时候，被康有为的学生拿去，这还罢了，以后还成为兴中会敌党的总机关，这才可叹！

后来细查这件事的来历，原来其中大有文章。康有为自从乙未年在京联络一班新进，所谓公车上书之后，声名渐著，过两年再到北京，创办一会，叫强学会，交结日广，他还私下见过光绪帝，光绪颇为他所动，他自然兴致勃勃，野心亦从兹发动，知道他的学生在横滨，与革命党人交游密迩，于他前途有所不利，就写信给徐勤等，说不日我有大拜之望，尔等务宜与革命党人断绝往来，庶免受他们所累。他们既系他的门生，况且前程如此远大，因此顾不得其他，演出此出辜恩负义的戏来。

同时校内董事多人，以及许多商人，听到康有为将来要做宰相，也都偏向到那边去，对于孙先生，非常冷淡，就是支会会长冯镜如，与他的兄弟冯紫珊，也改变态度，其余智识稍差一点的会员自然也渐渐移动脚跟，投降到那边去，加人中国维新党 China Reform Party 了。

这事发生未久，我就回到横滨，冯镜如把这事来告诉我，说"孙先生不应该同徐勤等闹意气，那条子不知是谁弄鬼，怎好就冤枉好人？你回来，正好，还是请你调停罢"。我说："无论如何，这个学校是我们创办，教员是我们叫他们来的，他们决不应这样瞎闹。你这话是不对的。你试想想，这事还有什么调停的余地？"于是两方面就成了水火，成为不解之仇，这时候孙先生早已搬到东京，我也就到东京去。

# 八、革命党与保皇党交涉之经过

戊戌年康、梁失败，先后从北京逃了出来。梁启超在天津就和平山周同乘日本兵船到东京，康有为先到了香港，才由宫崎招待到日本。宫崎、平山为什么要使康、梁到日本呢？当时日本朋友的意思，以为孙先生和康、梁同是要救中国的人，如果居间调停，或者可以联合，中国事当更好办到了。所以他们使两方面都到了日本，就有联合的机会。那时我由台湾第二次回到日本。一日梁启超要约期与我们会面，我们想既然他们有心，当然也很赞成，就约在犬养毅家里相见。到时，梁启超到来，他说康先生有事不能来，叫他代表。犬养毅是主人，殷勤招待，四人围坐共话。犬养不懂中国话，陪坐到晚上三更后，就告辞回房安睡，留我们三人继续谈话，直到天亮。一夜的话，不外陈说合作之利，彼此宜相助，勿相扼。梁启超答应回去同康有为商量，再来答覆。

过了两天，我与孙先生商量说，康有为既然派了梁启超同我们谈话，我们也应该去看看他。孙先生就叫我去。当下我就邀了平山周同行。到了康有为的住所，入门，就见着徐勤，对他说明来意。他说："巧得很，今天康先生有些脑痛，不能见客。"我说："这也罢了，我来并没有什么事，不过来回候而已。"我正要同平山周回去，凑巧梁启超刚从后面出来，见着我，就说："原来是陈先生，请进来。"我说："君勉刚说你贵先生有病，不能见客。"他说："并无其事，请进来。"他就招呼我们入到客厅，一面又进去请了康有为出来，不久康有为果然出来了。同时厅内还有两个人，由梁启超介绍，一个是广东人梁铁君，一个是直隶人王照，同是来避难的。我们一共七个人围着一张大圆桌坐下，还没有讲到什么问题，王照——他是坐在我的左边，——就对我说："请你先生评评理，我们住在这里，言语举动，不能自由，甚至来往的信，也要由他们检查过，这种情形，实在受不惯。"话还未了，康有为觉得不妙，就忿忿的对梁铁君说："你给我领他到外边去，不要在这里啰唛罢。"梁铁君起来强拉着王照出去，我们就彼此纵谈。我对康有为说："满清政府已不可救药，先生也要改弦易辙了。今日局面，非革命国家必无生机，况且先生以前对于清政府，不算不尽力，到现在他们倒要杀你，你又何苦死帮他忙呢。"康有为说："无论如何，不能忘记'今上'的。"我说："要是先生是个没有出息的人，我倒可以不说，如果你自命为一个当今之世、舍我其谁的人物，那末你不能为了你'今上'待的你好，就把中国都不要了。所以请先生出来的意思，就是不以私而忘公，不以人而忘国。据你先生说，你'今上'亦是救国同志之一，那末革命的办法，并不是叛他的。我们想把中国弄好，革命若果成功，他亦应该赞成的，并没有什么对不起他的。要是为受了一人的恩，便死心塌地的向着他，死也不肯转移，那就风尘的女子亦优为之，情场上这种忠肝义胆的故事，发现不少，反不肯让先生独步了。"康有为没有什么好回答，只说了"今上"怎样好，差不多比尧、舜、汤、武都要胜过几倍。我同他三个师弟反覆辩论了三点钟，末了他还说我不知其他，只知"冬裘夏葛"而已。我知道不会有什么结果了，就说我们改日再谈罢，就告辞出来。

那时康有为的门生，自失败之后，志气甚为颓丧，听到我们劝他们来合作，里面就生出两派的意见来。康有为对于革命原来表同情的，不过因到过北京，见了光绪帝之后，从此自命为君主立宪党之领袖，利用时机，来自行其道。他这人是不能居第二的，故此次对于合作，实有些不愿意。徐勤等人是附和他的。至于梁启超理性比较的充分，况且他不在领袖的地位，对于合作，认为合宜，故此心内甚为活动，附和的虽是有几个人，无奈畏惧他们的康先生，不敢有十分鲜明的表示。

有一天，欧榘甲（也是康有为的门生）同一个同学到宫崎住的小客栈"对阳馆"内，约孙先生同我去商量合作，讨论了许久，还是没有什么结果。因为欧榘甲对于什么事情，都是不能作主，总说要回去请教康先生再定。当时我们也曾问过梁启超，合作之后，如何对待康有为，他说惟有请康先生闭门著书，由我们出来做去，他要是不答应，只好听他，我们也顾不了许多了。这主义原是很坚决的。这次欧榘甲来，还是口口声声忘不了康先生。所以我说"你要同你先生去商量，那末这事是没有希望的。你此来若是有全权决断的，就不妨谈下去，否则谈了也是空话，不会得到结果"。他听了也就去了。

后来康有为因为和王照发生纠纷，闹了好几场，被日本当道知道，恐怕他们要闹出什么事来，就叫他离开日本。而在康有为此次东来的时候，却说是奉了光绪皇帝的衣带密诏，要他到外国请兵求救的。人问他要密诏看时，他又说临出京时，因某事之必要，已经烧掉了。所以听的人，大概都付之一笑。他在日本也见过几个要人，总不得要领，如今又遇着这退去之风示，更不得不急急离开日本，前往加拿大。

# 十、再与康梁等之交涉

一天晚上梁启超及康有为其他的门生在日本某菜馆开了一个

送别大会，送别林士圭等回汉口去筹备起事。到会的除了康有为的学生外（康有为是时不在日本），有日本的同志朋友，孙先生和我们兴中会的会员多人参加在内。他们知道我船到日本，就派人到横滨码头来接，一同乘车来到东京，把我送到这里来，大家见过面，把酒畅谈，真是悲壮淋漓，激昂慷慨都兼而有之了。可惜那夜林士圭要搭车到横滨上船归国，不能长谈，虽在席上梁启超还把合作的话，殷殷商酌，林士圭等珍重告别，大家也就散了。

我到了日本，就把国内的情形一一告诉了孙先生，又同着孙先生把印报的铅字配齐，大约有一个多月，就仍旧回到香港来。

当时梁启超因为也要向外发展，想到檀香山去。孙先生爱重其人，亲自写了一封信，介绍他去见他的哥哥孙眉，后来他哥哥见了这封信，极意招待，他就住在他哥哥的家里，当时孙科大约有七八岁了，还没有开蒙，就由孙先生的哥哥，请他替孙科开学。

当时梁启超对孙先生说话的口气，总是说，我们虽然用保皇的名，实际还是革命，所以孙先生写给他哥哥的信，对于他甚为关切，后来梁启超在檀香山开会，得孙先生的哥哥竭力帮助，捐到不少的钱。

我回香港时，康有为刚在香港。梁启超给我一封信，叫我面见他，信内就是力劝他与我们合作。这封信系梁启超和几个同学，几番商量，然后起稿的。我到香港就差人往约康有为见面，他派了梁少闲等三个学生来见我，还带了一条纸条来，上面随便写着什么千里神交，不必面见。有什么话尽管对他三人说。我说："既有代表，自可商量。不知是否有全权可以当面表决？"他们说："这是不能的。我们来，不过把你所说的话，转达康先生，要由他去决定的。"我想这事非得对面详谈，必无得着好结果之理，我就把梁启超给我的信交给他们请他们转交，我说："他要是愿意见我，我们还可以商量，否则就不必多麻烦了。"这三个人拿了信回去，后来也没有什么消息。

过了些时，梁启超从外国回来，到了香港，冒着日本人的名字，住在外国栈房香港酒店里。他派了张煜全来见我，说他不便走动，请我到栈房里去会他，有事商量。我便跑到他那里，见了面，还是讨论那合作的事，结果还算圆满。当时徐勤也在香港，梁启超就请我和徐勤把合作章程拟好，再等两方面通过之后，好按着进行。梁启超还有专函交代徐勤，然后离开香港。我便找徐勤同他商酌，他当了面并不说别的，只不愿把章程起草，屡屡催他，总是推诿。合作之说，只好作罢！

实在说来，梁启超个人对于革命向来甚少反对，而不少赞成，看他的文字，这层意思，时时会流露出来。说他没有宗旨，恐不足以服他的心。但如他真是以救国为目的，那末革命就可以救国；何必一定保皇。若果说非保皇不能救国，恐怕理论上也讲不通。康有为是一定要保皇的，不过他的地位和环境，与梁启超不同，所以故为曲说，亦未可知。简直说：革命与保皇，亦不过救国之一策。梁启超之活动，弃保皇而取革命，你责他对于他的老师不肯服从则可，至若对于救国，又何尝有分毫的异处？况且他们北京戊戌之役，原是贪懒趁便的，救国并非保皇，保皇二字，系失败后方才无中生有的生出来的，故此说梁启超没有宗旨，他心里一定不服，救国才是他的宗旨呢。当时他不能简捷直白的说出来，不是一时糊涂，就是他的气魄薄弱所致。

后来康有为到了加拿大，向那绝无政治思想的华侨，把光绪帝歌功颂德，恭维得胜于尧、舜，贤于周、孔，非保着他似乎就要亡国，你想那些知识薄弱的华侨，那禁得起他的辩才巧说？况且他又答应着入会的捐财的，将来都可以升官晋爵，共享富贵，因此稍知爱国的或怀着野心的，都来附和他，一时进行顺利，募捐了不少金钱。他就写信回来，痛责那倡言合作的学生，说他们太无志气，不识潮流，要附人骥尾，实属可耻，今日有了加拿大这种好成绩，更要痛悔前非，自己争气。这一番教训，把那些心想活动的门徒，骂得哑口无言，自此以后，梁启超亦只好死心塌地，跟着他一路走。打着保皇旗号，办报演说，同他一鼻孔出气。而我们那海外各埠的兴中会会员，亦受他们的迷惑，有许多人变节。至于会务的进行，受他们的打击，更不堪言了。

《兴中会革命史要》，建国月刊社 1935 年 3 月版

# 革命逸史（节选）

冯自由

## 戊戌前孙康二派之关系

康有为原名祖诒，号长素，少有创立新教、取孔子而代之之志，其自号长素，即取凌驾素王之义。其门人陈千秋号超回，梁启超号轶赐，麦孟华号驾孟，曹泰号越伋，韩文举号乘参，均取此义。时人以康立论怪僻，自称圣人，咸以颠康呼之。康初讲学于长兴里，号长兴学舍，好浏览西学译本，凡上海广学会出版之书报，莫不尽量购取。长兴学舍旋移于广府学宫，改名万木草堂，与双门底圣教书楼相距甚迩。时中山初假圣教书楼悬牌行医，因康常在该书楼购书，知其有志西学，欲与结交，爰托友人转达。康谓孙某如欲订交，宜先具门生帖拜师乃可。中山以康妄自尊大，卒不往见。乙未中山倡设农学会于广州，尝请康及其徒陈千秋等加入，陈颇有意，以格于师命而止。是年春，陈少白以事至上海，居洋泾浜全安栈。闻康与其徒梁启超晋京会试，亦寓同栈，乃赴邻室访之。康庄重接见，正襟危坐，仪容肃然。少白向之痛言清朝政治日坏，非推翻改造，决不足以挽救危局。康首肯者再，且介绍梁启超相见，谈论颇欢。中山在广州败挫之后，康徒梁启超、徐勤、麦孟华、欧榘甲诸人于丙申丁酉（一八九六至一八九七）间，先后发刊《时务报》《知新报》于上海、澳门，倡言改革，名重一时。同时杨衢云、谢缵泰等亦与康广仁（有为之弟）、何易一商谈两党合作事宜，久无成议。丁酉冬，横滨侨商邝汝磐、冯镜如等在中华会馆发起组织学校，以教育华侨子弟，欲由祖国延聘新学之士为教师，以此就商于中山。中山以兴中会缺乏文士，乃荐梁启超充任，并代定名曰中西学校。邝汝磐持中山介绍函赴上海，谒康有为于旅次。康以梁启超方主持《时务报》笔政，荐徐勤承乏，并助以陈默庵、汤觉顿、陈荫农等，皆康门优秀也。又谓中西二字不雅，特为更名大同，亲书大同学校四字门额为赠。徐勤既抵日本，初与中山、少白时相过从，互讨论时政得失。迨戊戌（一八九八年）夏秋间，清帝光绪锐行新政，康有为骤获显要，以帝师自居，徐勤等皆弹冠相庆，虑为革命党株连，有碍仕版，遂渐与中山、少白疏远，而两党门户之见，从此日深。

1936 年 4 月《逸经》3 期

# 戊戌后孙康二派之关系

戊戌八月，清西太后下令废除新政，大兴党狱。康有为得英国军舰保护，避地香港。王照、梁启超匿居日本公使馆。孙中山在日闻此消息，乃商诸日本志士宫崎寅藏、平山周等，请其到中国救助康等出险。宫崎遂赴香港迎康至东京。平山则到北京，使王、梁二人易日本服至天津，乘轮赴日。时进步党领袖大隈重信任总理大臣，犬养毅任文部大臣，均主中日亲善政策，对于中国维新党异常优待。康、王、梁三人起居费用由日政府供给。大隈内阁倒后，则改由进步党供给。中山、陈少白以彼此均属逋客，应有同病相怜之感，拟亲往慰问，借敦友谊，爰托宫崎、平山向康示意。康自称身奉清帝衣带诏，不便与革命党往还，竟托故不见。事为犬养毅所知，雅不欲中国新党人因此意存隔阂，遂约孙、陈、康、梁四人同到早稻田寓所会谈。届期除康外余人俱到。梁谓康有事不能来，特派彼为代表。是日，三人各抒意见，讨论合作方法颇详，至翌日天明始散。数日后，中山派少白偕平山至康寓访谒，康、梁出见，在座有王照、徐勤、梁铁君三人。少白乃痛言满清政治种种腐败，非推翻改造无以救中国，请康改弦易辙，共同实行革命大业。康答曰："今上圣明，必有复辟之一日。余受恩深重，无论如何不能忘记，惟有鞠躬尽瘁，力谋起兵勤王，脱其禁锢瀛台之厄，其他非余所知，只知冬裘夏葛而已。"少白反复辩论三句钟，康宗旨仍不少变。谈论间，王照忽语座客，谓"我自到东京以来，一切行动皆不得自由；说话有人监视，来往书信亦被拆阅检查，请诸君评评是何道理"等语。康大怒，立使梁铁君强牵之去，并告少白谓："此乃疯人，不值得与之计较。"少白疑王别有冤抑，乃嘱平山伺机引王外出，免为康所羁禁，平山从之。果于数日后窥康师徒外出，径携王至犬养寓所，王遂笔述其出京一切经过及康所称衣带诏之诈伪，洋洋数千言，与康事后纪述多不相符。由是康作伪之真相尽为日人所知。康以为少白故恶作剧，因而迁怒及于革命党，而两派更无融合之望矣。王照任职礼部主事，尝上书请清帝出洋游历，先往日本，以次继往欧美各国。折为礼部堂官阻隔不上。王面斥其违旨，堂官始为代奏。清帝怒尚书怀塔布、许应骙、侍郎堃岫、徐会沣、溥颋、曾广汉等六人壅塞言路，令褫其职；嘉王照不畏强御，赏给四品京堂，王以是名动一时。康到东后，深虞王举发其假托衣带诏之秘密，故严重监视，不许私自见客。王不能堪，因与吵闹多次。康友梁铁君精于技击，康特使之强制王之行动。王赖平山之助，得脱离康之约束，遂遍向日本当道陈诉所苦。日政府以康、王水火，虑生事端，乃给康以旅费九千元，令其克日离境。康之远游加拿大，实以此故。徐勤在康徒中，反对与中山合作最力，自是与中山、少白等日益疏远。横滨大同学校会客室贴有"孙文到不招待"之字条。适中山到访见之，遂向徐诘责；徐否认为己所为。有教员陈荫农直认己作不讳，因与中山驳论激烈，相持不下。校董冯镜如闻之，乃到校极力劝解始止。事后，各校董多不直徐、陈所为，有数人提议辞职。学校基础为之动摇。犬养以学校解散为可惜，特亲莅横滨，邀请各校董维持现状，且愿任名誉校长，以资提挈。各校董感其热肠，咸允照旧担任。当时徐勤曾致书宫崎，道谢援助康、梁出险，犬养允任大同学校名誉校长，并力辩无攻讦中山等事。原函现由余保存，文见附图（图略）。

1936 年 5 月《逸经》5 期

# 关于戊戌政变之新史料

## 王 照

　　左件乃戊戌政变后一年王照亡命日本时对日人之笔谈稿，观篇末第二段按语，知曾刊于香港某报。惟刊本今已不可得，此从旧抄本迻录。原本题作"在逃犯官王照笔谈一则"，殆是清廷侦探或驻日机关之司情报者所传也。末有湖南某君识语，不著姓名。本件及识语皆大有史料价值，爰为标点重布。识语中痛詈康、梁之语，愿读者毋忘其为史料。（素痴识）

　　照来此半年，承诸公厚待，得延残生，不敢言报，亦恐终身无力图报耳。自顾菲材，不能有补于世。今即对公强作空谈，亦何益于事？惟公兼容并包，将有图于东亚大局，则照所知敝国政变之故，不能不陈之左右也。

　　敝国政策向在愚黔首为计，不特朝臣中无一通晓大计之人，而一千五百三十县之读书人，无非井蛙。有言洋务者，即以为匪人。有言外国政俗之善者，即指为奸细。敝国地大民众，断非三五人空谈所能变法。其虚张声势，以为已行新政多端者，诈言也。凡一政之行，必朝廷谋之，众士议之，穷上下之端委，辨各地之情势，于详细曲折，皆已虑及，于是政府发令，大吏应之，州县官实心行之，士庶应之，考校能详尽，而后一政可望实效。岂有一纸上谕，遂作为行一新政之理？照忧国亦二十年矣。然见敝国宦途士风，万无挽回之路。故近年照在乡在京，皆惟劝同志讲时务立学堂，以待机会备用。

及丁酉冬，康有为入都，倡为不变于上而变于下之说。其所谓变于下者，即立会之谓也。照以为意主开风气，即是同志。俄而康被荐召对，即变其说，谓非尊君权不可。照亦深以为然。盖皇上既英明，自宜用君权也。及叩尊君权之道，则曰非去太后不可。并言太后与皇上种种为难之状。其实皇上决不言此。皆户部侍郎张荫桓对康所言也。照以为今国家危如累卵，岂容两宫又生衅隙？故劝康有为速出京他往，以待机会。而康不从。旋即上谕屡下，大有振作之象。照窃服康之作用。然是时朝议沸腾，一日数惊。皇上已派康往上海办报馆事，而康未行。照仍劝康速行，以免变生。而康反不悦。

及七月初五，照应诏上书，求礼部六堂代递。书中言请皇上奉太后游日本，以知日本崛兴之由。然后将奉太后之意，以晓谕臣民，以变风气。煞尾云，夫而后以孝治天下，而天下臣民莫复有异议；所有变革之事皆太后开其端，皇上继其志。此照之主意，欲和两宫，以名誉归太后，庶消变萌。意非专主联贵国而已也。而堂官阻之。照请堂官自陈抗旨之罪，堂官乃劾照。皇上怒而去六堂官。于是康以为照为皇上信用之人，乃托照上请改衣冠之疏。照不从。旋康又托徐致靖劝照往芦台夺聂提督军以卫皇上，照力辩其不可，谓太后本顾名义，无废皇上之心；若如此举动，大不可也。康又托谭嗣同、徐仁镜与照言，照大呼曰，王小航能为狄仁杰，不能为范雎也。伊等默然。自是动兵之议不复令照知。

时照自上书劾张荫桓纳贿滥保之罪，张亦南海人。两宫不合半系此人离间。太后于去岁二月遣步军统领抄其家，伊纳银二十万于中官免。至是劾之意，仍在和两宫。而皇上未悟，张竟不获罪。至七月二十八日，忽闻徐致靖请召袁世凯入都。照大惊，往问徐。答曰，我请召袁为御外侮也。照曰，虽如此，太后岂不惊？于是照急缮折，请皇上命袁驻河南归德府，以镇土匪，意在掩饰召袁入京之计，以免太后惊疑。二十九日午后照方与徐致靖参酌折稿，而康来，面有喜色，告徐与照曰，谭复生请皇上开懋勤殿用顾问官十人，业已商定，须由外廷推荐，请汝二人分荐此十人。照曰，吾今欲上一要折，不暇及也。康曰，皇上业已说定，欲今夜见荐折，此折最要紧，汝另折暂搁一日，明日再上何妨。照不得已，乃与徐分缮荐（按此下脱"折"字）。照荐六人，首梁启超，徐荐四人，首康有为。夜上奏折，而皇上晨赴颐和园见太后，暂将所荐康、梁十人交军机处记名。其言皇上已说定者伪也。照于七月三十日始往颐和园，上请袁兵南去之折。

八月初二日袁到京，太后已知之。皇上密谕章京谭嗣同等四人，谓朕位今将不保，尔等速为计画，保全朕躬，勿违太后之意云云。此皇上不欲抗太后以取祸之实在情形也。另谕康有为，只令其速往上海，以待他日再用。无令其举动之文也。而梁启超、谭嗣同，于初三夜往见袁，劝其围太后，袁不允。袁之不允，非不忠于君也，力不足也。袁赴京之日，荣禄已调聂士成兵五千驻天津，以制袁之命。况八旗兵虽不精练，尚有数万，精枪快炮俱备，岂三千人可能抗哉？而梁、谭等书生不知兵事之难，反谓袁不忠。彼等令袁围太后之语，皇上亦不知，以致有八月初六日之变，天翻地覆。照闻变尚欲与皇上通消息，而事已不可为矣。

今康刊刻露布之密诏，非皇上之真密诏，乃康所伪作者也。而太后与皇上之仇，遂终古不解。此实终古伤心之事。而贵邦诸友但见伊等刊布之伪语，不知此播弄之隐情。照依托康、梁之末，以待偷生，真堪愧死。总之敝邦之政变，荣、刚及守旧党皆误国者也，康、梁等亦庸医杀人者也。照今言及此，不复为贵邦诸公所容矣。今□兄在此证康、梁之为人，幸我公一详审之。以后近卫公赴北京，亦必真知皇上与太后之情，方可调和，勿专听一二人之私言为幸。然近卫信康、梁已深，若言之，或指照为诬，此照所不敢言者耳。


右录王君与木堂翁笔谈。王君又告予曰，原因保荐康、梁，故致此流离之祸，家败身亡，路人皆为叹息。乃康、梁等自同逃共居以来，陵侮压制，几令照无以度日。每朋友有信来，必先经康、梁目，始令照览。如照寄家书，亦必先经康、梁目始得入封。且一言不敢妄发，一步不敢任行。几于监狱无异矣。予见王君，泪随声下，不禁忿火中烧。康、梁等真小人之尤，神人共愤，恨不令王君手戮之！

湖南□□□录竟附识

此件系由香港某君邮来，盖辗转抄传者，所言皆是实情，亟为印出，以备同志勘证之用。

1936 年 7 月 24 日《大公报》

# 康有为传

夏敬观

　　康有为，字广厦，号长素，原名祖诒，广东南海县人。幼孤。祖赞修，连州教谕，授以学。年十八，从朱次琦游，与顺德简朝亮齐名。有为治经，初好《周礼》，思以经义明治术，著《政学通议》，始见廖平所著书，尚相驳难。后通公羊，悟莽、歆假经术缘饰，凡歆所欲立学官者皆伪，遂尽弃旧说，著《新学伪经考》《孔子改制考》《大同书》。世议其染于平而变，然平震惊于泰西哲学，附会六经，后益诡变无方，背离经旨；有为则阐述微言大义，本世变以引经立说，冀改制救亡。二者立意不同，而皆异于乾嘉以来经生之所为也。《春秋》《礼运》相互明升平世为小康，太平世为大同；有为《大同书》，以马克斯社会主义说之，显违经义。其讲学于万木草堂，门徒梁启超、陈千秋最服膺是说，始稍宣布，自后生徒皆言大同。有为亦惧其言取祸当世，曰："今方为据乱世，可言小康，不可言大同。言则陷天下于洪水猛兽。"有为亦悟其言为谬矣。

　　甲午中日之战，丧师。明年议和割地，海内骚然，志士起言变法。有为集各省公车上书拒和款，格不达。其年成进士，以论书法，臧否及侍郎顺德李文田，为所不满，抑置三甲，用工部主事。自是居京师，设强学会、保国会，士大夫多起应之。同、光间虽号中兴，女后垂帘，朝臣茸阘，列强环伺，议约所谐，皆苟且因循之计。有为曾以诸生上书言事，因祭酒盛昱以达帝傅尚书翁同龢。二人者，皆清流负重望，亦一叹置之。有为献议，以朝鲜为万国公地，绝邻强觊觎。惟侍郎曾纪泽韪其策，顾莫敢发，遂终有甲午之役。

自是凡七上书，名达帝听，尚书李端棻、学士徐致靖、张百熙、给事中高燮曾先后疏荐。帝览所进书，召对，极言变法自强、用人行政诸端，黜守旧大臣，破格进用明达小臣。于是帝用其言，锐意变法，命在总理衙门章京上行走兼督办官报。用杨锐、刘光第、林旭、谭嗣同为军机章京，参预新政，夺首违诏旨礼部尚书、侍郎职。内阁学士阔普通武奏请行宪法，开国会，大学士孙家鼐谏阻，谓开国会则民有权，君无权。帝曰："中国得救，朕无权何害？"是时帝虽亲政，左右皆太后旧人。荣禄为直隶总督，袁世凯以监司练兵小站。俄传有谭嗣同密商世凯，以兵围颐和园之举，遂告政变。太后复出听政，四军机章京及御史杨深秀、有为弟广仁被戮。而有为先事走免，亡命海外十六年，与其徒启超辈设保皇会，游说侨商，得其资助。时海外志士设同盟会，有为与其旨异。

及辛亥革命，清帝逊位，群主共和，而有为独主君主立宪。丁巳复辟，有为奔走参预，为弼德院副院长，事败避美国使馆，脱归上海，与其徒启超，师弟之谊亦绝，盖自戊戌后感于主知也。民国十六年，国民政府奠定南京，有为走青岛，疾殁，年七十三。

所著《新学伪经考》《孔子改制考》《大同书》外,又有《春秋董氏学》《春秋笔削大义微言考》《物质救国论》《电通》《康子内外篇》,长兴学舍、万木草堂、天游庐讲学记,《广艺舟双楫》《日本明治变法考》《俄大彼得变政致强考》《突厥守旧削弱记》《波兰分灭记》《法国革命记》,各国游记及诗文集。有为工书,执笔师次琦,虚拳实指,平腕竖锋,有纵横奇宕之气,评者以书法胜所为诗文。

其门徒知名者甚众,启超、千秋及三水徐勤、南海潘之博、顺德麦孟华为尤著。之博,字若海,清诸生。世凯帝制议起,之博方佐江苏督军幕,假兵符,趋粤、桂起兵讨伐。世凯悬重金购捕之,乃走香港,匿有为宅,发愤呕血卒。

1948 年 3 月《国史馆馆刊》一卷 2 号

# 康有为第一次来桂讲学概况（节选）

*廖中翼*

## 三、来桂讲学之原因

一八九二年（清光绪十八年），壬辰正月，迁移万木草堂于羊城卫边街邝氏宗祠，来学者日众。正月桂林人龙泽厚，四川知县，由川回桂省亲，道过羊城，闻康氏讲学于万木草堂，提倡新学，往见之，随入堂就学。有为谓"积之仁质甚厚，曾创办广仁善堂，聚众千人，讲袁学诱众，西帅李鉴堂礼之，令办乞丐院，又修孔庙者"。味其词意，若甚喜泽厚之来学。其后泽厚将旋里，与其师言，桂林山水优秀，人文荟萃，风俗朴质，吾师若肯莅桂一行，必将竭诚以待，有为诺之。

有为性嗜山水，爱览风景，幼年随其祖在连州，常从游诸名胜，如北山寺石之奇，大云岩之奥，有为皆赋有诗。居西樵山数年，日流连于岩谷泉石间，养成惯性，常游肇之鼎湖、惠之罗浮。戊子游汤山，登长城，出八达岭；己丑冒雨游西湖，至苏登虎邱，入九江游庐山，谒朱子白鹿洞；至武昌登黄鹤楼，过汉阳游归元禅林。前后得诗不少，深感兴趣，故一闻泽厚请游桂林之言，心为之动。有为亦知桂林山水，甲于天下，风景名胜，自古传称，访胜探幽，原其夙愿，泽厚所请，适合襟怀。

桂林为广西省会，衣冠文物，荟集于斯，科名亦盛，是以有文化城之称。自鸦片战后，国权削弱，中法一役，国势日蹙，而举国士夫，狃于积习，不知危殆，犹泄沓如故，忧时之士，心焉伤之，亟思有以挽救之术。有为固自负为先知先觉者，欲以学术振人心，励士气，图改革，挽颓势，故在京上书请变法图强，苦不得达，郁郁归粤，开馆讲学于万木草堂，作今文学运动，以转移时势，用心良苦。但囿于羊城一隅，收效不宏，故一闻泽厚请赴桂讲学之言，正与所思相合，慨然应允。

尚有一因，促成有为赴桂之行者一并录之以备后来之参证。有为自京回粤讲学，启发后进，适有为之银塘乡中有同人团练局，为罢归知府张嵩芬管局事，乡素多盗，张竟与盗分肥。张为局中巨绅，无敢言者，于是乡邻被劫，日夜不绝，有为之叔及侄家亦频被劫，环请有为治盗，以无暇还乡任事为辞。弟子陈千秋亦同乡人，言曰，吾等日言仁，何不假同人局试之，吾乡亦国土也，行仁爱当先自近始。有为壮其言，乃号召于三十二乡绅，合三十余人攻张。令其将局戳交出，张虽去而怨恨已深，托言官劾有为，又贿托潘衍桐与南海县令杨廷槐，追缴局戳。有为时被劾，即为桂林之游。陈千秋为尽力此事，已患肺病，未几吐血死，盖以身殉同人局者，有为在游桂途中颇多伤感。

# 四、康有为到桂初况

龙泽厚闻康有为来桂之讯，即邀集龙应中（一名志泽，字伯纯）、况仕任（字晴皋）、龙朝辅（字佐臣）、赵懿年（字兰生）等商榷开馆地点及设备一切事宜，并商得孝廉书院山长周璜（字黻卿），经古书院山长龙朝言（字小村，即泽厚之父）先生同意，以叠彩山景风阁为讲学地点，因此阁前有一大厅，后有两小室，可作讲堂及寝室之用。且境界清幽，形势优胜，可供凭眺，可助静思，以此馆佳宾，最为适当。于是分头布置，以俟行旌。

清光绪二十年甲午十一月，自粤起程来游广西，十二月抵桂林，住叠彩山风洞左侧之景风阁。到时与来迎者互为寒暄，翌晨往谒各当道毕，即往拜桂山书院（一名孝廉书院）山长周璜，经古书院山长龙朝言，晤谈颇相得。宣成书院山长石成峰虽相见而不甚相投。惟秀峰书院山长曹驯（字谨堂，翰林院编修，桂垣书局会办）则往拜不答，且愠形于色，有为则笑而置之。

泽厚为曹驯之女婿，以丈人对康师如此态度，意终不怿，思有以调和之，乃往见曹，婉词以劝。曹曰："吾不愿见此人，此人名为尊孔，实为蔑孔，孔子向称素王，而康则自号长素，岂康之学问道德，更有大于孔子者。可见其非圣无法，离经叛道，为害将无所底止，汝等何为乐此耶？"泽厚力为解说，至于泪下，曹氏终不为动，词色更厉，泽厚知难与言，垂涕辞去。由此可见当时社会风气守旧之一斑。

## 五、讲学之纲目与及门之姓氏

有为既住景风阁，即以阁之前厅为讲堂，讲学规则，一以万木草堂所手订者为依据。其学纲仍以志于道、据于德、依于仁、游于艺四项为标准。其学目仍以义理之学、考据之学、经世之学、文章之学四科为标准。其他课外活动及其组织与设备，亦与万木草堂规定者大致相同，已详见本稿第二节，兹不赘录。

康氏第一次来桂讲学，及门之弟子，除发起与筹备之龙泽厚、龙应中、况仕任、赵懿年、龙朝辅外，尚有汪凤翔、龙焕纶、薛立之、薛佑之、王瀯中、王会中、黎文瀚、程式毂、赵仁农、黎尚元、汤叡等二十余人，均列门墙，参加听讲。

有为常与弟子接谈，有执经问难者，俱一一为之解释，议论风生，至为详尽，故弟子亦乐与接近。一日，与王瀯中晤谈，谓之曰："颖初（瀯中字）老矣，汝尝为教官，志清而气直，好心学。"若意甚爱之者，历久未忘，至自编年谱时，犹将此数语记入，可见其对及门之注意。

# 六、康有为之学说一

康有为为今文学之提倡者，其在桂所讲之学纲学目，亦寓有今文学运动之意义于其内。今文学者，《春秋公羊传》也。当清经学全盛期，有庄存与者，始治《春秋公羊传》，著《春秋正辞》，刊落训诂名物之末，专求其"微言大义"。继庄而起者，有刘逢禄、龚自珍二人，逢禄著有《左氏春秋考证》，谓左氏传为刘歆所伪造。道光末，魏源著《诗古微》，谓"毛诗"及"大小序"皆晚出伪作。同时邵懿辰著《礼经通论》，谓古文"逸礼"亦出刘歆伪造。有为综合诸家之说，作《新学伪经考》，谓凡东汉晚出之古文经传，皆属刘歆所伪造，正统派所最崇拜之许郑，皆在摒击之列。今文学运动，即以此为基础。

康氏之讲春秋公羊学，以公羊学高为孔门子夏弟子，亲承孔子余绪，接受真传。如《后汉书·郑玄传》称，东汉任城何休好公羊学，遂著《公羊墨守》《左氏膏肓》《穀梁废疾》各卷。玄乃著《发墨守》《针膏肓》《起废疾》各一卷，何休见而叹服，是何郑二人，议公羊学为孔子真传已无疑义。在东汉时，开今文学研究之始。乃历代学者，对春秋三传之说，议论纷纭，莫衷一是者，是亦阻碍学术进步之一大原因。清代中叶，当经学全盛期间，庄存与之治公羊学，专求"微言大义"，于是今文学渐复活，继以刘、龚、魏、邱等，其势遂渐盛。至康氏汇集众说，倡导尤力，迨《新学伪经考》书成，几成为今文学运动之主流，故在桂讲学，即以公羊学为中心讲义，实具有莫大之作用。

附注：刘歆，汉宗室，字子骏，与父向领校秘书，集六艺群书，种别为七略，经籍目录之学自歆始。歆欲建立"左氏春秋"，及"毛诗""逸礼""古文尚书"，列为学官，大为众儒所讪。歆少时与王莽同为黄门郎，莽甚重之，及莽篡位，引为国师。有为所著之《新学伪经考》标有数义，谓"伪经"者，即"周礼""逸礼""左传"，及"诗之毛传"。凡西汉末刘歆所作者，皆为"伪经"。"新学"者，谓为新莽之学，时清儒诵法许郑，自号为汉学，有为以为此新代之学，非汉代之学，故正其名为新学。有为作《新学伪经考》最要之旨，则以刘歆所以作伪经之故，因欲供莽篡汉，先谋湮乱孔子之"微言大义"。而微言大义之所寄，则在于《春秋公羊》。有为之治公羊学也不斤斤于其书法义例之小节，专求其微言大义，其教人也亦如此。故附注之，以备参考。

# 七、康有为之学说二

有为学说，尚有二义，一曰"改制"，一曰"大同"。其第一次在桂讲学时，书虽未成，已将其中所含要旨，启示弟子。改制者，有谓"《春秋》为孔子改制创作之书，文字不过其符号，非口授不能明。不惟《春秋》如是，凡六经皆孔子所作，尧、舜皆孔子依托，即先秦诸子，亦罔不托古改制"。其教人读古书，不当求诸章句训诂名物制度之末，当求其义理。所谓义理者，非言心言性，乃在古人创法立制之精意。于是今文古文，皆待考定。数千年来，共议为神圣不可侵犯之经典，于是发生疑问，引起学者之怀疑批评，国人之学术思想，遂生一大变化。有为第一次在桂讲学时，虽口讲改制大意，而尚未成书。此书之成也，当在光绪二十年终，或翌年春初，观其《自编年谱》记云：桂林山水极佳，山居舟行，著《春秋董氏学》，及《孔子改制考》，可以参证。

有为之所谓"改制"者，盖称"政治革命""社会改造"而言，故喜言"通三统"。三统者，谓夏商周三代不同，当随时因革也。喜言"张三世"，"三世"者，谓"据乱世""升平世""太平世"，愈改而愈进也。有为言孔子之托古改制，既开其先，而所以学孔子者，亦必出托古改制。孔子之托古改制，见其义于《春秋》，而有为之托古改制，则托其说于《礼运》。有为以《春秋》三世之义说《礼运》，谓"升平世"为"小康"，"太平世"为"大同"。引《礼运》第三十二之一段言曰：大道之行也，天下为公，选贤与能，讲信修睦。故人不独亲其亲，不独子其子，老有所终，壮有所用，幼有所长，鳏寡孤独废疾者，皆有所养。男有分，女有归。货恶其弃于地也，不必藏诸己。力恶其不出于身也，不必为己。……是谓"大同"。有为谓此为孔子之理想的社会制度。有为即就其言分段分章分节分句，揆诸世界趋势，人类社会进化公例，推求发展规律演绎扩大，拟订具体计划，创作《大同书》。有为悬此鹄的，以为人类进步之极轨。

有为经世之怀抱在"大同"，而其观现在以审次第，则起点于小康拨乱。有为论政之鹄的在民权，而其揆时势以谋进步，则注重于君主立宪。虽著《大同书》，则秘不示人，弟子中陈千秋、梁启超首得见此书，读之大乐，欲宣传其一部分，有为不允，然辗转相传，万木草堂诸弟子多言大同矣。来桂讲学时，弟子中亦有以此书问其师，有为谓"今方为据乱之世，只能言小康，不能言大同，言之过早，转有害而无益。"故其在粤在桂讲学问或涉及者，只以此书中要旨，口授于诸弟子而已，全书固尚未付印也。

附注：康有为《大同书成题词》，择录第三首："廿年抱宏愿，卅卷告成书。众病如其已，吾言亦可除。人天缘已矣，轮劫转空虚。悬记千秋事，医王亦有初。"又录梁启超按语："谨按：先生演《礼运》大同之义，始终其条理，折衷群圣，立为教说，以拯浊世。二十年前，略授口说于门弟子，辛丑、壬寅间，避地印度，乃著成书。启超屡乞付印，先生以今方为国竞之世，未许也。"附录上列两则，以备参考。

## 八、桂山讲学的实录

有为教弟子，尊孔子之教，发求仁之义，励士子之志，开人民之智，讲救国之法，除读书作业课程外，随时以上列各端，对诸弟子讲演。此次讲学，推出龙应中（字伯纯）、况仕任（字晴皋）二人为学长，学生每日所作札记，均交学长收集分阅，拟具意见，汇呈有为批答，仍交由学长转发各生阅看，体会自己心得，即以此项札记，评列学生次第。

其学目所列，分义理学、考据学、经世学、文章学等，已详第二节万木草堂课程中，今以康有为自撰之《桂学答问》一书及其附录观之，大致亦复相同。其附录之言曰："作者于光绪二十年秋，曾讲学桂山书院，是书是录其在桂山书院讲学时问答。全书约万言，分条叙述研读经、史、子、宋学、小学、职官、天文、地理、词章、西洋书等的方法，并列举书目"，录之可以见当时所学的真相。惟其中有曾讲学桂山书院语，似有误会，盖桂山书院，一名孝廉书院，为专课孝廉之所，康有为来桂讲学，系住叠彩山（旧名桂山）风洞左侧之景风阁，即以阁前为讲堂，并未到过桂山书院讲演。想系叠彩山旧名桂山，而误加以书院二字，合并说明，故本段标明桂山讲学字样以符实际。

# 九、龙应中回忆讲学之函述

龙应中字伯纯，为康门大弟子，曾任广西大学教授，与余共事四年余，常谈康氏在桂讲学故事，惟年久半忘。前岁余写文史资料，函致伯纯，请将昔年在桂从康游之详况告我，以凭参证，迭接来书，俱能举其概要，不幸伯纯老友去岁在京逝世，而遗书尚存，不忍湮没。今余响应号召，编写康有为来桂讲学一题。检阅伯纯旧函，尚存二纸，足为此题资料者，特照原函录出，不敢增减一字，以存真相，名之曰"龙应中的回忆录"，一以表其不忘师承之雅意，一以藉存故友之遗音，录此并可作当时之参证。

伯纯"回忆录"第一次书云："……四月八日寄呈南海师来桂讲学大略，想已收到，因急于答兄问，未能详细。吾桂当年唯知科举之学，于天下大势，国家关系，注意者少，加以清廷守旧，每以祖宗成法，不容妄议，不许变更。于是南海乃有孔子改制之作，《春秋》《公羊》，条条皆改革之义，细看便知。而改革非一时即能办好，于是立拨乱、升平、太平之义。改革参天地人三者，贯之为王道，文质遞变，因时而用，其结论在仁恕。最能发挥孔义者，子思之《中庸》、孟子、公羊高、董仲舒之《繁露》。不深思者，对董只以儒家之一视之，非也。孟子除深知《春秋》，处处为民着想，其根本为五亩之宅几章。南海举上列诸学以告门弟子，桂人思想大变矣。尝说欲速造就多士以救时，故课程时短而学多，汝等宜速学，朝夕思之，放眼观世界，较战国时尤烈，其祸不堪设想。春秋恶战，其害何如乎？孔子已先言之。康师又谓汝等虽学六个月，抵东省学三年，然此只付与开门之锁钥耳，汝等须扩充之善用之等语。有时讲授毕，即率同人出游，习礼，或投壶。有时讲诗文书法，同人甚乐。"

伯纯第二次书云："……《桂学答问》及读书表，惜已失，表中似分国学、时务二门，经史子等属国学，世界大势等属时务，图枪二项无炮字。先生谓徒言文学，不足以救国，必兼习武事，方能御外侮（人人皆兵）。《公羊》中极言'世室'之坏，《孟子》诛一夫，宜重看，《穀梁》义较《公羊》胜者亦取之。《公羊》极得力何休注疏之推阐，如'天下非一家之所有'等。先生之学，精深博大，来桂讲学，影响颇多，人知爱国御敌，兴学堂，重体育，设会讲学，文武兼重，风气之变速而巨。弟记忆力差，叙述无次，望择要采入。四月十二夜，伯纯录。"

## 十、康氏游桂之遗痕

光绪甲午冬十一月，游广西抵桂林，住桂山（即叠彩山）风洞左侧之景风阁，此阁后枕叠彩，前临于越，左顾漓江，右依四望，风景极佳。在于越山后，搜得岩壑一处，题曰"康岩"，景风阁后一洞，题曰"素洞"，并刻石为记（参见《年谱》）。又据《中国文学史》载，曹泰字著伟，侍有为游桂林，住风洞，题诗崖壁曰："大地权舆我到迟，也曾歌泣也怀思。深山大泽堪容剑，天老地荒独有诗。龙蛇昔曾归觉想，涅槃今欲证心期。我行幸有微风舵，元气舟中任所之。"合并录之，以见康门师弟之诗境。

有为初抵桂时，闻元祐党籍碑刻于龙隐岩之上方，即往游览，有所感触，作记抒感，刻于碑侧。阅数年戊戌政变后，清吏以康记语多悖谬，饬匠铲去，现只存数字于碑旁。后之游览斯岩者，睹此凿痕，无记可读，多为叹息。但康之姓名，还约略可辨认。

# 十一、康有为游桂之题咏

有为之文，为新民体之首倡者，原不以诗名，而自幼耽诗，若出生性。凡游览名胜，必有诗歌。来桂讲学，暇则寄情山水，以风景优美之桂林，深感兴趣，故题咏亦多，殊增山岩景色。戊戌政变后，惜已多被铲去，至今各名胜岩谷中几无存者。如康氏游龙隐岩时除刻记于党人碑旁外，尚有一诗，已不见痕迹，但其所题者，现尚见有康氏亲笔所书之横披，搜藏于广西第一图书馆中，款题连城仁兄通家雅正，下署康有为长素。诗题为游龙隐岩绝句，曰："媪相熏天锢党人，鞭鸾笞凤已千春；只今龙隐岩边路，却为遗碑动马尘。"虽属四句，而感慨颇多。

有为在万木草堂常以诗示诸子，在桂讲学时亦然，兹择其与问学有关足以启发门弟子之诗一首照录于下。诗曰："圣统已为刘秀篡，政家并受李斯殃。大同道德礼经在，未济占成易说亡。良史莫如两司马，传经只有一公羊。群龙无首谁知吉，自有乾元大统长。"由此观之，亦可见有为之学术思想不外改制变法，君主立宪之意，影响于门弟子者甚大。

# 十二、第一次来桂程途与回粤时间

康有为第一次来桂原因，前已略述。抵梧后乘舟溯漓江上行，时值冬月，滩干水浅，舟行迟滞，月初开帆，至月终方到桂城。周旋布置，腊朔方开讲，时短课多，颇无暇晷。乙未春初，因事返粤，临行，有和诗致周璜山长云："兵甲满天地，苍生竟若何。蹉跎梦金马，感怆泣铜驼。避地梁鸿去，忧时杜牧多。只愁好春色，无计著烟萝。"并有跋语，由此可以概见康周二人之襟抱，与在桂之交谊。

有为乘舟将行，诸弟子走送江干，相期后约，洒泪而别。舟沿桂江直下，经浪石、草坪、兴坪、画山、阳朔、碧莲峰、福利、刘公、过平乐、昭平、马江，直达梧州。沿岸江山如画，风景绝佳，舟行虽迟，借此得饱搜桂江景色。观有为《自编年谱》有云："寓桂凡四十日，往来在山水窟中亦四十日，日日搜岩剔壑，及官绅燕会，若经年矣。"又云："桂林山水极佳，山居舟行皆宜。"均足以助其著书立说，陶情淑性。此行虽时间短促，而印入脑际实深，故甲午、乙未之冬春间，《年谱》记载尤详。乙未"正月返粤，二月初一至"。特录此以结束其第一次赴桂讲学之行。

《桂林文史资料》第 2 辑，桂林市政协文史资料研究委员会 1982 年 12 月版

# 康有为第二次来桂讲学概况（节选）

廖中翼

## 四、康有为第二次来桂旅况

有为自沪回粤，仍讲学于广府学宫万木草堂，续成《孔子改制考》《春秋董氏学》《春秋学》，以徐君勉、王镜如为学长，时光绪廿二年丙申六月也。七月游罗浮，八月游香港，十月至澳门，与何君穗田创办《知新报》。穗田慷慨好义，力任报事，回省时忆及桂山诸弟子，正欲有事于广西，函达龙泽厚等，拟重游桂林，于十二月初旬成行。

龙泽厚闻康师重来，即邀集龙应中、况仕任、汪凤翔、龙焕纶、赵治天、龙朝辅、薛立之等筹备欢迎事宜，仍决定以桂山风洞侧面之景风阁为寓居之所，一切供张设备，由泽厚与立之负责办理。当时风气渐开，闻康氏有重来讲学讯，社会人士多有向旧日同学探问消息，并有直接或间接表示欲及门而受业者。

有为于丙申季冬初旬自羊城抵梧州，乘舟溯江而上，日在山水窟中枕流漱石，洗净尘嚣，颇觉自得。江中渔家俗谚有云，活水煮活鱼，其味最佳。有为与门弟子二人，日在舟中购鱼煮食，披风赏景，境幽意惬，静体自然，波影岚光，象超物外。有为日事欣赏，不觉岁晚，亦足至乐，舟行迟迟，直至丁酉春正月十日方到桂林。由泽厚等迎往景风阁居住。

# 五、重游桂林之今昔

康有为重寓风洞左方之景风阁（抗日时被毁），意亦最适，旧日门弟子均来谒见，频叙契阔。翌晨往拜各书院山长及各衙署长官，均承优礼相待，与昔不同，即此末节，亦足以觇世道人心，当时情况，兹并述及。

甲午之役，清廷割台赔款，丧权辱国，朝野人士莫不疾首痛心。有为于乙未春夏间，在京闻议和之讯，即与弟子启超、孟华等分头运动，联合各直省在京会试各举人壹仟贰佰余人签名，首创公车上书，请拒和、迁都、变法三事，察院以和约已经用宝，不肯收受，以致无法上达，群情失望，事虽未成，然此举已震动全国之耳目人心，故对于有为之爱国热忱，合群运动，救国方法，在当时已博得一般之同情。桂省士夫，亦复如是，况有为昔曾以一介举人，来桂讲学一次，是以对之注视尤为殷切，此今昔不同之情况一。

有为所著之《新学伪经考》《孔子改制考》二书，为今文学运动之根据。有为第一次来桂讲学时，以春秋公羊学为中心，而以此二书为主导。时桂抚马丕瑶正创办桂垣书局，秀峰书院山长曹驯为桂垣书局会办兼主逊业堂课，校刊四书五经，正崇古文学。有为之今文学运动，认为非圣无法，离经叛道，极端反对，是以有为第一次在桂讲学，仅有四十日，即匆匆回粤，可以概见

当时之情况。乙未丙申间，有为在京除公车上书外，曾历请变法
改制，书虽未全部上达，然已倡言改革，震动京朝人士耳目，复
有参劾桂抚马丕瑶之折，终于使马离桂。有为所请各摺，皆得察
院监察御史王鹏运（字幼霞，桂林人，与康交颇厚，王于乙未九
月所刊《味梨词集》有为为之作序，由此可见其交情）助力为之
代上。凡此种种，桂人俱有所闻，今日重游，又与昔日不同之情
况二。

　　有为此次来桂讲学，唐景崧（字薇卿，灌阳人，由翰林历官
至台湾巡抚，中日战后，割台和日，台民推为总统，宣告独立，
与日力战，后以格于中日和约，辞职归隐桂林，当道聘长经古书
院）、岑春煊（字云阶，西林人，以举人签分工部累迁大理寺正
卿，中东事起，奉命率丁槐军驻山东黄县与鲁抚李秉衡共筹防守
之策。后马关约成，国权丧尽，春煊愤极辞职南下，隐居桂林与
景崧往还最密）二人赞助最力。因一自台湾归，一自山东归，均
曾亲身经历参与中日战役者，深悉敌我之情，胜败之故，以人强
我弱，人智我愚，人勇我怯，以此相遇，败兆已伏，故一闻和
成，唐、岑即卸职归隐，正思所以挽之救之之法。康有为适于此
时来桂讲学，晤谈之下，志同道合，故极力赞助其进行，有为提
出之意见，商得唐、岑同意和支持，俱能办妥，此又与昔不同之
情况三。

# 六、桂省圣学会之发起及筹备

　　有为到桂与昔年之气势不同，以为目前科举未能废除，各

级学校未能即办，认为启发民智，培养人才，开通风气，作为政治改革之本，莫如先办学会。尝忆西人强盛之由，对于社会各种事业，莫不有会，如农学会、工学会、商学会、矿学会、天文学会、地理学会，以及声、光、电、化、数、理各科莫不有会，是以学日精，其术日进，应速效法。然亦即我古训敬业乐群，朋友讲习，集思广益，精益求精，互相砥砺，互相激发之义。有为即以此意提出，先与旧日之门弟子龙应中、龙泽厚、况仕任、汪凤翔、龙朝辅等商量，一致认为必须即开即办，并分担筹备责任。

学会之设，在当时既有必要，故有为在京，首创强学会，虽遭封闭，而小会仍分设，有为到沪，仍续倡开强学会，事因掣肘复停，而有为不因偶有挫折，遂隳其志。此次来桂，以桂林为广西省会，又为南方重镇，自古有文化城之名，地方士夫对之，亦颇重视，故提出创办学会之议，以为西南各直省之先导，而贯彻其主张。门弟子已一致同情，即与地方官绅商榷，均愿极力赞助。观有为《自编年谱》记云："光绪二十三年丁酉四十岁，正月初到桂林，再寓风洞，（拟）筑桂林马路，以山路不合，未成，然用日本伊豆人力车则可行也。"又记云："与唐薇卿、岑云阶议开圣学会，史淳之巡抚拨善后局万金，游子岱布政捐千金，蔡仲岐按察希邠激昂高议主持之，乃为草章程序文行之，借广仁善堂供孔子"云云，节录原文，借资考证。

# 九、圣学会成立盛况及会员名录

圣学会筹备就绪，于一八九七年清光绪二十三年丁酉春三月七日开成立大会，自臬道以下，首府首县，各候补人员，地方士绅如周、岑、唐及社会人士，入会会员皆齐集西华门两粤广仁善堂（一名爱经善堂）会场举行成立典礼，由蔡希邠宣布开办圣学会宗旨，康有为宣布圣学会缘起及会章，按照仪式奏乐，次序行礼鸣炮，颇极一时之盛，到会者均欣欣然有喜色，亦桂林之创举也。后以地址不敷应用，由蔡臬司另拨依仁坊彭公祠为会址（即今之工商联会址），规模更形扩大。

康氏第一次来桂讲学及门受业者有龙泽厚、龙应中、况仕任、赵治天、龙焕纶、龙朝辅、王濬中、王会中、赵元杰、薛立之、薛佑之、程式穀、陈太龙、赵芝生、汪凤翔、任祖安、万言、倪育万、汤驮、何化龙、黎晓峰、黎尚元等廿余人均参加圣学会为会员。新拜康门者有汤铭三、林泽普、林负才、李惠如、陈柱、秦嗣宗、陈祖虞、赵福纪皆入圣学会，马君武（原名同）亦常到会听讲，其他尚有会员多人，忘其姓名，未能备录。新旧及门，于兹荟萃，济济多士，晤对一堂，康氏亦乐此英才而教育之也。

# 十、《广仁报》之创刊

圣学会会章第三项"刊布报纸"条文云："乡先贤陈文恭公，劝士阅邸报以知时务，林文忠公常译《澳门月报》，以觇敌情。近日报馆林立，类皆取便雅俗，语涉繁芜，无关轻重，惟上海《时务报》（丙申夏梁启超由京到沪，以强学会余款办《时务报》，七月出版）、澳门《知新报》（丙申十月康与门弟子何穗田创办，何则专力担任报事），专录时务，兼译外国新闻，凡于治术学术有关切要者，巨细毕登，诚臻美善。桂林僻远，尚无报馆，何以开耳目而增识见？今之刊报，专以讲明孔道，表彰实学，次及各省新闻，各国政学，而善堂美举，会中事务附焉。"即就此义，创办报刊，定名曰《广仁报》，唐薇卿中丞并为之叙其缘起，订于四月间在桂林出版。

《广仁报》社附设在圣学会内，经费由各方捐助，尤以巨绅唐景崧、岑春煊捐助为最多。每月出版三期，每期一册，内容分论说、时事新闻、地方要闻、中西译述、杂谈、短评等。编辑、出版及发行事务，由康门弟子中推人分任。字用木刻，报用土纸，线装成册发行。论文多以外患日迫，国势日弱，亟应变法维新，以图挽救为中心论题之标准。主笔有武陵赵廷敿、南海曹硕、桂林龙应中、况仕任、龙朝辅等，均为康门高足弟子。

圣学会于丁酉三月七日成立，《广仁报》即于四月中旬出版，广西省会耳目一新，社会人士见闻日广。报刊之作用，诚灌输知识，开通风气，激发人心之重要工具。主持其事者，意旨固有所在，而分任其事者，识力亦良可佩也。今从该报主笔龙朝辅所撰论文之标题观之（朝辅系泽厚之叔，泽应之父，前岁余从泽应家觅得乃父所撰论文标题遗稿三则，照录如次），可见当时之梗概。如：一、为"事变日逼士人宜急求保卫国家论"（光绪二十四年三月初一日《广仁报》）；二、"筹桂刍言"（光绪二十四年三月初一日《广仁报》）；三、"德兵揭即墨毁孔庙圣相布告士林启"（光绪二十四年四月十一日《广仁报》）等题论文，均足以发聋振聩。就其内容观之，多系反对帝国主义侵略，唤起国人爱国思想，共图保卫国家保卫乡士之义。龙、况诸人，均能继承师说，发挥要旨，为《广仁报》文坛健将，所为文章，又复激越动人，在出报年余期间，广西之民风士气，为之一变。

## 十一、广仁学堂之设立

圣学会会章第四项条文云"前广西巡抚文简陈公，在城坊设义学十一所，在东南西乡，设义学二十所，前所未有也。善政流风，于今渐替，存者仅爱日、培风、蒙泉、兑泽四塾耳。善堂创办之始，曾立义塾，惟课读蒙童，粗识之无，鲜有成就。桂林城乡，寒裔滋多，冠髦之岁，多有英才，以无力从师，因而废学，不可胜道。兹设大义塾，特聘通人掌教，以育冠髦之士，课以经学为本，讲求义理经济，旁及词章，与泰西各学，日有课程，月有考校，岁有甄别。（中略）庶几讲求激厉，以底有成，或者兴起人才，圣教中多一完人，即国家增一有用之士。若夫世家子弟俊秀人才，特慕本塾藏书之富，入塾读书，尤为有志之士，其愿备赞来学者听。"录此以见当时设塾之要义，并可借存原来之文献。

依据会章设立大义塾，名曰广仁学堂，附设在圣学会内。此事由康商请蔡桌司希邠赞助，已由部拨款万金为购置图书，开办学校之用，一面商请桂山书院山长周璜主持其事。定额招收学生四十人，报名投考者颇踊跃，取录入堂者，计有陈文、况仕恩、谢宗韩、何少川、靳汝端、靳永祚、龚寿昌、龙潜、况仕任、龙仲修、龙季光、王群、王乐宾、李承麟、吴小濂、秦一俊等二十余人，俱是当时之青年学子。课程为经学、中西历史、中西地理，及《宋元学案》、朱子语录。学生每日做札记、写日记或游记，并参加听讲和学习礼仪。主持教务者，聘南海曹硕担任（康之弟子），各科教员，由康分派高足弟子担任，于五月中旬开学上课，气象一新，桂林之开办学校自兹始。

# 十二、康氏第二次讲学纪概

康氏有为第二次在桂讲学与第一次稍有不同，第一次系依照万木草堂所列之学纲学目，排列课程，逐步讲授。第二次讲学，则定为朔望讲学，庚子拜经，系由康氏亲自主持，余则依照《桂学答问》所列之《分月读书课程表》，指示阅读中西书籍之方法，由受学者依照课程自行研读，并将心得作成札记，或写质疑问难，送交学长龙应中、况仕任汇集，分别拟具答解意见，汇呈康氏批答。如讲学时，听讲者自行笔记，详略各有不同，亦送由学长编定送阅，经批答后，发还相互传观，学子受益不浅。

上述学习方法，系专指圣学会学员而言，其广仁学堂之学生，日有课程，月有考核，年有甄别，学程深浅各有不同，故方法亦异，惟朔望讲学，庚子拜经，康氏自行主持时，广仁学堂全体学生，亦令参加旁听，以增闻见，但可不必笔录，其能录者听便。

康氏此次讲学，仍以春秋公羊学为中心，专注今文学运动，《礼记·礼运篇》则言其概略，《孟子》《荀子·非十二子篇》《庄子·天下篇》《春秋繁露》《淮南子》《墨子》《史记》《汉书》《宋元学案》诸书，随时摘要讲演，清代庄存与、刘逢禄、龚定庵、魏默深等之著作，凡足以发挥今文学之要义者，俱旁征博引，以证今文学之真传未坠，益导之为主流。讲及时事时，则指陈中国积弱之由，西国兴盛之故，非变法维新，不足以图存，议论精湛，识解鸿博，是以听讲者，多动魄惊心，印入脑际。

# 十三、康有为在桂之游兴

圣学会设在依仁坊，康有为住在景风阁，据康氏门弟子赵治天、龙应中谈及，光绪丁酉孟夏一夕，与同门汪凤翔、龙朝辅、况仕任、龙泽厚等约十数人往景风阁康师住所，座谈请益，未几，雷电交加，风雨将至，康师兴发，即率我等带雨具，持风灯，穿过风洞后之望江亭上，观赏雨景，即指示声浪、光浪、电浪之原理。康师并谓：此种宇宙之自然现象，西人悉心研究，成为声学、光学、电学之原理原则，应用于人间，是以西国日进于文明，我等亦须精心研究等语。诸弟子闻言，颇多觉悟，俟雨停后，仍送康师回寓，我等方各归寝，是亦实验之一课。

有为性嗜游览山水，其第一次来桂讲学时，一日天寒欲雪，讲学毕，率诸弟子在叠彩山风洞后之福庭习乡饮酒礼，并投壶为乐，兴犹未尽，复率诸弟子十余人，时有童子龚寿昌、龙潜二人，在旁观礼，随即一并率之出游，由就日门出城，穿过木龙洞，经虞山，沿途各摘花在手，有为则戴红帽，穿皮马褂，偕同诸弟子，转入北门，游行过市，旋到宝积山北之铁佛寺游览，见寺后有一岩颇宽深，随题曰康岩，历观诸景，尽兴方归，此举大有沂浴云风之概，爰补录之。

有为第二次在桂，除朔望讲学，庚子拜经，亲自主持外，广仁学堂学生如有郊游，则由大弟子曹硕率领主持。有为忙于著书立说，与应酬绅宦，于丁酉五月杪，编《春秋（考）义》《春秋考文》成，撰《日本书目志》成。此三书皆在桂时所编。如有暇日，则与弟子数人游览桂林山水名胜。观其《自编年谱》有云：桂林山水极胜，去城七里，有中洞者，岩若一室，两面皆通，俯瞰诸岫，石笋巉然，吾欲于此结精舍焉。据此以观，所云去城七里，有中洞者，岩若一室，两面皆通等语，当系指西郊外之中隐山而言，其岩三重，下岩深广，中岩明爽，有石乳凝结，上岩稍小，有寺名福缘（详见各志），此山风景优美，游者疑非人境，可见桂林山水之佳胜。有为到此，尘念亦为之澄清，慨然有结庐以居，终老山林之意。由此可见有为之性喜山水，其两度来桂久住讲学，此亦吸引之重要原因之一。

# 十四、康有为在桂之交游一

有为此次来桂，频与绅宦往来，盖欲广结声援，以达发展学术改良政治之主张，兹将其常与周旋者分录于下：

（一）周璜，字黻卿，孝廉书院山长，有为第一次来桂时，即与订交，常以诗词书札往还（见他稿不录）。有为常谓"见黻卿太史，剧谈天下事，忧国如家，允为襟袍相知"云，可见康周之交谊。其第二次回粤时，途中闻周病逝，颇多感伤，即寄联挽云："忧国出至诚，天将一老憗遗，犹得古人雄直气。匡时开学会，我行十日作恶，怕听漓江呜咽声。"

（二）唐景崧，字薇卿，经古书院山长，康常与往还。此次所办之圣学会、《广仁报》、广仁善堂，唐赞助最力，捐赠亦颇多，但康对唐，亦有助力：丁酉四月中兴安动乱，波及灌阳，康劝唐以圣学会名义，归乡办团，以靖地方，唐慨然应允，捐数千金练团。惟缺军械，有为夜叩蔡臬门请假军械，得报，唐驰归，灌阳地方始安。又一日唐在五美塘住宅看棋亭演剧宴客，邀康与宴，有名旦一枝花，扮演唐氏新编之芙蓉诔一出，康即席赋诗致谢，诗云："九华灯色照朱缨，千里莺花入桂城。万玉哀鸣闻宝瑟，一枝浓艳识花卿（指一枝花）。芙蓉城远神仙梦（是晚演芙蓉诔），芍药春深儿女情。此曲应知托顽艳，从来侧帽感三生。"颇为一时所传诵。

（三）岑春煊，字云阶（中日战役岑率丁槐等军在山东黄县抗战，和议成愤极回桂暂居），康氏到桂与之往还甚密，岑亦以康氏所主张之君主立宪、维新变法之说为然，故对康氏此次来桂讲学极力赞助。其他桂省知名之士，亦康多有往还者，此皆康氏对地方士绅交游之概略。

# 十五、康有为在桂之交游二

救国图强，须先开民智。康氏到桂后，即往拜桂抚史念祖，言及此次来桂讲学事，史极表欢迎，并谈及近来办理洋务与教案事。康言欲应付此等事务得宜，须先明中外之新形势，今年正月澳门新创刊之《知新报》，内容分论说、上谕、近事、译录西国政事报及农工商矿格致诸学，宜令各州县暨各厘卡人员购阅等语。史嘉纳之，即令广西洋务局通饬全省订阅《知新报》。上述康所谈以与讲学开智有关，不嫌词费再将原札通饬，择要录之如次，以资参考。

广西洋务总局按察使蔡希邠，盐法道向万荣，记名道吴××为通饬事，奉抚部院札开：广西界连越南，梧州又复通商，中外交涉事件日多，地方官吏，见闻狭隘，于各国近事，毫未通晓，此留心经世者所隐虑也。（中略）广西既经通商，全恃各守丞倅牧令通晓各国事件，胸有把握，方能措置裕如，借以缔邦交而御外侮。兹有广东澳门《知新报》所译各国近事，至详至备，亟应随时阅看，以广见闻。合行札饬该局转饬各府厅州县阅看等因（原文声叙过长免录），合行通饬所属一体遵照备价购阅《知新报》，毋违，特札。（参见丁酉四月一日《知新报》第十五册）由此可见康氏来桂讲学在交游中借此以灌输知识开通地方风气之又一面。

广西按察使蔡希邠，字仲岐，江西新建人，与康原是旧交，蔡对康亦素推重，往还颇密。康提组圣学会，办《广仁报》与广仁学堂，蔡允代为募款，得史抚拨款万元，游布政捐千元，并力为主持，如草《圣学会缘起》，拨给圣学会地点等事，凡康有所求，蔡必有以应，亦桂海宦场中不可多得之新人物。观有为给周璜各函中语意，可见康与蔡二人之交谊。

# 十六、康氏来桂讲学之目的与结束

康氏来桂讲学之目的：一为学术之传播，二为政治之主张。

有为经世之怀抱在大同，而观现时以审次第，则须以拨乱小康为起点。有为论政之鹄的在民权，而其揆时度势以渐进，则注意于君主立宪，故其所排列之每月读书课目表，及朔望讲学，庚子拜经时，所讲演之大义，亦依据上列要旨分别讲授，群弟子多以为新颖，乐于听受。

有为既以学术为政治背景，其来桂讲学，亦有扩充政治资本意味。其在广州万木草堂讲学时，已早有储备万木，为国家作栋梁之意；迨两次在京上书不达，强学会又遭禁闭，被迫离京，益感无政治势力为之声援，是以屡遭挫折，郁郁南旋，仍回万木草堂讲学。继思南方形势，粤、桂、湘三省毗连，风俗淳朴，民情亦厚，若能结合此三省英贤以为声应，气势自然不同，且在京公车上书时，粤省签名者八十余人，桂省则有九十九名，湘省则全数参加，以此推之，三省之爱国忧时人士，为他省冠，亟应联络。思至此，遂决意作第二次赴桂讲学之行。虽时近丙申岁终，亦不辞在桂江中渡越新岁，有为之栖栖道路，亦政治生活有以促使之也。

改革政治，须先开学会，创刊报纸，设立学校为要图。有为怀此目的，故于丁酉正月十日到桂后，即进行筹组圣学会事，至三月初方成立，四月中旬《广仁报》即出版，五月中旬，广仁学堂即开学。在此数月中，三项要举，均能依照会章先后宣告建成。有为之不得志于京沪者竟于桂中得之，此固有为坚忍倡导之力，抑亦桂省官绅士庶爱国爱乡之热情有以促成之也。圣学会既兴办于桂海，先声所播，南中各省必将闻风继起，渐次扩大范围，是亦挽弱图强之一极大关键。

有为来桂讲学所怀之目的既经达成，即定于六月初旬还粤，唐、岑为之祖饯，临行谓群弟子曰：为欲速造就多士以救时，故课程时短而学多，汝等虽学六月，较东省万木草堂诸弟子所学三年之功课亦不过如此，然所学者，只付与开门之锁匙耳。汝等宜扩而充之，善以用之，更发扬而光大之，至以为嘱。诸弟子闻言甚感动，但又无法挽留，均表现如有所失，不忍相离之意。有为复谓：吾亦不忍遽别，但有要事，必不得已而去也。明晨遂扬帆东下。有为第二次来桂讲学概况，至此遂告结束。

## 十七、各方对康氏来桂讲学之所见

桂区内外社会人士，对康氏再次来桂讲学事，议论纷纭，莫衷一是，大别之可分为新旧二派，看法各有不同，兹略举其概：

就旧派方面言：有以康氏尊孔子为教主，以儒教与道教、佛教、耶教并列，尊孔子者实抑孔子，认为荒谬；有以西国侵入，正系敌人，而康氏反教人购西书，读西文，明明是从洋教，认为怪异；有以康氏倡维新变法与清廷旧派相反，恐祸患及身，不敢相近，认为胆大妄为。凡此种种，不胜枚举，即此可见旧社会之一斑。

就士绅方面言：宣成书院山长石成峰（字子轩）以康氏学杂而不纯，不愿与之接近。秀峰书院山长曹驯（字谨堂）以康自号长素，不是尊孔而是蔑孔，所著《孔子改制考》等书，认为离经叛道，有深恶痛绝意，故有为两次至桂来拜不答，开圣学会不赴，送《广仁报》不阅，曹之落落难合如此，此亦可见当时桂林风气之未开，转移之不易也。

就新派方面言：除周、唐、岑诸绅极力赞助康氏所主张者外，桂林一般忧时爱国人士，对康氏以一新科主事，不愿在京供职，仍风尘奔走，以学术唤起人心，回粤在万木草堂讲学未久，不辞天寒岁暮，复有桂林之行，其毅力热忱，令人感佩。又有以康氏到桂，即组学会，办学报，开学堂，以激励士气，启发民智，培养人才，视为救国图强之要着，其苦心孤诣，始终不懈，认为人所难能。

桂区边远，消息不灵，国内外形势诸多隔膜，社会风俗，泄沓如故。有为到桂讲学，于学科课程外，常讲世界大势，尤以近来列强侵入，将招瓜分。清廷守旧，日形危殆，非全国振奋图强，不足以自存，言之痛切。桂人闻之，惊心动魄，互相告语，士气民风，渐次改变，有心人士认为有为此次来桂讲学，对桂区社会实有启瞆发聋之力，应志不忘。

至于沪澳各报，亦有论列圣学会者，并录之以见圣学会关系之重要。如《时务报》载（时梁启超在沪主办《时务报》，择录梁《会报叙》）自强学会被议中缀，京师犹有小会，月辄数集，相与讲论治平之道。比岁以来，此风渐畅，于是桂林有圣学会，长沙有湘学会，武昌有质学会，苏州有苏学会，上海有务农会，不缠足会等次第兴起（中略），实中国剥极而复一大键也。不有记载，靡以公其义于天下云云。由此可见桂林圣学会之兴起，实继强学会之后，其他学会，又继圣学会之后，其关系固甚重要也。

《知新报》载《圣学开会》云："广西近日风气大开，皆由该省大吏士绅，踊跃提倡，于省中广仁善堂，开设圣学会崇奉孔子，会中拟购置图书，刊刻报纸，广设学堂，翻译西书各事。凡人会者，不论名位事业，皆以尊孔教救中国为宗旨，随时捐资，不计多少。定于三月七日开会，官绅士庶齐集行礼，极一时之盛，诚中国第一美举。"云云。又该报刊《圣学会续闻》一段，亦多颂扬之词。其后梁启超所作《日本横滨中国大同学校缘起》一文，亦引桂林圣学会为新学之泉源，观其文中有曰"中原志士，咸发愤而言变政，报馆学会缤纷并起，北肇强学于京师，南开圣学于桂海，湖湘陕右，角出条奏，云雾既拨，风气大开"等语。可见康门弟子（梁启超、麦孟华在沪主持《时务报》，康广仁、何穗田、徐勤在澳门主持《知新报》）对桂林圣学会之创开，认为变法维新之起点，至为重视，故不嫌词费，特而出之，以资参证。

# 十八、康氏游桂之琐谈一

有为到桂后，即有人呼之为康圣人。此语从何而来，有人谓孔子号称素王，康自号长素，故呼之为康圣人，其实不然，此语来源甚早。原有为年七岁能属文，有志于圣贤之学，里党传以为笑柄，号之曰"圣人为"，盖以其开口辄曰圣人圣人，故冠于名以为谑也。一般人即以此呼之，似含有讥讽之意。

桂城一般人士，见有为率弟子山游，手拈花枝，招摇过市，有目之为狂者。见有为率弟子习乡饮酒礼或投壶，有目之为怪者。又于大雷电时，反率弟子登山观览，多以为异者，遂对康有狂人怪物之称号。而康之狂、怪、异在昔已然，其学于朱九江时，一日请于先生，谓韩昌黎道术浅薄，即《原道》亦极肤浅，而浪得大名，谓其实不知道，九江不答，但笑责其狂。有为别有所悟，常自歌、自哭、自笑，礼山同学咸以为怪。有为在西樵山白云洞钻研道佛时，有编修张延秋来游，见有为相与议论不合，则拂衣而去，张语人曰，来西樵只见一异人。是康少年在粤时，已有狂、怪、异之名，其来桂所表现者，乃系其特性，不过行动不同耳。

兴安不靖，波及灌阳，有为不查明原因，遽请唐薇卿归乡办团，以圣学会行之，并夜叩蔡臬司门，请拨军械助唐，有为此举，用意何在，桂人对此，颇有疑意，姑录之，以待后来之批判。

# 十九、康氏游桂之琐谈二

人谓有为工于心计，其第一次来桂讲学时，桂抚马丕瑶正兴办桂垣书局，秀峰书院山长曹驯为会办，正刊印《四书》《五经》通行，有为所著之《新学伪经考》《孔子改制考》两书，与马、曹意旨相悖，故对康氏来桂，均有厌恶之意，康氏不能久安，仅在桂四十日，即匆匆回粤。乙未有为在京时，闻马丕瑶保奏市侩潘赞清为三品卿事，即草折请王幼霞附片代上参劾马丕瑶，马氏终于去桂。有为此举，实工于心计，并为第二次赴桂讲学，预先扫平道路，以便驰骋也。

有为寓景风阁，曾集古诗二句为对联，悬于景风阁之厅，含有励已励人之意，其联为五言句曰："努力崇明德"；（汉李陵与苏武诗"努力崇明德，皓首以为期"。）"随时爱景光"。（汉苏武诗"愿君崇令德，随时爱景光"。）有为因此二诗句中，明德景光二词，涵义甚广，故集以为联，其义盖谓孔子遗书"大学之道，在明明德，在新民，在止于至善"数语，一读程子所注，便知明德之要义。又《汉书·武帝纪》："夜若景光，十有二明"，一读《后汉书·郎颛传》便知景光之内蕴。有为集此联语，悬示群弟子亦即以此自勖，实寓有深意，在桂城中，一时传诵殆遍。

上述联文，据康门弟子谈，已悉梗概，复有人谓：康氏曾研道、佛之学，及谶纬之节，所集联语又含有神秘性，谓上联之德字，与下联之景光二字，另有隐射，疑为康氏预测光绪帝之将来及大行后情景，故集此联语以留念者，原光绪帝称德宗，崩后谥为景皇帝，是德宗景皇帝五字，已有三字在此联文中，若非预测，焉能如是暗合，因戏为推广有为之意曰：若光绪在位，当努力崇奉赞襄，变法维新，辅成明德。若光绪失权，将随时竭忠爱护，保皇组党，重耀景光。为此说者，似亦持之有故，言之成理，孰意此一联文，竟成谶语，谓有为为预知，殊属穿凿附会之谈，若谓联文字面为巧合，则尚属可信也。又据传说，此一联文，流传颇广，自有为离桂后，尚有人作为春联张贴于大门外者，亦有崇拜康氏而书此联悬于室内外者，姑并录之，以备查考。

## 二十、康有为二次来桂讲学之影响一

桂号边区，又属山国，风气蔽塞，地理使然。鸦片之役，国势渐衰，中法之役，国力更弱，桂区以地处边陲，人民尚图苟安，泄沓犹昔，不知振奋。中日之役，清廷丧权辱国，割地赔款，始稍觉悟，忧国志士，欲图挽救，苦于无术。正费筹思，康有为适于甲午冬末，来桂讲学，地方有心人士，极表欢迎，一时拜门受业者不少。在景风阁开讲后，学术传播，听所未听，时务讲演，闻所未闻，士习民风，渐次改变。无如官绅间尚有隔膜，有为又以有事急需回粤，在桂讲学仅四十日，遂匆匆离桂东下。此第一次来桂讲学之梗概，其影响所及亦无多。

有为第二次来桂讲学，与第一次情况不同，其第一次讲学，注重在学术，以为今文学运动之开展，如所讲者，以春秋公羊学为中心，而以孟子、荀子、《春秋繁露》，及清代庄存与、邵懿辰、刘逢禄、龚定庵、魏默深等之著述，为今文学运动之基础，以达其改制之主张，换言之，即变法维新之愿望。其第二次来桂讲学，除仍指示研究学术方法外，对于文化、政治，统顾兼施，如开圣学会，办《广仁报》，设广仁学堂，为提倡文化教育之开端，亦政治改革之先导。况时与绅宦交游，往还颇密，实含有政治活动意味。其在桂六个月，收获颇多，影响亦大，兹再分述之。

就圣学会诸弟子言：自康氏离桂后，各本其所学，广为传播，可分为桂区以内、桂区以外二组，其在桂区内传播者：龙朝辅、龙泽厚等则仍回桂续办《广仁报》，鼓吹改革，王潜中则回马平，黎尚元回灵川，何化龙回榴江，程式榖回桂平，陈柱回北流，陈太龙回苍梧，陈祖虞回容县，赵元杰回阳朔，及其他回籍者，皆各本师说，展开新文学运动，并讲世界大势，西力东侵，中国危殆之情形，各地方人士，均大为感动。

# 廿一、康有为二次来桂讲学之影响二

康门子弟，尚有一组，陆续分布于桂区外传播者，兹再详录之：汪凤翔（字千仞）先后任广东高等学堂、时敏学堂、两广师范馆教员、旅桂广西学会会长、南洋爪哇华侨劝学所总董。况仕任（字晴皋）任粤督署参议、两广学务处坐办。龙应中（后改名志泽，字伯纯）任广东随官学堂教员、广东女子师范学校监督、南京大学、无锡国专、广西大学教授。赵治天（后改名懿年，字兰生）任上海译书局编辑、广东黄埔陆军小学教官、广西教育司科长。龙泽厚（字积之）任上海商务局会办、不缠足会发起人、旅穗广西学会副会长、广州广府学宫礼乐处教导。凡此皆桂人在康门之卓著人物，皆各在外本其师承，相机传布。

桂人之在京朝供职者，闻康有为到局讲学，输入新知识，新文化，桂区风气，将渐开通，闻讯欣慰。如王鹏运任江西道监察御史时，有为到京往访之，即与定交，有为在京创办强学会，王即参加，有为几次上书，多半请王转达，认为知己。其后康在京又创办保国会，桂人在京任职及旅京者，参加更众。据龙应中说：我与况仕任、黎尚元三人于康师离桂后，即应丁酉本科乡试中式举人，入京会试，适康师在京组"保国会"，三人即参加。尚有广西同乡王瑞芝、刘永年、坞绳绪、宾宗椿、汪鸾翔、李树滋等亦同时加入（并参加保国会题名记），可见桂人入会之踊跃。

又据赵炳麟说（赵字竺垣，全县人，民国后赵任山西实业厅长，余在晋为邑令，以乡谊常晤于太原）：清德宗变法时，康在京嵩云草堂会知名志士数百人，讲演开设保国会，同乡岑春煊（时已由桂入京）、于式枚（后为出洋考察宪政五大臣之一）、关榕祚、王鹏运、龙焕纶（原为圣学会员，入京会试点翰林）及余（炳麟自谓）等皆入会，康失败逃亡后入会数百人几罹党锢。半塘老人，为饯春词寄意，撰《点绛唇》一阕云："抛尽榆钱，难买春光驻。饯春无语，肠断春归路。春去能来，人去能来否？长亭暮，乱山无数，只有鹃声苦。"云云。就赵说以观桂人之入保国会者，题名记之外尚复有人，可见桂人参加之众，亦可见康氏吸引力之宏。而王半塘一词，尤有深意，试咏味之，王氏忧时爱国之忱，与惜友怜才之意溢于言表，由是可知康与王之相知颇深，王受康之影响亦最深，《点绛唇》一阕，悲凉凄惋，实具有无限感慨之意。以上所述，皆与康氏来桂讲学之声气应求有关，故并录之，以资参证。

桂林自开圣学会后，地方人士与绅官，直接间接，所受影响亦多。时唐景崧掌经古书院，即于该院添设算学、时务两课，其后唐复主持广西体用学堂，亦以中学为体，西学为用，除治学（包括经史中外政治）、数学两科外，已添设英文一科，要皆沿圣学会之范畴而扩展。其后由体用学堂，改办广西大学堂，监督陈昭常为具有新知识之官僚，提调先任刘士骥，继任石德芬，皆昔年与康有为在广州同教大馆者，亦不外"改良""立宪"之主张。故广西大学堂之风气，在前半期由于《新民报》之输入，全部员生之学术思想，多半为康氏与康徒梁启超之学术思想所影响。其后半期，中国同盟会成立，《民报》输入，始渐转变为民主主义革命之学术思想。其在政界者，具有新知识之臬司蔡希邠，且为康氏主持开圣学会事，桂抚史念祖亦有札文饬洋务局蔡希邠、向万荣、吴××等通饬全省机构，购阅《知新报》与《时务报》事，继任桂抚黄槐森奏设体用学堂，林抚绍年开办广西法政讲习所，自任所长等等，不胜枚举。凡此，皆桂中政界人物，继续提倡新学，以开地方风气，而启发人心，广西之士气民风，于焉大变。推原其故，实由康氏创办圣学于前，广西社会上下人士振奋图强，发扬蹈厉，继起直追，由曲折复杂之过程，逐渐转变，遂造成辛亥革命之局。似此进展情形，原非康氏初料所及，而康氏不过为开路之先锋，冲破一切障碍，俾后之筑路者，便于施工，或加以改造改道改进，更易为力。若是，则康氏来桂讲学与其前后情况其影响所及，固有莫大之关系，故特详为纪之。

《桂林文史资料》第 2 辑，桂林市政协文史资料研究委员会 1982 年 12 月版

# 回忆康南海史实

康同璧

　　余自幼侍奉先君，听其讲学，及戊戌之变，逋亡海外。旋彼因唐才常革命事败在南洋卧病，余乃只身远涉重洋，追随左右，亲侍起居，是以得侍先君最久，对先父毕生言行、政治抱负、学术思想，知之最详。且先君未刊遗著，尚有数百万言，几经变乱，幸未散失，耄勤之年，仍旦夕揣摩，是以识之最深。有少数人对史实未作辩证分析，或甚至嬉笑怒骂，图快朵颐，失却学者对史实之严肃者，管见认为实无害于先人，而对于后代之教育及史料保存，确属影响深远。兹针对几个问题，依个人所知所闻所见，以及所藏之部分资料，胪陈片段，贡诸史界，以供历史及哲学研究工作者参考，非以辩也。

　　先君南海公出生之时（咸丰末叶），正值鸦片战后，列强虎视眈眈，英法联军陷大沽，迫京畿。其后数年间，琉球灭，安南失，缅甸亡；日谋高丽，英启藏卫，俄迫盛京，法乱滇粤。外患交迫，内政日弊，中国之情事，岌岌可危。先君幼年读书，先后从简凤仪、陈奉生、杨仁山、吕拔湖、朱九江及先曾祖、先叔祖等人就学古经典籍和文学，不好八股，每喜纵观说部、集部、杂史，涉猎群书，日以寸计。其后，感到封建文化远离现实，而民生艰难，国力日削等现实问题，迫切待求解决，乃尽弃考据帖括之学，拟从禅学及道家学说中寻找出路。他曾绝学捐书，闭门静坐，弥月不睡，游思天人，但感到不是出路，弃去。既而，求经纬世宙之学，旋得西学。及己卯（一八七九年，光绪五年），游香港，见殖民地之治国有法，乃决定向西方寻找真理，开始研读欧西历史、地理、政教、格致诸学，其哲学思想体系逐渐萌芽。庚辰（一八八〇年，光绪六年），居家从事古文经学，曾著文批判今文经学家何劭公，旋自认批判不当，乃将原稿焚去，是其对今古经学转变之转折点。继而读史，并及宋明理学与金石之学，博求旁证。壬午（一八八二年，光绪八年）应顺天乡试，不售归来，途过上海，益知西人治术有本，乃刻意讲求西学及新知识，对封建礼教，渐萌除旧之念。

迄光绪十年（甲申，一八八四年），先君结合宋元明学案、佛典，旁收四教，兼及西学，悟齐同之理，以三统论诸圣，以三世推将来。注《礼运》，旋著《万身公法》，后著《大同书》，初秘不敢示人（在彼时是犯禁的），盖以其中有：

"天下为公，选贤与能者，官天下也。夫天下国家者，为天下国家之人公共同有之器，非一人一家所得私有，当合大众公选贤能以任其职，不得世传其子孙兄弟也，此君臣之公理也。"

"父母固人所至亲，……此父子之公理也。"

"男女平等，……此夫妇之公理也。"

"更有二禁：世有公产，则巧者仰人之养而不谋农工之业，惰者乐人之用而不躬亲出力，以公成其私，而以私坏公，则大道隳矣。……公者，人人如一之谓，无贵贱之分，无贫富之等，无人种之殊，无男女之异。分、等、殊、异，此狭隘之小道也；平、等、公、共，此广大之道也。"

"无所谓君，无所谓国。"

凡此，是皆非君罔上、离经叛道之辞。在专制帝王时代，文字狱岂不可怖也哉，是以谨藏于家（曾以出示梁启超、陈千秋及其他门人等，亦皆讳莫如深；吾耳熟焉，故能详也，且幼年曾目睹之），直至民国后清室被推翻，才行校订出版。

同时，先君既手定大同之制，并著《人类公理》（光绪十一年，一八八五年）；次年（光绪十二年，一八八六年）更作《康子内外篇》，内篇言天地人物之理，外篇言政教艺乐之事。二书原稿抄本尚在，或可有助于阐明大同思想之发生、发展与成长也。在史料不足的情况下，有人盲然臆测《礼运注》倒填年月，竟谓先君大同进化思想系受诸严译之《天演论》，是皆妄论。《礼运注》与《大同书》以限于时势，发表较晚，戊戌后曾以历游欧美之见闻补充，博闻广证有之，然决非《礼运》三世之进化学说源诸千百年后之达尔文也。

《大同书》系先君思想体系之一部分，针对封建制度予以全面揭露与批判，呼吁民主自由，反对"君权""夫权"以及封建家族之宗法、阅阀、等级，揭露贫富不均，批判资本主义制度，实一比较全面之规划。外人不知而言大同之立论虽高，但无出路，是不识其实有指南也。其各书中对封建帝王之设想，多番述及，例如称"欲为帝王君长"与"一人称尊"者，为"大逆不道第一恶罪"，应"众共锄之"。既有如此思想，岂能又甘于"保皇""复辟"，其中别有见解，其适应当时之时势也明矣。先君尚有许多著作未发表，世人既攻讦之，吾何辩也。

戊子年（一八八八年，光绪十四年），先君再应顺天乡试赴京，正值马江败后，国势日蹙，登长城远望，无限山河人民之感，曾记有诗云："时平堡堠生青草，欲出军都吊鬼雄。"极道胸中抑郁。时壮年气盛，切忧国事，乃以诸生上书于公卿，并草万言书诣阙请求变法，是为先君展开政治攻势之始。书为朝士所格，未能上达。有诗云："治安一策知难上，只是江湖心未灰。"直售不成，乃从旁为他人草奏折，间接革新，然而宦竖当道，全未能行。旋以旅京日久，渐熟朝局，知其待亡，决然舍归。是非见难而退者也，乃以腐旧势力，根深蒂固，若不能有理论根据，动摇其根本，若无群众支持，仅赖一人之力，是终不能挽救危亡，徒徒然耳。

及归，乃辑《新学伪经考》，以攻"恪守祖训"之谬；撰《孔子改制考》，阐"托古改制"之道；一面开"万木草堂"，博收徒众，联志同道合之士，为宣传鼓动创造条件。

先君《伪经考》成书于光绪十七年辛卯，以前曾分别考据，著有《毛诗伪证》（现尚存稿抄本计一百四十四页，页五百五十字）、《周礼伪证》《说文伪证》《尔雅伪证》《古文尚书伪证》《古文礼伪证》《周官伪证》《时索月令伪证》《费氏易伪证》《左氏传伪证》《国语伪证》《古文论语伪证》《古文孝经伪证》《小尔雅伪证》等多种，均未刊稿。廖平伪称"因《古学》而别撰《伪经考》"，实非事实。廖平所著《古学考》成书于光绪二十年甲午，而先君成书于光绪十七年；廖书抄袭先君之说颇多，识者当能明辨（余将另以专文发表）。犹记先君"草堂示诸子"诗云："圣统

已为刘秀篡，政家并受李斯殃，大同道隐礼经在，未济占成易说
亡。良史莫如两司马，传经只有一公羊，群龙无首谁知吉，自有
乾元大统长。"诗中已概述先君全部哲学思想体系矣。是诗作于
光绪十七年辛卯，亦可为先君学说形成中之一旁证。

甲午战败，李鸿章与日本议订割地赔款之约，先君以爱国救
国热忱，发动十八省举子一千二百余人，公车上书，请拒和、迁
都、变法。无奈宦寺与旧派揽政，胁迫光绪用玺，既成事实，无
法挽回。先君不挠，乃再作第三次上书，提出变法步骤；后又第
四次上书，请设议院，开门集议，是为创"君主立宪"说之始，
终其身所奉行者也。

除第三次上书曾达光绪，引起注意，抄存备览外，余均为旧
党所格。先君以风气闭塞，士大夫不通世事，乃着手办报。复以
欲推广知识，除旧布新，非合大群不可，依靠群众而后力厚也。
且各国之革政，未有不以国民而起者，故欲倡之于下，以唤起国
民之觉醒，振刷国民之精神，使厚蓄其力，以待他日之用。乃创
"强学会"于京师，既而又创于沪上，各地纷纷响应，海内自此
移风。维新变法思想在全国广泛开展，青年爱国志气为之激发，
蓬蓬勃勃，春意盎然。今人每攻南海谓其脱离群众，此实不知南
海者。

胶州案起，俄占旅大，法占广州湾，英占威海、九龙，瓜分
豆剖，已露机芽。先君乃再次上书，沥述存亡关键，且以宋徽钦
移徙五国城为喻，危言耸听，列举明治维新、大彼得变法为例，
陈三策以备选择，无奈又不能上达。至戊戌正月，先由土大臣约
见，再应诏统筹全局，乃痛陈时事，并述无士、无兵、无饷、无

船、无械，名存实亡；而今能变则全，不变则亡，强迫光绪走上维新之路，其中心要点仍为"开制度局以定宪法"也。同时为扩大声势，组织"保国会"。会上更痛陈亡国灭种之惨祸，尝谓："人人有亡天下之责，人人有救天下之权"；"救亡之法无他，只有发愤图强而已"；"苟吾四万万人皆发愤，洋人岂敢正视"。"救亡图存"是结合群众的方向和宗旨，"君主立宪"是政治方针之本纲，二者乃先君多年策划之本旨也。

清光绪帝终于在戊戌四月二十三日颁布"明定国是"之诏书，决意变法，形成史册彪彪之"百日维新"。光绪在当时外衅危迫、分割洊至的岌岌待亡之环境下，接纳先君之策划，主动交出封建帝王之独裁权，而行"君主立宪"之治。公车上书中述及"先王之治天下，与民共之"，历数列朝之政，请开武英殿，"上驳诏书，下达民词"。先君上清帝第四书，则请"设议院以通下情"，"开门集议，辟馆顾问"。应诏统筹全局折中，更明三权分立，提出"以制度局总其纲，商榷新政，草宪法"，并曾专折请开制度局议行新政，请预定开国会期。及至戊戌六月，代阔普通武书折请定立宪开国会，援《春秋》改制之意，直接道破"吾国行专制政体，一君与大臣数人共治其国，国安得不弱"之意。据称当时廷议不以为然，而光绪决欲行之。大学士孙家鼐谏曰："若开议院，民有权而君无权矣。"光绪称："朕但欲救中国耳，若能救民，则朕无权何碍？"由此可见光绪确有主动交出封建帝王独裁权之意，先君当然深动于衷。

戊戌五月二十五日朱批上谕中亦载置制度局，公议新政，着军机大臣会同总理各国事务衙门切实筹议具奏。当时顽固守旧之臣有曰："开制度局，是废我军机也，我宁忤旨而已，必不可开。"新旧斗争之烈，于此可见一般。

犹记先君尝言："戊戌之际，岌岌待亡，欲求救亡图存，厥为彻底变革，除旧布新。"又言："一路哭何如一家哭，欲保生民于水火，于内乱，于流血，莫若变政维新。""天下之变岌岌哉，夫挽世变在人才，成人才在学术，讲学术在合群，累合什百之群，其成就尤速。"是其本旨也，在救亡，在争夺政权，在避免战乱，在保卫生民。至于"虚君"，则先君尝曰："取得政权后，皇室何碍？政权已在民矣。"又称："立宪后，君主乃冷庙一木偶耳，民可立之，亦可去之。""苟能即开国会，立宪法，则法律昭昭，兵柄在握，所有君王帝主、守旧之臣，是皆无所施其技矣。"先君以当时民智未开，群情蔽塞，为适应环境计，实行君主立宪，是一积极手段，时世不同，当然不能以今日之尺寸衡度也，而时人不谅其苦，每责难之。

自光绪十四年戊子（一八八八年）先君第一次上书，迄光绪二十四年戊戌变法维新，十年间，先君手撰奏折（自呈及代撰）近百篇；为谋与旧派斗争，为维新寻找理论根据，撰书近百万言；为联士子，合大群，创立及响应建立之学会学堂遍海内外；为广见闻，通时务，首创报纸于京都，国人办报自此始，各地先后出现之报纸达七十种。是皆与封建独裁作斗争，争取"民主立宪"，救亡图存者也。

而且，在其所有奏折及为新政之筹划中，非若空谈革命，标榜民主自由者，对于内政外交，若工，若农，若商，若铁路，若矿产，若科学，若文化，若币制，若财政，若邮政，若军事，若法律，若官制……均提出一定方案，且有一定措施，虽然泰半学习欧西先进国家，然而莫不结合我国国情，切实可行者。倘能全部付诸实现，未始不能有助于我国社会之向前发展。

先君逋亡海外期间，对光绪确有私人感情，是知遇之感，亦以帝王中能开明主动交出政权者，实世间绝鲜之事，在先君诗文中常可读及。十六年，游三十一国，行六十万里，环大地三周，足迹遍四洲，非游览也，实际在其所经之地、所住之国，无不有精确之考察。其有关历史、地理、政治、经济、交通、矿藏、富源、文化、教育、民俗等等，莫不有详细之记载（现均保存，未刊）。其考察研究之结论，推翻过去对资本主义之向往，在《大同书》中予以一一批判。然为适合于五六十年前之中国，则仍以虚君共和、君主立宪为是。同时，在其所到之处，组织华侨，教以团结互助之道，告以国内情况，勖以救亡图存，有国斯有侨也。己亥年（一八八九年）在加拿大域多利埠时，日与侨众讲论国家大事、爱国原理及合群要道，当地华侨领袖李福基、冯秀石、徐为经、骆月湖、刘康恒等集议创立保商会。以华侨多商人，保商即保侨也；亦即团结华侨，爱卫祖国之意。当时踊跃加入者甚众。旋有人献议，谓皇上舍身救民，保皇乃可保商，该会以保皇为名，似更恰当。先君曾拱手称谢，自是成立保皇会。不久，美洲各埠，先后成立分会。未几，中南美及欧、澳、非三洲，二百余大埠皆立会。海外华侨之国家观念重矣，合众救国之义亦风起而云涌矣。此外，先君并在海外各埠提倡办学校以教子弟，创报纸以开民气，祖传父，父传子，迄今海外华侨对先君倡导之功绩，仍常念念于怀，且尚有若干学校与报纸，当时创立，留传迄今者。越八年，乃易会名为宪政会，取消保皇会名号。

犹记王眉五先生于一九一一年在日本晋见先君时，曾直言询问："何以人人皆谈革命，推翻满清，创立共和，而南海先生却仍主保皇，拥戴君主立宪？"先君以王先生一十几岁青年，对国家政体竟有兴趣，虽直言不讳，未以为忤也，乃详细为之叙述保皇、保商以及君主立宪之道之经过。曾记其言云："我国民智未开，骤行共和，必致内争。墨西哥之九十年内乱，法兰西八十三年内争，是皆前车之鉴。国已凋敝，如再割据内哄，其如生民何？当今急务，不在政体之君宪抑共和，而在救亡图存，避免内争，休养生息，徐致富强，以防列强之瓜分耳。如不急当务之急，争此一空名政体，试问亡国灭种之后，纵国体共和，岂能挽救于万一。印度、安南，即为例证。虚一君位，执以号令全国，政令得以贯通，犹如一大厦，千百室设有电灯千百座，以一总开关，可以启闭，则全楼之明暗一致。纵远处地窖，距离千百丈，相间百十室，无碍也。苟无总开关以司启闭，欲其全楼通明，非所取也。更值列强虎视眈眈，苟行共和，则必群雄割据，正中强夷之下怀，利用其夺利争权，利用其阋墙之战，国其危矣。虚君，虚一土木偶神耳。欧洲诸国，如英国、意大利、比利时、荷兰、丹麦、瑞典等国，所以不惜百万之俸，甘屈躬之礼，以立此土木偶者，盖鉴于中南美争总统之祸，与总统必专制之患，经几许试验，几许战乱，而后乃得此土木偶象之良法。《易》曰'神道设教，万民乃服'，斯时之意也。"

辛亥以后，袁世凯窃据总统位，果如先君之所预言。回忆在光绪死后，先君曾有上摄政王一书，请诛袁世凯以谢天下，书中揭露袁之逆谋甚详；另有"讨袁世凯檄"，缕陈其奸更详。及袁即位，梁启超归国，曾有人谰言先君促其返回襄助，何其不明也甚（当另为文述明当时之情况）。

民国初年，北洋军阀把持政府，割据地方，内战频仍，你争我夺，兵燹流离，水旱荐臻，死者近两千万，杼轴告空，公私交敝，政府惟以丐乞度日，人民惟以水火盗贼为生，民既枯腊，国将破产，一年五乱。斯是政党林立，统一共和党、共和统一党、国民共进会、国民公党、共和实进会、国民公会、共和促进会、国民新政社、自由党、统一党……五花八门，其目的无不在于争夺政治地位，表面倡导"民主""共和""统一"，其实则封建余孽，攫夺政权。再益之以府院之争，南北之争，帝国主义者乘机而入，利用军阀割据，以图瓜分豆剖之狼子野心。是以先君苦口婆心，一再撰著"共和政体论""来日大难五解""中华救国论""忧问""中国颠危说""中国以何方救亡论""不幸而言中"……等等政论，创办《不忍》杂志，并再拟宪法草案，向各处游说。其立志也苦，其用心也专，其爱国也诚，其爱民也挚，其所以力争虚君共和、君主立宪者，以民国光复以来，民主其名，独裁其实，共和其名，专制其实，时势使然耳。

及至一九一七年（民国六年），张勋等于徐州会议上决定拥戴宣统复辟，北洋军阀几全部参与，徐世昌、段祺瑞、曹锟等莫不信誓旦旦，而先君并未参与其谋，且其本旨与军阀辈迥异，故实更非其主张也。兹以其致冯国璋电报原稿，全文照录如下，以述明之。

华甫大总统鉴：顷承明令以仆与胡嗣瑗等同谋造乱，而令有司严缉，尽法惩治。所以表彰仆舍命不渝以救中国者，仆且感且愧。虽然仆数年来尚有同谋造乱之一人，未见明令严缉，令其人耿耿孤忠，不得暴白于天下，仆甚惜之。公自克复汉阳而功不得竟，乃心存皇室，日谋复辟。去年四月，仆以所著虚君共和各论寄公，承公欣纳，面称谨藏未尝示人。吾惟欧美人所力争者，国为公有而已。苟一君私有其土地人民而专制之，则必力争。故奥、普革命逐其君也。及革命立宪开国会，国为公有，则复迎立其君。奥新丧之佛兰诸士及普之威廉第一是也。盖所争者国为公有即是共和。苟国为公有则立民主为司理，立君为大股东，是为名誉经理，无足轻重，而力争之也。故英克林威尔革命为共和，后克林威尔死，迎立故主之子詹士第二为君而实无权，故欧人号英为共和国也。今中国虽行民主实则专制，名为共和，不过少数人争总统总理总长。既得总统，将改帝制，民又不服，争乱而已。非有虚君如英、意、比者，令国本不乱民由以安也。公既眷念故主，又深然虚君共和之说。至于去夏五月六日袁世凯死，公与绍轩二人同心决行复辟，已调兵矣。信誓旦旦，公与咨议长胡嗣瑗日夕密谋者，复辟也。后虽以故而止，实对绍轩不起。昔吾开国是报于上海，公助吾五千元，有感于公之厚意。及二月，公自京不得意而还，语咨议伍君某曰："府院不和，闹至如此，实是无法。民主政权诚不适于中国，今非行虚君共和不可矣。"及督军团事发生，曰张绍轩粗人岂能办此，促吾速出山。谓吾及上海遗老出山，即相从云。又告沈瑜庆曰："吾清室之男爵亦遗老也。吾出身秀才，犹胜于张绍轩之粗而不解治体也。若南海与遗老出山，吾自从之。"人言略同，必非沈瑜庆之诬公者也。故沈子培、王聘三诸公以公之言，秣马脂车，北首燕路，牵率老夫，以至于此。实以公之言非以张绍轩速我之故也。张绍轩复辟时，专治兵而不及政，一切皆其左右刘廷琛、张镇芳等主持，吾一切未得与闻。吾所拟之上谕，主照英制为虚君共和，为中华帝国，及其他除满汉、免跪拜、去御讳、合用新旧历、开国民大会以议宪法、召集国会等谕数十纸，皆不行。吾以不改大清门、大清银行为尤不可。面与醇王及诸王公、世伯轩、陈弢庵言之，皆以为然。诸王皆谓立宪则事事付于内阁，已公天下何必用朝名。弢庵决议将吾草拟之上谕再发，且令大清门及大清银行改名。而刘廷琛等坚持而行之。吾到京三日，拟即不税驾而行。惟仆谬忝人望，恐人谓仆亦行矣，则人心震动，事益难成，非与人共患难之道，故坚忍数日。不意各省督军与张绍轩会议徐州，决行复辟，信誓旦旦，而忽背之也。绍轩提轻兵六千，深入京师，举行复辟者，信诸公同心之故。不图今皆改易面目，大声疾呼，反称讨逆也。嗟乎！不过妒功争权云耳。信义云亡，无事可言。孙毓筠所布告，字字皆实据也。夫舍身家生命于不顾而救中国者，谓之逆，名之贼。仆等则名之同谋造乱，应予严缉，固应耳。夫中国以国为公有而言立宪也，实创于仆戊戌所请。仆以英、奥、德之旧例，虽革命共和亦可迎立旧君而虚君共和，以安中国，令国本不乱云尔，于我岂有赖焉。若袁世凯乃真背叛共和躬自僭帝者。然身后礼以国葬，总统与百官服衰二十七日。而曹锟奖助袁帝百战蔡锷者，后任为直督，则何以称焉。张镇芳等洪宪旧臣，仆固耻与为伍，未尝与交一言。然昔罪止禁锢，今何重也。若段芝贵者，岂非亦助洪宪帝制而同谋作乱者乎，今何以与曹锟并为讨逆司令也。且吾尝面周孝怀曰："段芝泉于复辟如何？"孝怀曰："尝面问之段芝泉，亦谓共和乱国，非君主不可矣。但只可有君主之形式，而不可有君主之精神。"则亦愿行君主立宪矣。若徐菊人，则尤以复辟为主，频令陆宗舆告张绍轩，且与门人陈彝仲、章一山频言之。盖六年五乱，人心厌极，有同然也。仆戊戌以来，主持虚君共和，先后言之，未有改也。先坟掘，亡弟戮，家产没，二十年来，蒙难负罪，未尝屈改，而冀得一官职、争一权利。上质天日，下告国民，仆之心在救中国、拯生民耳。否则仆虽无似，亦不后于今之衮衮诸公，岂不能滑梯锐进，与诸公争一日雁鹜之食哉。但今人都无是非，只观成败，旦夕反覆，有同儿戏。朝对帝制则为臣仆，夕拥共和则争权利。此则仆愧未能，故重陷罪戮，再被抄没，危身破家而不悔耳。惟既曰共和，政体宜公，刑法宜平。若同罪异罚，何以为政。欧美之于讼也，只重证人，而不必据口供。今公等主复辟之证人多矣。今姑举一二人。公有沈次裳、胡嗣瑗在。段芝泉有周孝怀在。徐菊人之证人尤多，有周树模、陆宗舆、章一山、陈夑仲。而曹锟、段芝贵去年助帝制而背共和，尤为彰显，岂能同罪异罚也。仆生平未尝作诬词，亦未尝耽游戏。上帝临汝，万目睽睽，四万万国民俱瞻。其苟有一语之诬，上帝神明是罪是殛，绝我子孙。逆计公下此令时，内扪天良，必有难忍于心者。窃亦相谅，度公出不得已也。今川滇争于西，浙乱于东，粤斗于南，蒙古立于北，滇粤南方已不认假托命令之总理，闻战德已决，则各省反对必多，势将分裂。鸣呼！天下滔滔，何时能安。始不过数人争总统总理以乱天下，既得总统，将称帝制，几何有分毫利国福民者哉！且就今四万万人中，任举何人为总统总理，殆无不争。其高谈拥护共和者，不过少数人戴假面具以欺国民耳。六年五乱，亦可推矣。苟中国长为民主共和，则墨西哥九十年易五六十总统，今亦五将军争立，丧乱如麻之实祸已见于中国矣。中国无孟禄主义以保之，岂能待墨之九十年内争、法之八十三年内乱乎。盖先亡久矣！若天不亡中国，则必如仆说改行英虚君共和制而后能令国本安。不争不乱，乃可言治。请悬之国门，以验吾说之中否也。仆生命乖舛，频被捕戮。戊己庚间悬赏三十万元，屡遭刺客，身经万死。同罪之门人，今已变化高翔。仆又留供公等名捕。然仆之生死自

有天命，与中国四万万人相关，非公等所能为也。仆在
清室自登科第释褐，未受一官，而遭拿戮掘坟之祸，其
惨甚矣。何必复辟以犯显戮？若今诸公，在清朝皆居将
相，穷富极贵，受恩至深，而敢攻讨皇室，以顺为逆，
任意颠倒，欲以一胜之势，只手遮天。内有国民，外有
百国，诚恐亦有所不能也。夫共和之义所以美于专制
者，以与众国共之也。故法国国会明立王党。孟子言，
用人必曰国人皆曰贤，杀人必待国人皆曰可；否则，左
右诸大夫曰贤曰杀，皆未可也。今公等擅设法国断首之
台，以行秦政专制之戮，而冒称共和。试质吾四万万国
民，若能公开国民大会，公决虚君共和与民主共和之是
非，设大审院，选聪明正直者充当审判员，吾不待严
缉，必自当投到候讯，以待尽法之惩治。凡公等同谋造
乱之人，亦当一一投到候讯科罪。否则亦应下令严缉，
尽法惩治。盖大总统被控，亦须赴案听审，无得以一日
大总统总理之故，恃符狡展也。今若沐猴而冠，妄下滑
稽游戏之令，涂饰天下耳目，既贻笑百国，且国民亦难
尽欺也。虽然，仆宁无罪哉。昔袁世凯败于高丽而归，
遍谒朝士，皆恶而不齿之。吾独爱其才气为被饰而卵翼
之。小站之练兵也，吾实推毂焉。吾闻德人之誉小站兵
也，不禁自以为荣，盖视如一家也。袁世凯借以养成，
执兵权以叛我卖我，假共和而盗国称帝。公与段祺瑞及
北军诸将皆生息于小站之中，由小校而至将帅，今养成
兵权，饮水而不思源，数典而忘其祖，又敢假共和之名

捕我。鸱食母而獍食父，乃方今之流行品，何尤于公。但深自责其比匪人而自作孽，以害于而家，凶于而国耳。此则仆负国之大罪，咎无可辞者乎。嗟夫！昔意大利举国主共和，而嘉窝则主君主立宪，而意卒成为立宪国。昔普鲁士举国主共和，而毕士麦则主君主立宪，而普鲁士卒以强。若嘉窝若毕士麦，岂非人杰哉。苟无世界之通识，昧百年之大计，而唯诺畏怯，猥随群盲，以自乱其国，仆岂肯出此。彼李烈钧、方声涛、张开儒、林虎等专言共和，尚属真心专一。惜其泥于民族，不知中外治术之源，而不知嘉窝、毕士麦乃真能安国者。然所为尚非虚伪者也。人皆议公为圆滑，不可捉摸。夫行歧道者不至，蹈二船者易溺。诸公若有忧国之心，应少缓争权势，勿徇共和之虚名，而求救国之实事。惟至诚者乃能救中国，惟公图之。

此电文中明述先君之被诳入京，实际上乃军阀借复辟弄花招，利用先君之旧招牌，而先君为拯国救民于水火，企借此以行虚君共和，开国会，定宪法，统一分崩离乱之中国，而免内外战争之惨祸耳。及抵京后，发觉所交匪人，仅三日即拟离去；求去未果，遂陷斯谤。不久，情势愈糟，先君甚至有无以报国人，遁入空门，了此余生之念，亦云痛心矣。

有人尝谓先君参加复辟是为谋得一官半职，为名为利者，实属可笑之极。念先君幼年不习八股，自分以布衣终，是无功名利禄之愿也。及长，以迫于祖命，应试中式，授职主事，自知非吏才，不肯供奔走，不为五斗折腰，终未到职也。及戊戌变法维新，召见屡屡，非不能得官也，非不能入军机也；奏荐频仍，以先君忠肝热胆，心通时务，非不能得官也，非不能左右朝政也，而终求以办报事差委，可见一般。及逋亡海外，华侨有欲拥立为王者。及辛亥后，各省割据时，犹记有江西（及湖北）某公，亦有拥戴先君为总统之设想，是均不识其志者也。曾记先君尝云："吾志在天人，地实天中最细物耳。以地况天，渺乎小矣，况一国一家乎。"及晚年独创天人之学，认为："地乃天上一星耳，地运行于天上，地上人皆天上人也。人不知天，故不知为天人；如知，然后能为天人。"庄子曰："人之生也，与忧俱来。"而先君谓："人之生也，与乐俱来。生而为天人，诸天之物咸备于我。天下之乐，孰大于是。"且又认为："吾身在地星之人间，心游诸天之无量，陶陶然，浩浩然。俛视地星，不及沧海之一滴也；俯视人间世也，何止南柯之蚁国也。"其胸襟如此，史实如此，毋庸置辩耳。

先君以所生之世，岌岌危亡，其所切念者，乃如何救亡，如何图存，如何拯救生民，如何获致真正民主，而非民主其名，独裁其实之政体也。倘先君能寿享期颐亲见今日之真正民主时代，步向大同世界，其宿愿堪偿矣。

戊戌维新，实以旧势庞大，蒂固根深，且先君之同志中，尚有摇摆不定，甚至出卖革命（如袁世凯）者，其失败也属必然。民国后，对戊戌维新，迄未得公平论断，实当时民主其名，独裁其实，与先君所期望者，大相径庭，学者附和独夫，噤不敢言。解放后，得见毛主席《论人民民主专政》文中，称："自一八四〇年鸦片战争失败那时起，先进的中国人，经过千辛万苦，向西方国家寻找真理。洪秀全、康有为、严复和孙中山，代表了在中国共产党出世以前向西方寻找真理的一派人物。那时，求进步的中国人，只要是西方的新道理，什么书也看。向日本、英国、美国、法国、德国派遣留学生之多，达到了惊人的程度。国内废科举，兴学校，好像雨后春笋，努力学习西方。我自己在青年时期，学的也是这些东西。这些是西方资产阶级民主主义的文化，即所谓新学，包括那时的社会学说和自然科学，和中国封建主义的文化即所谓旧学是对立的。学了这些新学的人们，在很长的时期内产生了一种信心，认为这些很可以救中国，除了旧学派，新学派自己表示怀疑的很少。要救国，只有维新，要维新，只有学外国。那时的外国只有西方资本主义国家是进步的，它们成功地建设了资产阶级的现代国家。日本人向西方学习有成效，中国人也想向日本人学。"此乃客观辩证之论。毛主席在《五四运动》一文中又称："中国资产阶级民主革命的过程，如果要从它的准备时期说起的话，那它就已经过了鸦片战争、太平天国战争、甲午中日战争、戊戌维新、义和团运动、辛亥革命、五四运动、北伐战争、土地革命战争等好几个发展阶段。"将"戊戌政变"排入革命史列，更臻其为真实评价。

吴玉章老先生于纪念戊戌六十周年时曾称："凡是对历史的发展起了促进作用的重大历史事件，不论事情的成败利钝，也不论参加这一事变的人后日的是非功罪，只要是在当时的历史条件下有进步作用，只要是对人民来说是一件好事，我们就要纪念它。……戊戌变法虽然只是一百天，但它确实起了启蒙作用，开风气之先，它要打破陈规旧习，废除八股取士的制度，主张开办新式学校，主张发展资本主义工商业等等。一时除旧布新的政令不断发出，维新变法的学说风行海内。所有这些，在当时都振奋了人心，鼓舞了广大的进步青年。我们在那个时候是很受感动的。"此亦阐明史学家们应持之态度。

自戊戌时起，至先君逝世止，其后半生大半致力于民主立宪运动，对此，刘少奇主席在《关于中华人民共和国宪法草案的报告》中，述及百年来我人民英勇斗争之史实，首先提到："在一八九四年中国被日本战败以后，以康有为为首的改良派的变法运动，就是这种企图的一次尝试。他们希望中国有一个不要根本改变封建制度而可以发展资本主义的宪法。他们的主张在当时受到许多人的赞成和拥护。他们虽然是改良派，但在当时的条件下，他们的变法运动还是有进步意义的，因此引起了反动派的仇视。他们的活动，在一八九八年受到以慈禧太后为首的反动派的镇压而失败了。"先君所制之宪，虽因时代进展而不适于今日，然在当时确有其一定意义，且为中国制宪之始。

侯外庐先生更以历史学家之地位，作出总结。其在《戊戌变法六十周年纪念集》序中称："戊戌维新变法运动是中国近代革命史的一页里程碑。百日维新的领导人物——康有为、梁启超、谭嗣同等是近代中国人民向西方世界寻求'真理'以谋维新中国的先进者，他们代表了中国自由派资产阶级的利益，从历史的、社会的、政治的以及哲学的各个角落，表白了这个阶级的态度、理想和观点。他们的爱国主义思想曾经起过觉醒人民的作用，他们是十九世纪末叶中国杰出的思想家、政治家。"

以上胪陈各项，是仅从个人所知、所闻、所见，追随先君七十年来，对其思想体系之扼要总述。戊戌以迄被请参与复辟，及其以后年代，先君毕生以救亡图存，爱国拯民为旨，以寻求真理除旧布新为的，从学术中创立变法之理论根据，企图在中国施行"民主立宪"，争取人民政权。所列史实谨供历史研究工作者参考。

《文史资料选辑》第 23 辑，中华书局 1962 年 2 月版

# 万木草堂忆旧（节选）

卢湘父

## 康简知名

予年弱冠后，即闻康、简两先生之名。时科举方盛，学者必先应童子试，得入学为博士弟子员，然后得与乡试。故童子试谓之小试，如不入选，则虽老亦称文童也。康先生以年壮，即不应童子试，惟以监生资格应科举。向例凡应乡试之诸生，须先由本省学政，先考一次，谓之遗才，取录后，乃得入科场。凡在廪增附诸生，及恩、拔、副、岁、优诸贡生入选者，十得其九几；惟由监生考遗才，则百仅得其一二。乃康先生辄列第一，盖试官素仰其名，故表异之。试场传为佳话，故予已心识之。简竹居先生名朝亮，为顺德简岸人，早游庠。向例学使每岁考，必试诸生一次，分一二三等，其取录一等之前列者，得补廪生。廪生者，凡童子应试，必须由该县之廪生保送，乃得入场，国家给以廪禄，谓之廪保，而考童亦须由廪保处填册购票，乃得投券入场。故廪生之正项入息，每遇岁科两小考，亦可得百十金。至于营私舞弊，如滥保、枪替等等，花样百出，则非正宗收入，不在此例矣。时简先生岁考取录一等第一名，应补廪生，惟取录后须覆试作实，乃可照补。简先生不赴覆试，试官慕其名，使人召之，亦不往。其言曰："岁试所以应功令，非以谋利禄也。"由是试场又传为佳话，故余又心识之。两先生虽未达，而其学问气节，名动公卿若此。宜夫论者谓广东近代学术，以陈东塾、朱九江为两大派；而九江之学，又有康、简两支云。

## 初游康门

予家贫，不能常具修脯，故予兄弟从师，时有作辍，惟得力于庭训者居多。年二十六，与衮裳兄在乡，各为童子师，藉羔雁以赡家费。衮裳兄已游庠，而予则文场蹭蹬，尚不能掇一芹。乃兄弟私议，非求学无以进取。时有崔、方、吕馆者，崔则磐石太史，方则默谷，吕则缉臣两孝廉也。于是请愿于先府君，欲就学于崔、方、吕馆。府君以吕缉臣为拔湖太夫子之子，与有世谊，因俯从所请。予兄弟得所愿，以为从此致力时文，取青紫如拾芥矣。陈子褒者，与予有戚谊，且为同谱。癸巳恩科中式，与康师为同年，康师第八名，子褒第五，为五经魁之一。榜发后，同年大会，子褒与康师会晤，一见倾倒，即执贽为弟子。盖子褒与任公为友，任公先从康师游，时述师训，子褒已心仪之矣。至是子褒以予有求学之志，乃致书引与共砚。予犹豫未决，还问康师何如。子褒复书曰："上下三千年，纵横九万里，康先生尽之矣。"余乃转计，与衮裳兄分道而驰。盖予兄弟始终共师，未尝分砚，至是乃各行其是。又以此商之府君，亦欣然许诺。盖府君为九江弟子，与康师先后同门，亦有友谊也。余既游于草堂，而康师或北上会试，或远游山水，在堂讲学之时间甚少。惟是同门多绩学之士，大率读书已多，然后来学者，故虽为朋友，而实皆我师也，同门亦绝不客气。直、谅、多闻，兼兹三益，故予虽离师傅，而师傅更多也。

# 草堂徒侣

康门弟子，其全盛时，数以千计，盖遍于各省矣。然在光绪甲午、乙未两年，仰高祠共学者，则约为五十人而已。原有同窗录，惟因咸虾栏之事，恐被株连，故急毁之；其后有无复辑，则未知也。仰高祠情景，至今犹历历在目，诸同学之姓名，尚能约略记忆，今述其梗概，则有如下之诸君：梁任公（名启超，时号卓如，任公则其更字）、仲策（启勋）、麦孺博（孟华）、曼宣（仲华）、曹仲俨（硕）、著伟（泰）、刘青崖、孝实诸昆仲，而仲麟（启麒）、君力（启田）亦任公之从昆弟也，林慧儒（奎）、徐君勉（勤），韩氏同学者，亦数人，韩树园（文举）、云台、叔河、菱甫诸韩皆番禺之古埧人也；陈子褒（荣衮）与予有戚谊，引予共学，予又引容任秋来学，黎砚诒（祖健）原为子褒弟子，亦引为同门；陈荫侬（和泽）与师戚好，康同和、同勤，皆康师侄辈；张伯荫（祖诒）、张砚瑜（达瑔）亦从兄弟，草堂中戏呼为大将军二将军，盖以粤语张、将同音，砚瑜长而伯荫次之也；欧榘甲（云樵）、王镜如（觉任）、陈礼吉（千秋）、潘镜涵、潘梦岩（炎熊）、钟玉文（宝华）、邓仲果、李镇坡、杜乐三、许作韶等。及甲午秋，康师在桂林讲学，有龙伯纯（泽厚）、龙赞侯（焕纶）、程式榖（更名大璋，字子良）、况仕任等，皆同时徒侣。其余或先或后，其数不可胜计，多未认识，更非记忆所及。惟近年如伍宪子（庄）、郑韶觉（洪年）、张智若（学璟）、江霞公（孔殷）、邓元翊、陈介叔辈亦时通闻问。在日本同事，有钟卓京、劳伯燮、李绶卿、罗孝高、罗伯雅等，别后亦少见及。六十年人事多变，杜少陵云，"访旧半为鬼"，而"惊呼热中肠"矣。乙未以后，学徒尚多，而陈重远（焕章）独专力于孔教，尤为特出。当其由进士馆游学美国，即以英文著《孔门理财学》，得哲学博士。世界宗教和平会开会于日内瓦，重远出席演说，并以国语读《礼运》"大同"一章，即推为副会长。上海尚贤堂教士延之演讲，其讲稿即成《孔教论》。所办《孔教（会）杂志》《经世报》，皆演孔之作。在北京办孔教大学，创孔教总会，其支会遍布于各地者百三十余处，一时称盛。其后在香港创孔教学院，余与共事多年，志同道合。此又草堂之特殊人物，尤不能忘怀者也。

## 草堂学风

朱九江先生之学规四条，其一曰"检摄威仪"，草堂亦以此为训。《诗》曰："朋友攸摄，摄以威仪。"故威仪尤为朋友所当注意也。万木草堂之威仪，有足述者。凡上堂必穿长衣，虽祁寒盛暑，无短衣露足者。尔时之蓝夏布长衫，散裤脚，为康门之寻常装束，俗人一望而知其为康门也。康师每次讲授，必先标讲题于堂上。届时击鼓三通，学生齐集，分东西鹄立成行。康师至，左右点首，乃升座。学生依次分坐，中为师席，两旁设长桌东西向。时大馆之讲学也，每击木梆，如乡间之击柝然。而草堂则击鼓者，以"大胥鼓徵""入学鼓箧"，俱见于《礼记》，"鸣鼓而攻"，又见于《论语》，可知击鼓集众，亦犹行古之道耳。康师讲学不设书本，讲席上惟茶壶茶杯，余无别物。但讲至及半，馆童必进小食，点心、粉面不等。盖康师娓娓不倦，辄历二三小时，耗气不少，故须食料以补充之。诸生听讲，各携纸笔以记口说，或交易以通有无，盖各人之所记，互有详略也。甲午春，先生公车北上，乃将《书目答问》，择讲一过，俾学子求学，自识门径，可以归而求之。康师所讲，多为学术源流，然亦偶及八股，尝讲管韫山及袁太史两稿。学生各设日记簿，内分专精、涉猎两门，学者各以当时所读之书，或质疑问难，或发为言论，每星期缴呈。先生为之批答，又时分班召见，考问所学，而谆谆训诲。《论语》谓"有酒食先生馔"，朱子释"先生"为"父兄"，康师则先生、父兄，合而为一矣。康师好游，若在寻常书馆，则诸生之放荡可知；而草堂则不然，师虽不在，而诸友之讲贯不辍，或聚而会讲，各就所得以演述。予浅陋无所发明，主讲者多为同学之前辈，如君勉、镜如、慧儒、任公等，予则惟有听受而已。时康师方著《孔子改制考》，诸生分任编辑，各就所读之书，按类采录，故康师集其大成，而蔚为巨观。学生有读书之益，而康师亦得著书之便利焉。康师博闻强记，迥异寻常，然亦非全恃天资，其学力实有大过人者。尝命门人为之检拾丛残，予见其手录之资料甚夥，而其所弃置之稿，亦盈两大圆箩，随即以付灰烬。乃知古人所谓"过目不忘"，所谓"一目十行"，或"五行俱下"者，殆亦涉于夸张耳。康师举动严重，未尝见其交足叠股。上堂讲授，历时甚久，而八字着脚，到底仍不懈也。先生掌软如绵。予尝在私室习字，先生忽至，予急起，先生止之，即把予手教我，以此知先生之掌特异。予尝闻相士言："掌软如绵，一生衣食无亏。"相法殆有验欤？总之草堂学风严整，无当时陋习，故咸以为怪。盖少见则多怪，实则无他异也。予尝任教于日本横滨之大同学校，时生徒尊师，或相遇于道上，必旁立垂手，俟先生已过，然后敢行。予每出游，亦须注意，遥望有成行排列于道左者，则必与之点首为礼。遭先生于道，正立拱手，先生与之言则对，不与之言，则趋而退。大同学生之此种仪节，盖受礼教之熏陶欤？然时事万变，不知今复何如也。记曰："礼以安上下，定民志。"又曰："有礼则安，无礼则危。"又曰："败国、丧家、亡人，必先去其礼。"故礼教一去，则秩序大乱，上下不安，而民志不定，而败国、丧家、亡人随之。不知当局者，其亦深长思否也。

## 轮值书藏

万木草堂藏书，凡数万卷，分贮百余箱，藏之一室，加以扃鐍，由同学次第轮值，管理其书，专供同门之借读而参考焉。例以一人每月轮值，借书者向当值人声请，借取某书，由当值人检出交付之，借书人则书名于书藏簿记上，还书时，则注销之。每月终，例将各借书一律缴还，检查书藏一次，如欲续借者则从新登记，而轮值者即于此时交代焉。书藏各书多善本，半由康师借出，其余康师之友好，亦多贻赠，历年同学诸君，各有捐送，故集合而成钜观。轮值者颇负重责，盖污损或遗失，当值人均不能辞咎，且事颇烦琐，又妨碍自修，故多不愿当值者。予则乐此不疲，盖幸借此机会，以窥中秘。盖各书多为市肆所无者，惟于此中得之。同学多闭户自修，惟予则于书藏中自修也。李谧有言："大丈夫拥书万卷，何假南面百城？"予则有百城之乐矣。古人有耽读而玩市者，今则市肆所无者，予更得之，其为幸更何如也！岂知予离校数年，经戊戌之变，康师被抄没，而书藏亦散。然秦焚之后，如梁之广陵，隋之嘉则殿等，书籍之厄不少，万木草堂之书籍，特其小焉者耳。

## 公祭陈曹

陈礼吉（千秋），曹著伟（泰），为康门高足弟子。予初入草堂时，礼吉已患病，似是肺痨，而著伟固精神奕奕，而议论风生也。不意未几著伟作古人，而礼吉亦随之而长逝耶！两君于师门从学最早，天资绝特，师常有"助我起予"之叹。《新学伪经考》，两君赞襄编辑，得力甚深。礼吉更以整顿同人局事，积劳成疾。今先后凋谢，康师伤之，乃为位于草堂，率同门而公祭。先生素服摘缨，（时戴红缨帽，凶事则以白布覆缨。）读祭文，凄怆欲绝。同门林慧儒、梁任公、徐君勉、王镜如等，均号哭。盖诸君为长兴里同学，交谊更深。余则交谊虽浅，然为所感动，亦不知涕之何从也。昔者颜渊死，子哭之恸，曰"天丧予"；子路死，有覆醢之事，亦曰"天祝予"。古人师弟之感情，有不能自已者。忆予先府君（讳骥，字达渠）与堂兄端臣（楷），均尝从朱九江游，与同邑唐杰卿（元俊）、朱缉卿（文熙）、刘云樵（观成）、容汉三（思济）、容子麟（祖仁）、区鹤洲（德霖）、区琼石（鸿瑶）、潘次岩（宗传）、潘紫珊（耀墀）、诸世文俱同时共学于礼山，其后结为同谱。及朱九江先生之丧，康、简两先生，固极致力，而先府君与同门诸君子，亦为之助，如营丧葬，立碑记，辑遗书，建祠堂等事。时予年尚幼，亦有所闻焉。今之公祭陈、曹，亦是师友之厚谊，可以振厉末俗者。著伟与兄仲俨（硕）俱同学，然皆寒素。著伟家徒四壁，遗一妻一女。女幼稚，不能自存，林慧儒慨然抚其遗孤，妻乃佣力自给。其后闻并以其女为媳。夫童养媳固非雅事，而兹之义举，又当别论者耳。

## 辅仁精庐

甲午、乙未，万木草堂同学，尚不满五十人，徒侣未盛。君勉、任公、慧儒、镜如、树园等，欲开讲学风气，以期得朋，因为科举时代，故仍以会文为名，用"辅仁精庐"名义，号召各校，假座于西湖街之某书室，开会聚谈，来会者百余人。时韩云台与梁任公合馆于卫边街，生徒数十，亦在会中。惜事属初办，未有条理，徐、梁、王、韩、林诸君，八面周旋，唇焦舌敝，其结果命题会文而已。题为"乃所愿则学孔子也"，文卷近百，汇送潘峄琴太史（衍桐）评阅。太史不列次第，惟选其佳卷，以九州名号列其卷首，余则不复列号。九州之次序，原为冀、兖、青、徐、扬、荆、豫、梁、雍。予卷列一"冀"字，置之卷面，殆即首选矣。君勉得"徐"字，徐而得徐，亦巧合也。时以前列数名，刻板印赠诸友，惜久已散佚，予之原文，亦已不知去向。而辅仁精庐，如昙花一现，未几而风流云散。此则乙未之事也。

## 庆吊定例

《蓝田乡约》，有"礼俗相交"一条，盖从礼从俗，皆必有交际往来之事，人情之所不能免者。康先生以为同门日众，则朋友往还，庆吊必不可少。然人有贫富，性有奢俭，若漫无规定，则厚薄相形，殊为未便；且或有艰于资，而竟至废礼者，亦非朋友之道。乃为之规约：凡庆事则每人半角，吊事则每人一角；遇有吉凶，则同学汇集致送，而当事者亦无庸答礼。于是一律奉行，而庆吊不废。窃以为草堂此例，大可推行。曩时物贱银贵，此一角半角，自可照办。今虽时势不同，亦宜酌量变通。总之从廉做去，使普通人家，亦不至十分吃力。凡事相形优绌，则难以为情；若一律若此，则虽薄亦不以为异。近时风尚，日趋奢华，婚丧之事，莫不夸多斗靡。富者作俑，贫者效尤，在富者仅拔其一毛，而贫者已竭九牛之力。如欲还淳返朴，宜先从各社团各自定例，以为倡始，则附和者必多。有心世道者，其亦有同情欤？

## 讨张弘范

万木草堂，在广府学宫之仰高祠。祠为奉祀广东名宦，如吴隐之、宋璟等辈，凡木主数十，即在讲堂中，同学不甚留意。一日诸友聚谈，梁任公徘徊瞻眺，注视神座，忽哗曰："张弘范乃在此耶？"众趋视，议论纷起。任公弟仲策，年方十八，少年气盛，跃登神楼，将木主摔下，急觅厨刀欲砍之。陈子褒止之曰："勿尔。彼未知罪，俟我宣布其罪状，然后行刑。"乃援笔大书曰："尔张弘范，以汉族之子孙，作胡奴之牙爪，欺赵氏之孤寡，促宋室之灭亡；犹复勒石崖门，妄夸己绩。陈白沙曾以一字之贬，严斧钺之诛。乃复窃位仰高，滥膺祀典；若非加以显戮，何以明正典刑！尔肉体幸免天诛，尔木主难逃重辟，尔奸魂其飞于九万里之外，毋污中土！"此文草毕，子褒向众朗诵一过，仲策手起刀落，木主立碎，等于分尸。众议将碎片，交厨人付诸烈焰，以示化骨扬灰之意。此事虽近游戏，然亦有教育意味。朱九江学规，有"崇尚名节"一条，康先生亦以此为训。九江之名节，在登第时，不肯屈节而完卷，以致三甲；出使蒙古有功，不受蒙古礼物；又不受督抚之保举，已可见端。张之洞请康先生勿攻古文，愿养弟子以万钟；又某党欲引与共事；及袁世凯之利诱，康先生均不为动，亦可表见一二。故其讲学，于党锢、东林，极力表章，以重气节，同门亦以此相砥砺。戊戌政变，六君子之不屈不挠，遂至殉难。同时被捕者，有钱维骥、程大璋。提讯时，有工人谓可诱捕康先生，程蹴之曰："汝卖主耶？"承审官愕然，曰"此必康党"，欲杀之。或曰："此疯汉耳。"遂释之。其余如徐君勉与诸间门之种种救国义举，与夫唐才常之起义，蔡锷之倒袁，皆任公弟子，而皆受康师崇尚名节之教者也。

# 著书被议

先生著《新学伪经考》一书，提倡今文真经，而排斥古文伪经，以为西汉皆今文，古文出于东汉，皆刘歆所伪造，借以诣王莽。莽改国号曰"新"，故谓之新学，非新旧之谓也。盖自郑康成说经，糅杂今古，故经之真伪，久已不能分辨。自《新学伪经考》出，通儒多赏识之。俞曲园得见此书，尝致书与先生，谓"论孔门，不在禹下"，其推许极矣。此书初出，海内风行，各有翻印，凡五版。徐仁铸督学湖南，以之试士。然笃信许、郑者，则大肆攻击。汪鸣銮侍郎，于典粤试者，授以此书，属凡持是说者勿取。张之洞请勿攻古文，愿养弟子以万钟，先生不为动。御史褚成博，草疏付给事中余联沅劾奏，谓为"惑世诬民，非圣无法"，且谓"取字长素有长于素王之意"，其徒更有"超回""轶赐"等号，请下令毁板，并禁其讲学云。有旨着粤督李瀚章查办。幸李文忠、翁文恭、黄绍基、文廷式、沈曾植、曾广钧等为缓颊，于是李瀚章覆奏，为之辨白，谓"《新学伪经考》一书，大旨以古文经为刘歆伪造，欲以诣附新莽者，多引证据，尚非非圣无法；至'长素'二字，实取《文选·陶徵士诔》'弱不好弄，长实素心'之意，非谓'长于素王'；其徒亦无'超回''轶赐'等号"。于是得旨毁板，不复深究。时徐琪为广东学政，粤督覆奏，闻撰自徐手云。当先生之被劾也，谣言纷起，先生乃漫游桂林。奏禁其讲学，而先生乃在桂讲学，从学者甚众，龙泽厚、龙焕纶、况仕任、程式穀等先后从游。先生于讲学之际，成《桂学

答问》一书，而桂林山水，亦多其遗迹焉。是年更游罗浮，同门
叶湘南，在酥醪为道侣，先生乃与之偕，携一仆自随。湘南以与
师长同行，其旅费应由学生供给，乃将旅费交仆人，属勿动先生
囊橐。而先生以为此游为自己主动，赖门人向导，不宜令门人破
钞，亦属仆人支给，勿问湘南。岂知仆人两听命，乃从中而渔利
焉。师生各行其是，不相关照，久之乃觉，而仆已他往。先生叹
曰："上下相蒙，难与处矣。"《新学伪经考》至丁巳重印，只称
"伪经考"，不复用"新学"二字。其题词曰："光绪辛卯，初刊
于广州，各省五缩印；甲午毁板，戊戌、庚子两毁板；丁巳冬重
刊于京城，戊午秋七月成。"然以消流甚广，至民国二十年，文
化学社乃重印，仍其名曰"新学伪经考"。钱玄同为之序，多所
称许，亦间有辨正。文长凡四万余言，自言在俞曲园处，得读此
文，即大佩服云。

## 妇孺韵语

万木草堂学徒，每轻视八股，于考据训诂，亦不甚措意；
惟喜谈时务，多留意政治，盖有志于用世者。余无大志，惟日与
陈子褒讲求蒙学。子褒尝编有《妇孺须知》《妇孺浅解》等书，
以便儿童识字。余亦编有《妇孺韵语》，以各字分类，编成四字
之韵语。先生见而善之，曰："蒙学亟须改良。汝能为此，亦大
好事。今为蒙学假定书目，为之发凡起例，汝试为之。事若有
成，亦无量之功德也。"乃援笔写成一纸以授我，其言曰："中
国文字，苦于太深。童蒙幼学十年，有不解文学者，皆由童学

无书，遽读经史，宜其久无所入也。今拟编蒙学书，以惠天下，俾我中国黄种四万万人，立加十年学问，十倍知识，岂不要哉！仁术觉心，莫大于是。愿编者皆定功课，以孙武令、商君法行之，期于期月必有所成。一、先编《童学名物》一书，著一实物之名，下绘图，俾一望易晓。以童子至近之物为主，不得过万。一、次编《童学南音》一书，以南音之体，发名物稍深者。约四本，用《廿一史弹词》改定。一、编《幼雅》，照《尔雅》《广雅》之例，分十余类，辅以各歌，如天文、地理、宫室、亲属、权量、度衡、虫鱼、草木等类。一、编《童学或问》，以《公羊》调行之，亦照《幼雅》分类。一、编《小说》，用回合行字；编《童歌》；编《文字童学》，照《文字蒙求》，删定为三千字，先实字，后虚字，合《说文句读》《段注》《通训定声》，并《六书略例》，加变改。一、编《文法童学》，实字联虚字法，读字成句［续］，续句成章，续章成篇，皆引古经史证成之。一、编《读书入门》，编《古今事理训诂》，令可以读吾之《大义微言》《改制考》《孔子纪年史》，及《史记》《汉书》《通鉴》、西学。"以上所述之书目条例，皆先生之率臆直书，意到笔随者。余以此略试为之，以授儿童，则殊不适用。盖先生天分太高，视事太易，不能为低能之儿童设想。如中国儿童所读之《三字经》，乃顺德区适子所著者，流行已久。章太炎以为简略，而增订之，以期美备；余亦病其太繁，非儿童所能任受。古人谓"干将补履，不如两钱之锥"，乃知大才之不可小用，而理想之事，又往往不切于实际也。

《妇孺韵语》一书，雅俗杂糅，浅陋已甚，不过游戏之作。

当先生问及时，予甚忸怩，不意竟蒙嘉许，且即执笔书此。先生之不遗小善，而诲我谆谆，故此纸今尚保留，以志师训。其后先生尝以书来，中有句云："弟久以教育闻，想近益进也。"则先生似尚未忘此事也。先生之女同复，尝来就学。先生谓"此女甚钝，幼时尝教以数目字，至数遍尚不能记，余即厌恶之"。同复之来学也，只是随班受业。其后先生又欲令其子同箴来学，谓须如何教法。时男女生徒数百人，不能为之特别教授，则敬谢不敏矣。盖先生天资卓绝，而所见同门，又皆一时之秀，故不知低能者之苦；又岂知近时机器式之学校，旅进旅退，万不能因才施教，而个别讲授耶？

## 满城风雨

岁乙未，衮裳兄辍学返里，复为童子师，余则仍留学于万木草堂。时孙文在广州设农学会，名为讲求农学，实则召聚党徒，阴图革命。同门崔洞若，未知底蕴，遂加入为会员。是年秋，官方侦缉，知咸虾栏某处藏有军械，乃大加搜捕。于是谣言纷起，人心惶惶，一若大乱将至者。全城戒严，白昼闭关，出入多方盘诘。旗人则登城守陴，夜则军队梭巡，通宵达旦，路上行人，几于绝迹。事初起时，崔洞若仓皇走告。同门以其加入农会，恐被株连，草堂原有同门录，至是亟焚毁之，以其内有崔洞若名字也。于是风声鹤唳，一日数惊。余因此返乡暂避，事平乃返广州。所惜者，时同门方共习西文，延师教授，余亦从学，刚读完花土卜，即遭此变，而西文之局遂散。若无此次乱事，则或继续学去，可以稍识西文，不至如今日之熟视无睹矣。崔洞若当时虽受惊险，然自民国成立，则又为革命之先进。祸福倚伏之数，诚有不可测者哉！

　　《万木草堂忆旧》，卢湘父老师文存编纂委员会编，香港文化服务社有限公司代理发行

# 南海先生传（上编）

陆乃翔　陆敦骙 等

## 第一章　绪　言

积天地古今事变之所趋赴，既久既大，若汇百川而至海焉。至关国土之存亡，民化之进退，则伟大之国，涵孕亭育，必有豪杰应运而兴，具卷舒宇宙之气概，以开辟而扶救之。若欧洲黑暗时代之有路德、培根，德之有俾斯麦，意之有加富洱，其赫然已著者也。夫安平之世，不产豪杰，何哉？文明弱时，人物之资格易；文明盛时，人物之资格难。今欧美文明不可谓不盛，人才不可谓不众，而掀天动地、震古铄今之人物，不数数觏焉者，以无特别机会可乘，又无伟大事功可见也。孔子曰："天下有道，某不与易。"佛之降生，不投于极乐世，而投于五浊世者，盖圣哲救世，乘愿而来，无所避择，惟哀民生之艰、民智之塞、民德之坏而来拯救之耳。中国人才固众矣，如何而能为应运救时之豪杰乎？如何而为百川汇海之事会乎？则必当数万年晦萌否塞之世界，而能造成光明灿烂之时；又必承数千年政教凋敝之局势，而将资以扫除更张之任。其人未出见以前，政教之稚昧为一世宙；其人既出见以后，政教之新异别出一世宙。若夫救国土于危微，拯生民于涂炭，登世界于大同，进群生于极乐。日投于危涡沸釜中，以救人为事，无成无败，不厌不舍者，此非一时之豪杰，而为中国数千年积极乘运之伟人也。此非止为中国之伟人，而为全世界积极乘运之上哲也。孟子所谓"名世"者，其近是耶？此诚今日相需最殷，相望最切，而更以数过时可论之，岂果无一人焉出现哉？况今者学校日辟，民智渐开，举国人士，迻译百国之宝书，讲求五洲之新学，才俊如鲫，风云郁勃，必有英绝领袖之者，以应其会。然盱衡国事，横览人才，谁能移山排海、旋乾转坤以举中国开幕之大业者？将来之事，无论成否，后起之秀，虽有奇才，而就变法已然之迹，本人才孕育之由，则今之时势，固自维新开幕之人造之。夫中国开幕维新，其功由于康南海，此天下人所同认。康南海未出之先，中国为一世界；康南海既出之后，中国又为一世界。则中国应万数千年运会之豪杰，非康南海而谁属也！

广东地当五岭以南，受牂牁江万里之流，其山川与中原江河，别为一界，故其豪杰之挺生者，亦往往独张一帜于中原之外。若僧之有慧能，为中国佛教之大一统。而陈白沙之学，随处体认天理，实开王阳明良知之先，其教宗横被晚明，波浸日本，亦可谓浩大光芒，几偶马丁·路德者矣。而思想之精奇，事业之伟大，震惊中外，照耀古今，固当以康南海为烈哉！不揣愚陋，谨掇其末光绝炎，放南海之大光明，以照于大地焉。

## 第二章　家世及幼学时代

先生名有为，字广厦，号长素，又号更生，姓康氏，广东广州府南海县人。咸丰八年，戊午，二月初五日，生于南海西樵苏村之敦仁里，当英统一印度称帝之岁也，为西历一千八百五十六年。康之得氏，自周康叔，或云自刘康公，然《晋书》称名臣雍穆父子出自康居，远莫能定也。其始祖建元，当宋末，自南雄珠玑巷迁南海县银塘乡，又曰苏村。七世以前，谱帙尽佚，莫可详纪。十三世涵沧，当明清际，博学能文，工诗骈体，佐幕河南，游京师，归结楼于敦仁里，实为创业之祖。康氏世以儒称，自其九世至先生，凡十三世，皆为士人。高祖辉号炳堂，嘉庆甲子举人。其时同邑冯学使成修讲理学，为岭海大宗，而文章气节，则钦州冯编修敏昌为大师。公翕受其学，传于弟子，为岭学之正传焉。诗高澹，不求闻达，非礼不履。（载《南海县志·官师传》）从祖国熹，又名懿修，号种之，当咸丰末叶，以一布衣创同人局，办七县团练，境内肃谧，成一自治团体，至今食其赐。（详县志）国器号友之，以才武统兵万人，从左军转战江西、浙江、福建、广东四省，卓立殊勋，官至广西巡抚。曾祖式鹏，字云衢，守刘蕺山《人谱》、陈榕门《五种遗规》之学，其行己严，其及物惠，其仁亲厚，人咸敬之，遂以垂袁柳家法。祖赞修号述之，道光丙午举人，钦州学正，历合浦、灵山、连州训导，粹德至行，诲人不倦，钦、连祀之。父达初字植谋，号少农，孝友才辨。少受粤之大儒朱九江先生次琦学，博通古今。既而从叔父国器之军，转数省，助策画。官江西知县，早世。母劳氏，名连枝，严庄笃礼，抚孤善教。先生传其理学累世之遗种，又少受连州公讲学之家法，故生而聪敏，岐嶷俊伟，刚毅而笃于仁厚，盖传种之理固然也。弟有溥字广仁，以字行，候选主事，死于戊戌之难，与四京卿同戮者。广仁才气蹻跞，神锋峻厉。既从先生学，博极中外，识议高奇。善抚人待士，而大胆刚断，才气横绝，厉悍无伦，有不可一世之概焉。信乎传种之异也。

先生生两岁，能识字，记人事。（劳太夫人于栟榈尝为予言之。后以告先生，先生尚未自知也。）五岁诵诗数百首。六岁受学，一再遍成诵。十岁能属文，作诗歌，尽读诸经。先生早孤，其祖父连州公自教之，日夕导以古圣哲儒先贤豪杰之事迹学行，故举动游戏，即慨然拟古之人豪者。在连州学官署日读书数卷，于历史、地理、掌故尤熟。接诸秀才，抗坐论学，礼法巍然。吏士大集观竞渡，赋诗二十韵，长官诸生，惊为神童，时方十二岁也。其顾视清高，已有独步天下之概矣。其少慧早成卓绝如此。

# 第三章　修学时代

自十三岁后应试，长者强之为科举文。文为八段而相对，故号八股，如欧洲教授法之五段式。然性轶隽，最恶八股之题，割截无理，文义拘牵，不得用后世事以发明事理，实为愚民之具、危国之原。虽奉命强为，既极恶之，不愿为也，即为之亦不就绳墨，故试辄黜。自十八岁，绝不习八股文，且誓废之，而中国千年愚民八股之废基此矣。然此数年中，以试文废学最甚。但既不好，则以其暇肆力于说部诗文、稗官杂史以及文集、传说、技术。家有七松园，老松数百年，藏书数万卷，日坐卧松下纵读之。十七岁得《海国图志》《瀛环志略》，见地球图及利玛窦、艾儒略、徐光启所译诸书，于是异境顿开。当是时窥书甚多，见闻杂博而无师承门径，惟凭好学而妄行，东挦西扯，苦无向导也。

时同县大贤有朱九江先生名次琦者，曾知襄陵县，百九十日，有惠政，弃官归，教授于九江乡。节行高峻，三奉特征不起。博极群书，其学术闳深、端邃，以自治为本，以经世为归，盖合汉、宋之长而探原于孔子者也。先生十九岁，诣九江受学，乃得闻中国数千年学术之源流，治教之正变，九流之得失，古人群书之指归，经说之折衷。于是毅然以大道自任，以圣人为必可至，以一身为必可卓立于大地，以天下事为可为，以群书为三十岁必可尽读。乃谢科举，绝荣进。始研宋、明儒理学，乃寝馈群书之中，日读十数册。自历朝经说、史学、政治、掌故、古今诸子诸教，莫不研究辨难，穷奥洞微，旁及天文、地理、算术、乐律，无所不讲。于是瑰玮博达，粹然大成矣。然先生善思善进者也。二十一岁之冬，自以日埋头于故纸堆中，炫博殉名，神明日汩，思得安身立命之所。乃捐书闭户，上下天地，纵横宙合，彷徨无倚，感极以悲，泫然而大哭，同舍皆惊以为狂。乃辞而入于乡北之西樵山，居白云洞泉石深处，静坐累月。读佛道之书，求魂气之灵，以众生同源，于是戒杀食素弥月。冥心孤往，内视其身如土壤，归视妻孥如偶块，慹然若非人，久之恍然见光明大放，照耀无垠，天地万物，皆成一体，广大精妙，狂喜大乐，以为证圣矣。时二十二岁之春也。

于是以人我同体，不可忘世，乃出游至于香港。骤睹宫室之壮丽，道路之整洁，巡捕之严肃，而知欧人之治术有自来。又北往京师，过上海，入长江，见闻一变。乃尽披总署、制造局、天津、闽、粤之新译书而读之，故见尽释，思想一新。又交海内通人而讲掌故。每游归必载书数箧，读竟复出。山乡无人，竟日闭户，日读以寸，俯读仰思，日新大进。至二十七岁，而中国四库十余万卷之书及新出之书皆毕，自历算、乐律、音韵、声光、化重、地图、兵志、诸教之书，无所不涉。夜则观天而悟诸天之无尽，暇则玩草木虫介而审物理之有条。因显微镜之万千倍，视虮如轮，见蚁如象，而悟大小之齐同；因电光一秒数十万里，而悟久速之平等。知至大之外尚有大者，而诸天为一物，物外有物，则天外复有天焉；至小之中又有小者，血轮如一星，各为一世界焉，剖一而无尽，吹万而不同。根元气之混沦，推太平之世宙。既知无来去，则专以现在为总持；既知无无，则专以生有为存存；既知知气精神无生死，则专以示现为解脱；既知无精粗无净秽，则专以觉悟为受用。既以畔援歆羡皆尽绝，则专以仁慈为施用，以勇、礼、义、智、仁五运论世宙之进，以三统论圣之行，以三世推将来，而务以仁为主。故奉天合地，以合国合种合教一统地球。又推一统之后，人类语言、文字、饮食、衣服、宫室之变，男女平等之制，人民共通同公之法，务致诸生于极乐；及五百年后世界如何，千年后世界如何，人魂人体变迁如何，月与诸星交通如何，诸星诸天气质、物类、人民、政教、礼乐、文章、宫室、饮食如何，诸天顺轨变度、出入生死如何。奥远窈冥，不可思议，想入非无，不得而穷也。合经子之奥言，采儒佛之微旨，参中西之新理，穷天人之赜变；搜合诸教，披析大地，剖析古今，穷察后来。自生物之源，人群之合，诸天之界，众生之世，生生色色之故，大小长短之度，有定无定之理，形魂现示之变，安身立命，六通四辟，浩然自得；然后莫往莫来，因于所遇，无毁无誉，无丧无得，无始无终，汗漫无为，谓悠然以游于世。又以水汽升降，自为轮回，万物皆然，轮回无尽。万百亿千世，生死示现，来去无数，富贵贫贱，安乐患难，帝王将相，乞丐饥殍，牛马鸡豕，皆所已作，故无所希望，无所逃避。其来现也，专为救众生而已。故不居天堂而故入地狱，不生净土而故来浊世，不为帝王而故为士人，不肯自洁、不肯独乐、不愿自尊而与众生亲，为易于援救。故日日以救世为心，刻刻以救人为事，舍身命而为之。以诸天不能尽也，无小无大，就其所生之地，所遇之人，所亲之众，而悲哀振救之。日号于众，望众从之。以是为道术，以是为行己。先生之学，至是穷微极化，开阖驰骤，超然自得。即其后遍览欧哲之书，亦自以为见闻稍增，而无有加焉。

# 第四章　居游著述时代

先生用思太过，至二十八岁，脑病大作半载几死。自读医书，创用西医药愈之。自是改用西医说。其后在上海与其弟广仁开医学会基此矣。

先生于二十一岁，得女同薇。二十三岁，生女同璧。当时中国女子，举国裹足。先生以其残肢体，苦举动，弱种类，少即深恶之，独不为其女裹足。族党哗笑，亲知劝迫，皆毅然不恤。时裹足之俗，行已千年，一国之志士大儒，无敢逆之者，否则女子不得嫁高门。先生二十六岁，创开不缠足会于粤。其后大开会于上海，士夫之名流毕预。同学诸子及同志，分为推广，自湖南、江、浙、川、闽皆开会。今风气丕变，高门大家，皆放足，少女皆不复缠足矣。先生常以中国之大败，士人以八股裹其心，而致民愚，妇女以小足裹其体，而致种弱，其害过于洪水，誓去此二大害。而卒及身行之，自以为救将来万百亿千士人妇女有无量大德，每言此二事，甚喜自夸也。盖先生少以弃八股，谢荣进，甚困苦，女不裹足，家人甚忧怨，多责言，而毅然为此二者于举世千年四万万人不敢为之日，其事至难。而先生不顾困辱议难，排拒家人族党亲友，忤一世而力行，先生自以为尚难于排旧议而行新政之时。盖戊戌维新，下有党人而上有贤君，主持之，故易；若十八岁之绝八股，二十六岁之排裹足，众咻而无一助者，惟一己独断而毅行之，故难。盖先生气魄至刚大，既以为是，则执而行之，锐厉无前，撼山排岳，至坚至悍，而不可分毫破夺。人皆震其戊戌变法之横厉，壬寅、癸卯间不徇革命之坚强，而不知先生见识之卓绝，浩气之刚大，知则必行，风霜不挠，金石不变，自少已然也。先生又自以为少时读书之多，全赖决弃八股谢绝科举，乃有此空山暇日，以求志深思；若使仍事八股，早年得第任官，则无暇为学，必无今日之学识才气矣。惟其才志之远大，气魄之坚强，故能不取近效，排弃一切，冒犯众难以独行其是。即废八股、废裹足二事，皆一国千年之敝俗，压力弥天，乃先生少年以布衣贫且贱者倡之，不二十年间，及身睹其成效。亦可见事无大小，有志竟成，但以至诚行之，大力持之，不顾利害，不徇众议，即可以回天而转日。若哥伦布之寻美洲，路德之开新教，拉萨之开劳动会，伟人举动，必由是。而先生他日维新之业，亦本此焉。闻者亦可兴起矣。先生既证道自得，载笔著作，乃纵游以广见闻。于是居京师，以交士大夫之博达仁贤者。北出居庸关，登长城，以思始皇之雄，至张家口而还；东出山海关，至奉天，以览形势；南游江淮，入苏、杭、扬州、九江至南京、武昌，考其风土物产人情，将欲此经齐、晋、秦、蜀东游日本，以力不逮而止。

盖自二十七岁悟道，即创《大同书》，依几何法，撰《人类公理》。当法破马江之年也，累年有加焉。其笔记《内篇》《外篇》，皆数十万言，奇奥渊伟。又以冥想撰《诸天》一书，视康德、斯宾塞不知若何也。先生于二十八岁时，先得日本书而读之，知其变法有效，乃欲译日本书以悟国人。告之当道，不成；乃自募股二十万为之，又不成。当是时，举国人瞀于外事，欲辑《万国通考》以晓之，皆限于力不就。使是时集股而译成日书，如今日者，则台湾可不割，二万万可不赔，曲突徙薪，不待焦头烂额矣。然则先识之力，岂可量哉！其后先生卒为《日本书目志》刻布于世。又撰《日本明治变政考》，倡言于戊戌时，以明治之变法为法，请派游学日本。今之游学大盛，言治者采取日本，皆用先生法，而皆先生二十年前创言之于举国未开之日，岂不异哉！惜不早知先生而用其言，则中国之强久矣。既无甲午之辱，更安有丁酉胶、旅之失，及京破辽陷之惨哉？

先生于是悯国事之危，乃编成《土耳其削弱记》《波兰分灭记》以为吾国鉴，又编《俄大彼得变政记》《英国变法考》《德国变法考》《法国变法考》《万国强盛弱亡比较表》，皆附论说。一戒一法，针对中国之弊，博深切明。其他经说艺术之书，掇辑甚多，皆于是闲居为之者也。

# 第五章　上书讲学时代

先生既以仁为学，以仁为任，既无所事事，则惟日以哀民生之艰，悼国事之危，为其职业。乃于三十一岁以荫生诣京师，上书言事。是时虽经越南、缅甸亡后，外侮未深，内国无事。先生以为及是数年间暇，急图变法，犹可自强；否则日本变法新强，必将试兵于高丽，而俄不得志于突厥，不能出地中海，乃转而东谋，经营西伯利亚之大铁路，必将窥我东三省，若再守旧迟疑不决，祸机立至，虽有智者，将无能救。词旨痛切，凡万余言。是时京师书店尚无地球图，士大夫皆瞢于外事，而不知忧。虽以曾国藩、左宗棠、李鸿章、沈葆桢所擘画，而仅言炮垒、军备、兵舰、船政、译言诸粗节细末，无统筹全局而请全变法者。中国请全变法之疏章，实自先生是书为始。又是时绝无布衣诸生上书者，咸大怪而姗笑之。时帝师翁同龢管监，以语多忌讳，不肯上达。或有欲逐之者，交友群劝先生隐于文字，勿言国事。乃购中国数千年之碑刻，凡四千余纸，而考玩之，著《广艺舟双楫》一书，以遣暇日焉。嗟乎！使是时听先生之言，又岂有甲午朝鲜之争，今日辽东之祸哉？惟彼哲人，烛照后事，有若神明；而彼昏不知，有一范增而不用，是以覆亡也。

先生常与台谏忠直者游，代为草疏。是时铁路之争，盈廷未决。先生以铁路之于国，犹人身之有血管也，通则盛强，塞则病弱。其于开民智、团国力、兴商工、运货物、便转输、速征调，为富民强国第一义。若虑无款，则以漕运改折，即足办之。漕运之法，乃自二千年前汉萧何转天下粟以实关中，而备荒旱计也，积久弊生。至于今日，东南费官民银二十一两，乃得米一石；至京师，而米久红腐不可食，发为官俸，持售之米肆，值银三钱，是上下空费七十倍之银钱也。若改为折色，则漕运百余万石，每石省二十两七钱，尽裁漕运总督、仓场总督及卫兵数万所溢，且不止此，计岁溢可二千余万。以此每岁二千余万，先筑京镇之间铁路，十年则有二万余万；又以铁路转借而遍筑各省，不十年而全国铁路可成矣。奏上虽不行，而后之筑路废漕，皆如其说。然先生犹强聒不舍，挟各国铁路图表里数之书于袖中，日走诸公而与之辨难。以谓万国皆大开铁路，独吾国无之，不可。且以比利时之小国而每百里内铁路三千里，密如网丝。假若无益，彼各国岂尽愚而倾国为之哉？又是时多请开矿者，而阻挠亦多，先生亦为日游说于诸公前。诸公渐为开悟，而铁路、矿务，至甲午后大开焉。

先生又以圜法日变，各国皆以金为本位，中国尚以铜为本位，一切听金镑之起落，岁亏汇兑无算，宜及早开矿，以铸金钱，而图平准。今虽未能即铸金钱，亦当与日本同铸银钱、行银纸、开银行以补救之。若再仍用元宝马蹄锭及钱串，势必困穷，不可为国。代某御史上言，于是各铸银局渐行焉。

已而高丽东学党有变，日本干预。李鸿章请派张佩纶代吴长庆为驻高丽大臣，经营之，朝议聚讼不决。先生乃草《朝鲜策》，曰："吾能变法自强，则内收为藩属，如欧美保护国之例行之，可得广土众民，此上策也；吾不能变法自强，则宜如瑞士让出万国公保护之，虽辱而无害，下策也；若不能尔，而因循旧制，以藩国之空名，有事不救，则失威，救之则内力不足，必牵连而及祸，东三省必因此而失，是无策也。"是时举朝无及此者。曾纪泽言略同，而不及变法，则必不能自强。论议亦不能贯彻。不数年而日本遂以朝鲜起祸，中国内情尽现，大势遂倒，不止辽、台之割，二万万之赔，至今为梗而已也。

先生居京师二年，既不见听，以国民之愚，而人才之乏也，非别制造新国之才，不足以救国，乃决归讲学于粤城。粤之志士高才倜傥者，皆来从学，凡千数百人。又讲学于广西，再游江、浙、京师，则自陕西、云南、湖南、江西、浙江之才志者，多来请业。先生直指其明德，激发其高志，导之以中国数千年政教学术之源流正变，而以各国之政教学术，比较其得失，于是学者如拨云雾而见青天，骤登于霄云之上，故成就极速，而人才弥众，其道大行。盖宋、明讲学极盛，至清初禁之，于是士人只敢著书，二百年来无敢倡言讲学者。先生乃犯禁为之，故京师、行省皆惊。颂之者以为圣人，而谤之者即以加于孔子，欲创教改制攻之，以先生所著《孔子改制考》《新学伪经考》，多非常可怪之论也。御史余联沅劾先生改制创教，惑世诬民，请焚所著书而革其举人，且禁人从学。书遂焚。先生时为举人，多有救之者，获免焉。此与索格拉底士及朱子之以讲学被禁，有同慨矣。然经此劾后，"圣人"之名，大噪于全国，所至皆震惊，或崇慕之。是时辽东败于日本，议和。先生复至京师，草奏二万余言，合十八省举人一千三百人上书，请力战，勿割地，变法自强。京师上下皆震动。诸举人以宰相孙毓汶贪懦卖国，欲殴之。孙乃派人布散谣言，并阻其书，竟不得达。然此时举人车马集于都察院者，长五里，阗塞院门，台湾举人涕泪哭诉，院长长揖引过。中国数千年未闻有此大举也，虽不行而全国震动。美公使田具闻之，即托人来问先生取奏稿上海刻之，今名《公车上书记》者是也。诸举人有欲扛棺于孙毓汶家而杀之者，先生以必生大祸，固止。孙亦大畏，不敢入朝，遂称病，皇上因而听其去位。士气之昌，至逐宰相，世所未有也。

是时先生既成进士，授工部主事，以日本新和，国事益急，复上书二万余言，请大变法，条目百千，大率采万国之长，以行新政。时帝师翁同龢复相，以朝鲜之事，败于日本，悔前不听先生言，乃见先生谢过，而深重先生。先生乃为革新诏十二道，请皇上施行之。皇上深赏先生言，于群臣奏折中，列第二，发督抚议，次第施行，于是开铁路、矿务、兴学、练兵诸事皆办。先生又送新译各国之书，与翁同龢，翁公乃翻然讲求各国之政事，以启导皇上。皇上于是讲求各国新译书，内殿为满，因尽焚弃旧日无用之书，将以赫然变政焉。中国政权，向在西太后之手。四五月后，以新败耻辱，暂不理政，故皇上与翁公欲次第布置。而恭王不明外事，极力阻挠。西太后于七月即复渐收政权，至十月杖二妃，逐侍郎志锐、长麟、学士文廷式，流御史安维峻于伊犁，逐师傅翁同龢，复幽禁皇上，不得预政，于是中国变法之事为中止。

先是五六月间，先生以士大夫未明外事，欲骤变新政，实未能行。必先得其大明，然后可推行无碍，且大众讲求，而后人才日出。然中国向来禁会，犯者封禁，且致大祸。先生以国势日危，不破禁而开会，必不可救，乃倡开强学会于京师。士夫始而畏之，继而云集。时先生最有盛名，袁世凯先从之，于是张之洞、刘坤一、岑春煊及武臣宋庆等皆捐重金助会。先生自购仪器图，日合志士，讲求国政及变法之宜，声势浩大。先生又以京师禁报，无以开发人心，乃与弟子等日日作文辑近事，托为万国报，又自捐赀，隐然具外国政党之势，而开中国未有之宏规矣。然而创非常之举动，声势愈大，而忌者愈众。守旧之徒，若大学士徐桐、御史褚成博之党人，合议决劾先生。同志乃促先生避之。八月出京后，至南京与张之洞开上海之强学会，大江各省士夫咸集，皆先生主盟。然十一月即被劾，强学会封禁焉。先生复归讲学于粤，开显学会于广州，开广仁学会于桂林，粤督岑春煊、前台湾伯理玺天德唐景崧从焉。又令弟子梁启超开《时务报》于上海，以主机关。梁启超与湖南巡抚陈宝箴、谭嗣同、唐才常等开南学会于湖南，入会者人士万余。又令其弟广仁与经元善开不缠足会、医学会于上海，又开大同译书局，大译日本书，以开民智。会禁既解，举国望风。江、浙、闽、广之间，凡四十余处，会所并立，报馆日起，皆先生倡之。先生举动皆创之于举世不为之日，其始惊世骇俗，大谤大攻；其后易俗移风，大从大誉。在先生徒以震聩惊聋，大开民智，行王阳明、湛甘泉讲学之风，非采外国政党运动之意，而已暗合焉。噫！先生无事不为中国之创举，而适得万国政俗之宜，岂不异哉？盖举世人不敢为者，非全无知者也，由中国向来安静，多事多言，动虑触犯禁网，因而致祸。惟先生向无宦情，故不求富贵；达于死生，故不畏祸患；而仁以为任，故勇气无前；知则必行，故敢创艰巨之事。计先生自三十一岁至四十岁，皆行上书、讲学、开会之事，日夕舍己为国，汲汲不遑。故十年来中国大变之新法新俗，几无一不倡自先生者。盖以至诚行其至仁，以大勇行其大智，其本原则仍自修学之精神来耶？不然，则屡犯劫逐，不悔不改，何其愚也！无先生修学之深，证道自得，超然人表，而后矜物悼世，则必有顾畏退缩者矣。所以维新开幕之业，中国若让先生独任焉。

# 第六章　维新变法时代

先生愤旧国之不变，危殆日至，无术救之，每欲经营新中国，以救其种族。以南美洲为新世界，而巴西尤大，且当温带，气候又类中国，土地肥沃，甚欲移民往焉。时巴西遣人来，求通商，格不得达。先生乃诣京师，见李鸿章而言之。李既允许，而德人忽犯胶州。先生明知言必不行，而不能恝然于故国也，复上万言书，请联英、日以拒德，请法俄、日以变法。其要旨曰：以俄大彼得之法为心法，以日本明治之政为政法。词尤激切，读者拆舌，以过激故不敢达。先生乃投书宰相翁同龢，极言国事危殆，即辞出京。翁闻先生行，即于逾早下朝时，走留先生。时先生束装毕，将上车矣。翁一见即握手言曰："毋行！我今早奏荐君于上矣，谓'康某之才，过臣百倍'。上将大用君，不可行。"是日给事中高燮增亦奏荐先生，请大用。上将召见，恭王、许应骙尼之，请由总理大臣询问变法之宜，若可采择，乃令召见。于是请诸王大臣以宾礼见。先生乃言旧法不可行于万国竞争之时，首请变律例。诸公以练兵患贫，问筹款之法。告之以开银行，行纸币，办印花，设邮政，及各国度支、学校、农、工、商、矿、铁路、海、陆军之法。并言日本维新，仿效西法甚备，与我相近，易于模仿。因述所著有《日本变政考》，及《俄大彼得变政记》。

次日王大臣以所言覆命，上命将《日本变政考》及《俄大彼得变政记》进呈，并令上言。乃上疏请大誓群臣以定国是，开制度局以议新制，开法律局以编律例，开度支局以理财政，立学校局以管新学，练陆军百万以保疆土，购铁甲三十艘以练海军，开农工商局以奖实业，设铁路、邮政以利运递，开矿务、银行以致富实，各省设民政局以行地方自治。上大韪之，即下总署议行，将开制度局，以先生主之。当时胶议甚急，朝士皆震于德强，谓我不能御日，岂能御德？先生谓德强而远，难于运兵，非日本之近之易于调兵比也。若联英、日必可拒德。时日本使人来约相助，而诸公昧于外情却之，又以英国大难与言，遂割胶。然而英使请旅顺大连湾、威海通商，又许助我一万万两，于是先生言英肯相助之说验矣。先生乃告翁同龢，谓宜许英，且宜将辽东各口为万国通商，以塞俄势。俄使巴富兰德大怒，又强以一万万两相助。先生请受英而拒俄，恭王、荣禄党俄阻之，翁同龢不能行其意。于是俄人恐开旅顺、大连湾通商也，乃径索之。先生三上疏，请拒之：一请联英、日以拒俄，英、日必助，败而后割，未迟也；一请用葡虑爹士之例，暂听俄人占据，而非吾所割，后犹可取也；一请开辽东各口岸通商，以益各国，而拒俄。又鼓动朝士争之，复令门人麦孟华联公车千人上书拒俄。而李莲英、荣禄阴受俄赂，那拉后又常倚俄，卒割与之。是时朝议纷纭，不暇及内政。先生乃欲开议院、倡民权以图保国，于是鼓动京师士大夫及公车举人，各开政会。先之广东则有粤学会，次之则福建林旭开闽学会，继而御史杨深秀合陕西、山西两省开关学会，四川杨锐则开蜀学会，而直隶、湖南、浙江、江西、云南、贵州六省，次第成会，而先生皆预会主持之。是时先生实行欧美政党之法，以期宪政之立，中国政党民权之举动，始倡于是矣。至三月各省志士毕集，乃合满、汉十八省之士夫千数百人，开保国会于京师。大众投票公举先生主持演说，先生乃陈国事之危，倡民权以保国。楼上下听者咸满，至有感而泣下者。当时来见者日百数十人，应接不暇。又分日夜之力，往各省会馆演说。客来无暇见，见亦不能答拜，多有怨者，谤言大发。御史黄桂鋆、潘庆澜、李盛铎联章奏参先生聚众不道。皇上曰："会能保国，岂不甚善？"以先生尝编《日本会党考》进呈，上知各国通行之俗，可励民气，故不禁也。既而黄桂鋆再劾保滇会、保浙会，士大夫遂畏缩。先生与日本公使矢野文雄开中日协助大会，议稿极精详。矢野行之总署，为俄人知而责之，又不行。时旧党甚炽，翁相同龢被劾。先生于是上疏请定国是以明赏罚，引赵武灵王之胡服，秦孝公之变法，俄彼得及日本改革之故。皇上深以为然，以四月二十三日，即下明定国是之谕。旧党震慑，举国欢然，知变法之可望矣。于是翁相同龢及翰林院侍读学士徐致靖、湖南巡抚陈宝箴、内阁学士张伯熙皆荐先生才大可用，乃于四月二十八日召见。先生极言分割荐至，非变旧法，不能自强。然小变而不全变，改其一而不改其二，连类并败，必至无功。譬如一殿，材既败坏，势将倾覆。如小小弥缝补漏，风雨既至，终至倾压；必须拆而更筑，乃可庇托。然更筑新基，则当度地之高下广袤，砖石楹桷之多寡，门户窗棂之阔窄，灰钉竹屑之琐细，皆须全局统算，然后庀材鸠工，殿乃可成。有一小缺，是殿终不成，而风雨终难御也。今数十年所言变法者，率皆略变其一端，而未尝筹其全体。又所谓变法者，须自制度法律，先为改定，乃谓之变法；今所言变法者，是变事耳，非变法也。请统筹全局而全变之；又请先开制度局而变法律，乃有益也。昔于变法之事，尝辑考各国变法之故，曲折之宜，择其可施行于中国者，斟酌而损益之，其可施行章程，条理具备。若皇上决意变法，可备采择。泰西讲求三百年而治，日本施行三十年而强。吾中国地土之大，人民之众，变法三年，可以自立。自后则日蒸富强，竞于万国矣。就皇上现在之权，行可变之事，虽不能尽变，而握要以图，亦足以救中国。惟大臣皆老耄守旧，不通外国之故。惟有擢用小臣，察拔贤才，不吝爵赏，以京卿、御史两官分任内外诸差，则无事不办。其旧臣姑听之，惟彼等事事守旧，请皇上多下诏书，则彼等无从议驳。其极论变法之条理甚多。上深契合，如鱼之得水也。于是授总理衙门章京，并督办官报，特令专折奏事，参大政。乃奏请统筹全局以变法，先开制度局，广召贤才以立法。上首允之，屡令总理大臣及军机大臣会议。时上未有全权，大臣挟西后之势，未得行。乃将敝政先剪薙之，首请废八股以开民智，次裁漕运以理财政，裁冗官以清积滞，改冗兵以强武备，去武科之弓刀矢石以习枪炮。漕运始于汉世，凡二千年；武科始唐武后，凡千一百年；八股始于宋王安石，凡一千年；冗兵制始于宋，已千年；冗官亦积千百年之旧制。凡此皆积力莫大，举国俯首，千年来无限志士名臣咨嗟愤叹而不能行其一事者。皇上乃悉行之，一朝而雷霆霹雳，数千年之积敝尽扫而空。先生乃请开举国大、中、小学堂，以教育国民，尽废淫祠以充经费。上即电督抚立行之。以工艺不精，请立专卖特许之格，有能著新书、辟新地、制新器者与以破格之赏，尤大功者，与以高爵。上命先生定条例，并立报馆律例，皆立施行。以日本尽译欧美之书，我译日书，可费省而期速，其效将百倍，乃请开编译局以译日本之书，及定教科书。上即命梁启超任之。请派游学日本欧美，请派王公大臣游历，请速开经济特科以集人才，请许天下士民上书以通民气，上皆立行。开智之事既办，乃请于各省、府、县开农工商局用各国之新法，以裕民生。百数十日之间，凡上六十余折，皆见施行。而事非大者，不及详录也。昔所进呈之《日本变政考》，为西后取去，上复追原本。乃按照日本变法之次第对乎中国应变之法，每条加议，博深切明，可立施行，凡十四卷。上览之，大喜，日置左右，次第择而行之。上又追取《英国变法考》《德国变法考》《法国变法考》《波兰分灭记》《土耳其削弱记》《万国强弱比较表》进呈，上大感动。并进所著《孔子改制考》以讽变法，《新学伪经考》以正经术，《日本书目志》以备采择。上大嘉奖，即赏编书银二千两。西后向来专权，以旅顺之失，甚惭。上乃曰："我不能为亡国之君。若不与我权，我宁逊位！"西后不得已佯听皇上办事。而上不能出一意，必待群臣请奏，乃以请于西后，然后得行。故枝节而为，全局不举，群言淆乱，谤议沸腾。西后已预逐翁同龢，而令荣禄督直隶，将兵于外；以新旧不同，深恶皇上之变法；更政柄不舍，尤虑皇上之收权。内外大臣，皆观望不前，人皆为先生危之。先生之弟广仁，频相劝行，先生亦知其难，有去志。而皇上固留，不能行也。既而皇上欲开议院以予民权，大学士孙家鼐谏曰："若与民权则君权废矣。"皇上曰："我欲救中国民耳。君权之有无，何论焉！"先生闻之，为感泣效死。先生所陈，本末咸备，以皇上无权，而当时沮谤万端，谣言蜂起，不能行其万一。先生大忧之，乃因进呈《波兰分灭记》，痛切上万余言。上赫然愤怒，乃斥逐诸臣之阻挠新政者，亲作诏书，谓"生民失职，皆朕之罪"，欲拔先生入相。先生力辞，乃用先生之门人谭嗣同、林旭及杨锐、刘光第为四军机，参预新政。先生拟筹款六万万，以二万万筑全国铁路，限三年成之；以二万万练兵七十万，及购铁甲三十艘；以一万万分立船坞、炮台于海疆，开海军学堂及银行；以一万万补助农工商；以全国矿务或藏边作抵。大新官制，经营蒙古与新疆及东三省、西藏，合满、汉改为维新元年，易服制，迁都于南方。日夜纬画大谋，上皆然之，决开懋勤殿议政，令先生主焉。

# 第七章　政变蒙难时代

变法之事日急，旧党恐惧，荣禄、刚毅、李莲英密谋于西后，决废上，多奔告于先生者。先生乃请以袁世凯调兵入卫皇上，乃超拔袁世凯为侍郎。七月二十九日召袁世凯，八月初一日荣禄已调董福祥之兵入京，备废立，初二日调聂士成之兵守天津，以防袁世凯。外谣既重，宫中之消息亦急。二十九日，皇上交杨锐传出密谕，谓西后以恶新政故，将废帝，立嘱与同志妥速密筹，设法相救。得旨彷徨，乃托人走于英使馆谋之，二使皆避暑于北戴河。时日相伊藤博文约见先生，又与谋保上。而八月初二日皇上令林旭传亲笔朱谕，令先生出走。先生以未能救上，不能行。谭嗣同与先生之弟广仁以救上自任，先生乃奉命出京。初四日奏报出行，初五日搭英国重庆船，往上海，十时开行。是日皇上召见伊藤博文，赐之坐，而与之言。西后疑之，自屏窥之，皇上不得言。既退入，西后怒，以足踢皇上于地，慢骂数罪，即囚皇上于瀛台。初六日，六时，即围捕先生于南海馆，逮先生之弟广仁及弟子二人并诸仆役。既不得先生，则闭城门而大搜，停火车以绝往来，派兵三千，大搜于京、津，并停天津之船，又皆不得，则飞电各省，严捕先生，并逮家属。先生方过烟台，重庆船泊数时焉，先生从容登岸，购五色石，买莱阳梨，其危险极矣。时登莱道方以事往莱州，途中得电，不能译，至莱乃译，惊而归捕，则重庆船行之久矣。初六日荣禄乘特车入京柄政，乃调飞鹰铁舰自天津追之。飞鹰之行海里倍于重庆，而奉调过急，装煤不足，中途而归。将至上海，先生尚吟啸于船头，而上海道蔡钧已日日查船捕逮矣。蔡钧恐尚未周密，以先生之像与各国领事，请其助捕。英国总领事璧利南，昔在广州素闻先生名，更慕维新之业，破例相救。盖船泊在三十海里内也，于是有兵船二号追英船，英亦调兵舰二号夹船以相抵。英以驻沪兵船尚少，乃调驻威海之二等大兵舰候至，乃始护行至香港焉，盖防中国之海中劫掠也。方难未发时，荣禄预造谣言，谓皇上有大疾，先生进上红丸。及璧利南遣濮兰德在上海船中以伪旨示先生，谓先生进丸毒弒皇上，即行就地正法。盖欲杀先生后，即弒皇上，而归罪先生，一案两结，万事皆清。及先生为英人所救，即无他名义以弒上。于是无可如何，而日以皇上伪病药单，布告天下，其药方皆杜仲、茯神、枸杞之类，以掩饰天下耳目；又预为病重，谋弑皇上之张本也。然而先生不死，皇上遂能保存，蒙难艰贞，万劫不坏，岂非天哉！且中国四千年来，变乱亦多矣，未闻捕一匹夫而烦铁骑三千，闭城一日，停铁路一日，停船一日，调铁甲一号，飞电十八省，天罗地网，张布严密，而卒不能捕，岂非天哉！既不得先生，则大捕党人，逮四军机杨锐、谭嗣同、刘光第、林旭及御史杨深秀并康广仁而杀之，流尚书李端棻、侍郎张荫桓于伊犁，下侍郎徐致靖于狱，革侍郎王锡蕃、阔普通武、湖南巡抚陈宝箴、湖北巡抚谭继洵、新疆巡抚曾鉌，驱三品卿出使日本大臣黄遵宪，其余京师十人，庶僚无数，纷纷逮革。而梁启超亦几被捕，不免于天津焉。自是禁报馆，捕主笔，尽翻皇上所行之新政，而复其旧。海内骚然，万国震动。于是荣禄、刚毅力行暴政，而中国之危机更迫矣。

荣禄既诬先生毒弑而不得，乃于八月初八日下伪谕，称先生结党营私，则其罪更轻矣。十三日又称先生谋颐和园。七日之中，罪名三变。既不得先生，又严捕家属。而官场中有深知其冤者，密令人告先生家属，令速行。于是全家避之港、澳，幸无恙焉。乃籍没先生家产，及万木草堂所藏书三百箱，下诏焚先生所著书，遍搜天下坊间所有，付之灰烬。此数月间，先生濒于十死，而国事之存亡，皆与先生相关，亦大矣哉！

# 第八章　遍游各国立党开会时代

先生居香港巡捕官署，守卫甚严。居二十余日，日本宰相大隈重信迎先生于东京，将与谋救上事，而大隈罢相。居五月，游加拿大，游英京，还居加拿大。国人争迎之，所到接观者以千数，道路皆塞。先生为演说，激励国人，而国人皆感先生之义，忧中国之危。乃于己亥六月十三日，创开保皇会于域多利埠，而温高花、二埠继之。先生遣其徒徐勤、梁启田、陈继徵、欧榘甲分布各洲，奔走演说。于是南北美洲、澳洲二百余埠，人百数十万，忠义愤发，章程严整，为中国向来政党未有之大会焉。八月母病，先生在加拿大接电，归香港视母，于是十月矣。是时荣禄盛张武卫军，七万余人，购备各国精械，费数千万金，盖将为废弑皇上计，以预防天下勤王之兵也。先生早忧之。及十二月十九日，先生阅报，见承恩公崇绮预备召见，乃大惊曰："大难作矣！废弑急矣！崇绮者，穆宗毅皇后之父也。自皇上立后二十余年，西后未尝召见。今奉特召，必为穆宗立后．且行废弑必矣。"二十日，遂遍电各埠保皇会数百万人发电入北京力争，若不听，则皆举兵勤王。二十四日果立溥隽为大阿哥，而连日四十六埠之电，百余万之人名，已入京师。那拉后每得一电，辄色变，荣禄手颤衣震，深恐民心之变也。遂于二十七日下伪谕，为皇上祝三十万寿，于是废弑之事不成焉。盖中国旧制，新君即位，必于正月元日。是时光绪二十六年之新历，已改刻普庆元年，盖将以元日令溥隽即皇帝位，故预于十二月二十四日立嗣也。不意保皇会先于二十四、五、六日救电纷来，伪朝震动，不敢废弑，致皇上无恙，中国之生机，犹存一线，保皇会之力，岂不大哉！而先生之同志，如知府经元善，及各省之门人纷纷电救，薄海内外，齐举并发，皆先生早为布置。若非先生以母病归港，则不知内事，补救已迟。元日既立新君，则旧君之弑，亦不远矣。呜呼！所关亦大哉。

后朝以保皇会电救之议，深怒先生及梁启超，乃悬重赏十万金以相购，大遣刺客于途。各省督抚各加赏金，累至三十万。特遣李鸿章至广东以图先生，并掘先生数代先坟，毁其骸骨。李鸿章不以为然，抗旨皆不肯行。先生乃去港而避居于星加波、庇能间，英督乃馆于督署，将两年，盛加护卫焉。

荣禄、刚毅与载漪，既不得逞其篡弑之谋，恶各公使之袒新党也，乃谋逐公使，则彼得猖狂废弑而无碍。于是载漪亲为拳匪之长，鼓励拳匪，大杀外人。五月之战，赏银十万，明降伪谕矣。于是八国联军攻天津，国事危急。皇上在奇险之地，而迁幸之事，日有所闻。李鸿章进退无据，以保皇会人多款足，密令人告先生起勤王之师。先生亦忠愤逼切，遍为布置，将如日本义士挟萨摩、长门例，欲挟大藩而勤王。而上已幸陕，和议亦成，故先生罢兵，不复再言兵事矣。

回銮之际，天下欣欣想望太平，以变法自强。既而不闻复辟，人心望绝，海内愤无所施，多有言革命自立者。先生乃为书累数万言，力言内讧之不可，举印度以为戒。盖方今国争之势，贵在合国，而不贵在分民族；只可言立宪，而不可言革命也。若行革命，则中国鱼烂土崩瓦解之期立至。盖先生自戊戌入京，即持满汉不分，君民同治之说，至今犹持此议。其识见之坚定，经万变而不摇如此。日本前相大隈伯及前文部大臣犬养毅，皆力言中国现势，不可行革命。中国之大，有识者惟先生一人焉。美国某大学堂教习言："十九纪为民族战争、君民战争之时，二十纪地球之势，只有国争而非民族争之时矣。"识者乃叹先生之早见卓识为不可及也。先生五六年来之舍身救国，百经险难，新政虽不成，而八股废矣，学堂开矣，日本译书千数百种遍于全国矣，游学于外国者数千人，而日出不穷矣，矿务、铁路日开矣，农工商之新局郡县日增矣，陆兵日日增练矣，银行、印花、邮政次第拟设矣。凡先生规画之政，虽其精神不举，而其政体形式，则虽西后、荣禄之极力反对，乃亦若学生之奉承师法，萧规曹随，尊守奉行，不敢分毫少异。乃至社会万事，如戒缠足、满汉通婚之类，皆从先生之旧说，无有一人一事一议，出先生之范围者。先生救国之大本虽未逮，若其行政之粗迹乎，则已转移天下，巍巍乎其有成功矣。夫考黄河者必导源于积石，泛长江者先滥觞于岷源。今之诋先生、毁先生、攻先生、讦先生者，固无所不有，后进之宗旨殊异者，诬谤且有不可言者；然言维新开幕之功，扫弃中国数千年之旧俗旧政而更始之，以为中国四万万人百世之计，挈日月而行，转雷霆而下，虽中国多才，而先生为之开创，为之凿空，为之导师，舍生犯万死为之。此无论识与不识，恶与不恶，实为天下所同认，而深仇大怨者所不能反案逆词者也。先生将来之事业，不知如何，而就已成之业论之，先生舍身救国之功，适际万国交通之会，已为数千年所未有矣。

# 第九章　康南海为政治家

先生之任国政，而敢于变法，天下所共知。然其政治之设计，未行其万一也。盖先生最深于中国历史，自其童时读《王制》《周礼》，即曰以经营天下为事，故讲求掌故至熟。每言政事，举历朝之沿革得失，朗若列眉，口如悬河；又采日本新译欧美之书，兼各国行政之学，千条万绪，损益折衷。其天性至近，其用功尤勤，又老于阅历、深于事变，下自民间以及朝廷，中自华夏以至外国，通于上下，行遍四洲。先生之为政治家，有若天假其遭遇以成之，非人力所能为也。

先生为中国首倡民权之人，主行立宪法，以维持于君民上下之间，故比较各国宪法之优劣，最醉心于英。而以为英宪法积数百年乃仅成之，非中国所能骤至。中国积弊已深，危局尤迫，非假专制之力，不能扫荡宿弊，则无以救危局，而捍大地压迫之势。以日本明治元年变法，至明治二十二年乃能立宪，日本地小民寡，尚须迟之二十二年；中国地大民众，变法甫萌，若骤开议院，众盲同室，法且难变。故先生心在立宪，而行在专制，义在民权，而事在保皇，似相反而实相成，诚中国因时立宜之政体不得已者也。先生以为国宪虽未立，而民权必当先与。虽以俄之专制，而郡县议院，皆已先开。故最力持地方自治之法而先倡之，以为国家万政之本，皆在于公民自治。自治不立，则民政无本，而图籍、警察、卫生、医药、学校、山川、道路、桥梁、农、工、商、牧、赋税、民兵，皆无其本，而空以国政行之，粗疏不举，荒芜不治，虽有广土众民，弃无所用。中国大弊，莫甚于此。故先生之言公民自治，至谆切也。于戊戌年前办其乡之同人局，已举行公民投票，立自治之法。其地虽小，然规模实为中国民政雏形之首唱第一声矣。先生以为新政若行，当以地方自治为第一事。中国本有此政体，一立定法，则厚生利用，理财练兵，可一旦收效矣。

先生以中国官制为最不善，其所以讲求中外官制，至为精详。以为中国欲变法，非变官制不能为功。所著有《官制议》一书，会通中外，斟酌至善，可举而行之者也。先生谓分者当极其分，宜行地方自治；合者当极其合，宜行中央集权。中国督抚之权过大，乃至养兵筹饷，皆自主之。故户部无筹饷之权，兵部无练兵之权；故理财之统计无方，而盗贼之间发难灭。国之不强，颇由此故。然其所由，实缘土地过大，铁路未通，京师无由遥制之；即强为遥制，而户、兵两部之控辖，过于远大，更难得宜，反不如督抚之就近整顿，易为功也。分权固不可矣，若欲骤法欧人之集权，其事甚难。先生于行政独立官，拟分为三十余部。盖以土地之大，十倍于欧洲大国之法、奥、德，而他国无论也。欧洲各国立部之少，此政党人才不足耳。中国今未行政党，则多立为宜，必直隶于上，乃能行政也。德之理财凡七部，英之理财凡五部。其治地也，英则有内务部，有地方事务部，有埃尔兰部，有苏格兰部，有印度部，有殖民部。英之内阁凡十八部，并五独立官而计之，凡二十三部。波斯立二十部。况中国之大，不分立多部万不能专精而讲求之，故有事多茫然无措矣。

分部名列下：

内政分九部

一曰北部　直隶　山东　山西　陕西

二曰东部　江苏　浙江　江西　安徽

三曰中部　河南　湖北　湖南

四曰南部　广东　福建　广西

五曰西部　甘肃　云南　贵州　四川

六曰辽部　奉天　吉林　黑龙江

七曰蒙部　内外蒙古

八曰回部　新疆

九曰藏部　前后藏

凡一部之中，其官吏皆内外迭用，及地险物产皆司焉。如此而后屈伸联贯，如身之使臂，臂之使指也。每部管地，略如法、德、奥之内部：庶几稍小而易治，过此则类俄、突不能治矣。

**理财分六部**

一曰度支部

二曰金部

三曰银行

四曰海关

五曰盐政

六曰国债

凡此六部分职，庶几理财不紊。

**民业分八部**

一曰农部

二曰工部

三曰商部

四曰虞部

五曰矿部

六曰畜部

七曰丝茶部

八曰移垦部

交通立四部

一曰邮政部

二曰电信部

三曰铁路部

四曰海港部

文事分三部

一曰文部

二曰教部

三曰美术部

武备设三部

一曰军机

二曰陆军部

三曰海军部

陆军之下，分军务、军饷、军律、军医、军学五大局。而各省分设防营，照德国之练兵制，以七千人为一军，全国百道，每道一军，百军为七十万人，足以自守而立国矣。次第练民兵，以中国人民之多，虽得千万战兵可也。先练沿海沿边之兵，东三省当有十军，蒙古当有六军，新疆当有四军，云南、西藏当有四军，沿海七省各需四军。内地则可减少，若有铁路通之，则减半足矣。中国今日在自守以自治，不烦多兵也。先生谓海军当积年为之，每三年置三十艘，十年之外有百艘，可竞武于地球矣。吾国沿海自珲春、营口、秦王岛、天津、三门湾、上海、厦门、福州、汕头、广州、北海，皆海港也。创办之始，当经理营口、天津、上海、福州、广州五大军港，每港镇舰二，巡舰、快舰各四，共五十艘，而鱼雷、水雷可多设。先开海军学校，机器学校，造船学校，设水路局以查水道，设炮术所、鱼雷水雷所以习海战。随时遣舰分巡各国殖民地，而商人可保护矣。

法部、外部，若其供奉之官，则今中国设官十之九皆是。然如宋制立宣徽院，俄、德、日之制立宫内部，直称为供奉部，尽括供奉诸臣可也。

其余旧部都察院为行政裁制之官，审计院为核数之司。

右凡三十八部，除供奉及审查二司外，余三十六部，皆入政府，行英国内阁合议之制，而设总理大臣总之，如此则分司既得精详，而大政又可合议。其各省地方官皆统于内部之本部；其各省理财之布政司隶于度支部，而不隶于督抚；其各省之农、工、商、矿、虞、盐、铁路、邮政、电线、海港，咸设分官，直隶本部，而不隶于督抚；海、陆军各隶本部，不隶于督抚；若是庶几可以中央集权矣。惟辽、蒙、回、藏四地，地方大远，非京师所能遥制，必令地方官有大权，兴利除害，乃可保存。则当如立国之法，若英之于加拿大、澳大利亚、印度，听于本地分立各部，而以一总理大臣总其事权。而中国督抚之制，又太体疏而权小矣。

先生谓直省行政之官，有督抚、司、道、府、县五级。如床上架床，司、道、府三级，皆冗而无用，此万国古今所未有之制也。考之汉、唐、宋之州、郡以百数，治地皆如今道、府。宋四百州，则不及今半府焉。欧洲各国立省，皆如中国之州、县。至大莫如普鲁士，亦不过中国之一府而止。若今中国之一省，皆当欧洲之大国，而仅以一督抚通上达下。一县之下，古为侯国，亦似德国之二十五国，而彼皆分设十余部大臣。今仅得一知县，下无佐官，又无乡官，至于佐杂，本不得预民事。一官而治数百里之地，此尤无理者也。今宜于政府之下，地方自治之上，设官二级：其通于上者以每道为一区，立一督办大臣，位视督抚，以总其政；其达于下者即以各县为一区，超升知县之官，以今之道、府为之。其每道之下，分立各司，若警察、卫生、学校、户籍、赋税，以及农、工、商、矿及本土所有之地宜，皆设专司，听大臣自拔人才，即以今之道、府、州、县，及京僚绅士之可用者辟之，有差无官，但论人才，不论品位，务以兴利宜民为职。每县民政长官之下，分设曹司十余亦如之，以今之同通、州县佐贰为之，及绅士之有才者听其自辟，有差无官，惟论人才，不论品位，务以兴利宜民为职。其现在各道、府同通无用之官，皆可裁汰。每县设数判官以司讼狱，各大乡市过万人者，皆设评事官以判小讼，设游徽官以佐警察，赋税、视学、邮政、山林，皆分设小吏所，收税即付之银行。其有不隶县官者，县官兼监焉可也。其听讼兼设陪审十二人，听地方公举之。若是则行政能举矣。

理财之法，固今中国所最亟也。德国汉堡以三十里之大，而税入九千万马克，则中国之大，何求不得？变法十年，虽百倍于今日所入税可也。欧洲自屋地税、人口税、品物税、营业税、所得税、累进税、印花税、邮政税、公民税、奢侈税，卖官有地所入，及官专卖所入，无微不搜，而民不怨者，以其为国民之公故也。当万国竞争之世，非广学校，强兵备，则国不能立，而民且为奴虏。方今之世，所重在国，则不得不少屈于民。欧洲各国，则十余税一，英、美二十税一，日本三十税一。而中国千分税一，所入太少，安得不贫？然中国民穷财尽，骤欲师欧洲税法，万不可行，当斟酌而消息之。其本则在多下诏谕，多设报馆，令民皆明国民之义，有担荷之责，然后举公民而行自治。即量各地公民之税，以之养兵，则因现在之兵费而加之，虽练七十万兵之费，固绰绰有余矣。中国知直税而不知间税，印花、邮政间税也，取诸民而不怨。英国地税二千余万，而印花、邮政则二万万余，凡十倍于地税。法国亦近是。以中国之广土众民，既变官制行自治之后，而印花、邮税所入，必过于地税。数年铁路既通、地利既辟之后，则可十倍矣。其他重烟酒奢侈之税，若荷兰之烟政，印度之盐法，皆可行之而无大损于民者也。户籍既清，地图既明，则官有之山林土地既多，可以卖之于民。若其本源则在开银行，行纸币，则一万万而可得二万万之利，且令民便于转输，易兴工商之业。以现金购铁舰、机器而偿国债，以纸币兴内利，凡此数端，可得数万万。其于购铁舰，开学校，筑炮台、船坞，修道路，厚官俸，派游学之费，绰有余裕矣。数年后，农、工、商、矿大兴，则民富而国随以富。安有以中国万里之大，四万万人之多而患贫者哉？先生治国之法，条理夥赜，逆计将来之治，三二年而条理一新，诚非区区之小册所能达其万一也。先生于蒙古、西藏、新疆、东三省之治法有专书，采英之治加拿大及印度者为之，条理繁密，亦非数纸所能尽。中国矿产弥满，而辽疆、蒙疆、回疆金矿尤多，先生之最考求而注意开辟者，将以铸金钱厚财富也。

中国人多而匠巧，物产最富，工价最贱，性俭而耐劳，商信而冒险，其在大地乃工商之国也。工价贱于欧美十倍，而每日作工倍于欧美。若铁路既成，地利既辟，商运大开，以其良工贱价，多仿欧美式制作器物，器精美而价廉贱，必能畅消于五洲。以人民之多，作工之盛，而讲求商务，善其运输，虽以五洲作华工之府库可也。故先生以中国为第一工国而最注意焉。

中国民贫，由于人民之多，故养生不精，而种族以弱。欲以富民强种，非移殖不可。东三省、蒙古、新疆荒地极多，铁路若成，则徙南方之民，以辟北方空虚之地，一举而两利备焉。至南美诸国，若墨西哥、秘鲁、智利、阿根廷、波利非、巴西，皆新辟之土，地沃民寡，于中国殖民最宜。而墨西哥、巴西之气候，与中国相近，先生尤注意焉。

近者颇有满、汉之讧。先生以为方当国争之时，凡在国人，正宜团合一体；即在蒙、藏、准、回，既在国内，当引为同胞，岂可兄弟阋墙，以召外侮？故力斥排满之说，而专以团合国人为事。若一经分立，则中国破碎而为印度，不可救矣。先生曾称俾士麦、加富洱力行尊王，合诸国为一，而后德、意乃强。若与俾士麦、加富洱相反，则必与强霸之德、意背驰，而同于印度矣。盖先生之经国，专以俾士麦、加富洱为法，此先生之远识苦心，欲与天下共之者也。先生政治之说，条理万千，重规叠矩，变化万方，不可究尽。今仅录其一二，亦庶几窥豹之一斑焉。

# 第十章　康南海为教育家

先生之为何人物不可定，若其教育之成效已昭昭矣。盖先生以其极博之学，至深之思，而又有中正之行，威严之仪，宽裕之德，肫肫之仁，不倦之诲，大雄之辩，于大教育之资格，无不具备；又穷而在下，日以成就人才为己任，故诱掖奖劝，妙为风化。弟子之从学也，奉之如神明，故习心无不化；信之为圣哲，故新异无不从；依之如慈母，故艰苦无不悦。其施多方，皆创中国数千年所未闻未睹。如游异国，入宝山，及行深山大泽，但见瑰玮珍奇，山穷水尽，又复柳暗花明，引人入胜，故无不神移意解，而日至于超胜也。此不在乎受学之迹矣。以故弟子成就最多，乃至闻风私淑者亦复卓然有立；而累经患难，弟子之从之益坚，先生亦以一切付嘱信托。此乃中国之所寡见，从古教主之迹乃见之，不可以寻常教育家论也。先生每日辄谈一学，高坐堂上，不设书本，而援古证今，诵引传说，原始要终，会通中外，比例而折衷之。讲或半日，滔滔数万言，强记雄辩，如狮子吼，如黄河流，如大禹之导水。闻者抵舌，见者折心，受者即以耳学，已推倒今古矣。其始见之时，因才施教，择其上根，大声棒喝。其不能受者即退，其能受者则终身服膺焉。其所讲所授，自各国古今之道德、政治、宗教、历史、文学、词章、物理、地图无不有，而尤以中国为多，孔子为主，盖爱国之义有然也。其日课也，令学者皆自笔记，发其自得之意识，故人人得以言论自由，而先生乃折衷之，虽浅学亦立能浚发性灵，速跻高明焉。其读书分专精、涉猎，令门人日阅数册。其聪敏之士，成就甚速。十人则令一高才者为斋长以摩发之，故相观而善。又以古者乐舞，俯仰屈伸，即今之体操也，故创行乐舞；捐购图书，以令贫士得读之，故立书藏，皆设司焉。设博文、约礼两科，分立学长。博文科以道问学，约礼科以尊德性。而先生之教，智育之外，德育为主也。故先生令人读宋、元、明儒先之学案，薰陶兴起之，浸淫既久，使人勿畔。故同学者皆有志于圣贤，辛勤于爱国，不陨获于贫贱，经大变而能自立不失也。凡游先生之门者始而敬命，数月有得则悦怿，经年有所成则欢喜，数载味之，益乐则不厌。中国学校，法虽不全。而各国学校，所胜者图书器物耳，至学校教习之与学生，精神少结合。故斯宾塞尔为近世哲学第一，而不经学校。若日本之吉田松阴、福泽谕吉以一师开学，成就尤众，日本维新之业赖之。先生教育之日，不过数年，而成就如此之速且众。虽图书器物，远不若欧美之盛备；而精神之教育乎，欧美国设之学，散漫奚能比也！

先生近游海外，所至兴学，尤注意于柏他斯罗之国民教育。癸卯，游爪哇，先在巴城、三宝陇成立中华学校，为之草定章程，遣其门人林奎、陆敦骙等主持教务。各埠闻风兴起，盛于时矣。至今南洋华侨之得受中国教育者，皆先生提倡之力也。若非有精神之教育，道德之涵养，岂有当哉！近人知权利而恶道德，尤可鉴先生所为教焉。

# 第十一章　康南海为宗教家

先生之于宗教，盖性有近也。自其少读孔、佛、耶、回、婆罗门之书，游观祠庙，俯仰已深感之矣，其后游历考求尤深。先生以为民智方幼稚，不可遽去迷信也，故无论其从与不从，皆以为有益于世而不非之。其所得于佛学，深证华严称其智，耶稣爱人如己、舍身救世称其仁，于摩诃末仗剑行教称其勇。然先生尚仁者也，故于摩诃末有不满焉。其谓佛言诸天无量世界，仁及众生，轨道最大，千年后必大行之，但论太高不能行。耶尊天合地，平等人类，不及于物，故今最盛，而轨道小于佛，然过于回矣。然先生以耶氏尊天爱人，道直捷矣，然言魂灵不如佛之精微，言世法不如孔之详备。佛之道博大精微矣，然言出世法为多，不如孔子言世法之周详也。且二教者皆于中国历史风俗不宜，而孔子之道最仁最精最大，故先生之布教于中国以孔子为宗也。

旧学之述孔子者，以为孔子但明人道之德行也，尚君、父、夫之纲维也，笃礼之拘压也，保守服从而不发扬也，于是新学者有疑之。先生研究于孔子之道，凡数十年，无书不读，无说不破，层进曲入，辗转得诸遗文口说，因推明而光大之。乃扫除旧学之伪托于孔子者，而孔子之真相，乃重得光明发露焉。其发明孔子学之真伪、大小、正变有三：

一曰荀子之礼学，秦汉以来因之。

孔子之道，有天道，有人道，人道有大同、小康二者，惟颜子具体而尽传之。子贡传其天道，子贡传之田子方，田子方传之庄子，故言在宥而与天为徒也。有子传其大同之道于子游，子游传之子思，子思传之孟子。曾子传其人道之小康者，其后学传之荀子。

今将《礼记·礼运》篇孔子之言大同小康之道录于下：

大道之行也，天下为公。选贤与能，讲信修睦。故人人不独亲其亲，不独子其子，使老有所终，壮有所用，幼有所长，鳏寡孤独皆有所养。男有分，女有归。货恶其弃于地也，不必藏于己；力恶其不出于身也，不必为己。是故谋闭而不兴，盗窃乱贼而不作。是谓大同。今大道既隐，天下为家。各亲其亲，各子其子，货力为己。大人世及以为礼，城郭沟池以为固。礼义以为纪，以正君臣，以笃父子，以睦兄弟，以和夫妇，以宅田里，以贤勇智。以功为己，故谋用是作，而兵由此起。禹、汤、文、武、周公，由此其选也，以著有过，型仁讲让，示民有常。其有不由此者，众以为殃。是为小康。

孟子称尧、舜以民为贵，君为轻，又听国人之公议，一切与民同之，乃大同天下为公之法。先秦、西汉之儒，皆传荀子之学。荀子大攻子思、孟子者，故孟子之学不著，于是大同之道不明矣。

二曰刘歆作伪之古文经，魏晋以后用之。

《诗》《书》《礼》《乐》《易》《春秋》六经，皆孔子所作，以改制立法治天下者。《诗》《书》《礼》《乐》，则因旧文而删定之，是为今文，前汉诸儒传者是也。刘歆乃伪造古文，托之周公，增改六经，改乱孔子《春秋》之说，而以秦、汉之制，窜入经中。凡王者作威专制，用奴隶及阉人百官，皆供奉一君之说是也。乃谓孔子仅述先圣，非改制之教主，而《公》《穀》废，口说亡，而微言大义与之偕亡矣。孔子作《春秋》也，立三世义，每一世中又有据乱、升平、太平三世为九世，重之为八十一世，以至于无穷，皆视其时而行之。曰据乱世，专制政体也；曰升平世，立宪政体也；曰太平世，共和政体也。至太平时，则内外大小如一，《易》曰"见群龙无首吉"，"乾元用九天下治"也。无君并无大统领，众人公举，太平之至也。自刘歆之学行，于是二千年不知孔子升平、太平之义，而进化之路绝矣。

三曰朱子之理学，宋、元、明千年以来从之。

朱子生更后，为刘歆之学所蔽，则于君臣夫妇之法，加之益严，为曾子《论语》所困，故修身更苦，而礼乐歌舞，及人道养生致乐之事悉为扫除，则孔子之大道，遂为偏安割据，而无所余几矣。今人但以《论语》为孔子学，此朱子之说；岂知六经皆孔子作，而《论语》仅弟子所记之言行，不足见孔子耶？

先生乃发明六经皆孔子所作，而《易》言阴阳该天人，《春秋》定立宪、明三世，孔子之道因人情而为礼乐，不如朱子笃守《论语》，仅修身寡过。于是宋、元、明千年严谨狭隘之学说破矣。先生有《论语、大学、中庸注》以明之。

先生又发明今文经说，作《新学伪经考》《孔子改制考》，明孔子为改制之教主，空文之素王，如去世爵、奴隶而平族级，开学校、选举而登秀民，抑君权、禁专制而定宪法，戒同姓为婚而中国人种遂至繁。于是刘歆二千年伪乱之学说破矣。

先生又发明《春秋》三世之义，《礼运》大同之说，作《春秋笔削大义微言考》《孟子微》《礼运注》，以明孔子于据乱小康之外，尚有升平太平大同之道，随其时以变通之，以为进化之计。是荀子二千三百年保守小康据乱之学说破矣。

是故先生以渊深之思，综博之学，发明孔子之微言，著太平大同之道，于中国推及于天下，以济生命，而荡扫数千年拘陋伪谬之旧教。其识见之奇绝，而气力之宏大，前无古人，后无来者。其与马丁·路德，略有类焉。先生所发明孔子之教育繁多，今择数如下：

孔子为博爱义而非独善义

孔子主仁，栖皇饥溺，以救天下；遍游各国，以行仁政。其道之序曰亲亲、仁民、爱物，博爱至矣。己立立人，己达达人，岂止"己所不欲勿施于人"而已哉！仅独善其身者，非孔子之教矣。

孔子为进化义而非保守义

孔子有三世法，由据乱进于升平，由升平进于太平。为进化计，则仅保守据乱法者，非孔子之教矣。

孔子为自由义而非服从义

孔子言"我不欲人之加我，亦无加诸人"，即我自由而不侵犯人之自由也。但据乱之世，未能速行。《易》曰"志在随人，所执下也"；又曰"闻斯行之"，贵自立而恶奴性也。则仅言服从者，非孔子之教矣。

孔子为爱国义而非天下义

孔子《春秋》内其国而外诸夏，于鲁书"我拳拳于父母之邦"，忧其政之不修，兵之不振，耻异国之弱己。则但言天下者，非孔子之教矣。盖孔子《春秋》有临一家之言，有临一国之言，有临天下之言。

孔子为平等义而非仅立级义

孔子之礼，君答臣拜，父母醮子于阼而拜之，婚礼下达夫先于妇亲迎迓轮。若去奴隶，去世爵，中国数千年先受其德。仅言立级者，非孔子之教矣。

孔子为鬼神义而非仅人道义

孔子系《易》曰："圣人以神道设教而天下服。"《礼记》曰"明命鬼神，以为黔首，则百众以畏，万民以服"；又曰"体魄则降，知气在上"；又曰"若魂气则无不之也"。精气为物，游魂为变，则言无鬼论者非孔子之教矣。

孔子为立宪义而非专制义

孔子之作《春秋》，盖制定宪法以为后世法，故中国数千年多奉之。其升平法称文王则君主立宪法，太平法则称尧舜则民主立宪法，若据乱世则专制法，孔子固已拨乱世而反之正矣，所谓"岂使一人肆于民上"也。则仅言专制者，非孔子之教矣。

孔子为民权义而非君权义

孔子之作《春秋》也，于梁亡则许民之去其国，于卫人立晋则许民众之公立君，于莒人杀其君庶其，则许民诛其无道之君，所谓"贼仁谓之贼，贼义谓之残，……闻诛一夫纣，未闻弑君"。

《尧典》称"师锡"，《盘庚》称"登民"，孟子称"国人之议"，皆民权也。若仅言君权者，非孔子之教矣。

### 孔子为广大义而非褊狭义

孔子之义博大繁赜，无所不有，任举前哲后贤诸教主之说，孔子皆已有之。故庄子谓其四通六辟，本末小大精粗，其运无乎不在，乃真知孔子之道者也。孔子圆满周彻，条理万千，无所不备，而出之以时，此所以为至圣也。不知者谓孔子之道如何云云，皆得其片鳞只甲，而未窥其全体也。孔子曰："书不尽言，言不尽意。""书"者孔子所作之六经也，"言"者弟子所记之口说也，"意"者孔子思议之不可测。其作《易》也，专事变易，上下无常，惟变所适。世人心思狭窄，不能容受，聊举数条，与欧美新学同者以证印之。后世之理日新，孔子之时宜适变，亦与之而更新焉。其与仅明一义者，广狭不啻天与一人之比矣。其有疑而欲攻孔教者，亦无所措矣。

## 第十二章　康南海为哲学家

先生以聪明睿智之资，最能好学深思。其于中国之书，既无所不读，于诸哲之学，既无所不寻，而又能推而愈上，凿而愈深，故旁推交通，精深微妙，至于圆通无碍，不能尽，无可测也。

先生受质甚厚，其读诸圣之书，而特揭其宗旨曰：人者仁也。人苟不仁，则无以与人交处。故以仁为教，则人能安能乐，可渐至于太平大同；以不仁为教，则人人互不能保，而人道立灭尽矣。中国以桃杏之核名之曰仁，盖一核之微，含生机者甚大，他日之参天荫亩，本于是焉。仁者生机也，生生而无穷；不仁者死机也，闭塞而立绝。故近取诸身，远取诸物，上本于天元之一气，下散为分子之无限。知泡生于海而复归于海，故万物皆一体，而示现偶殊；知电周于空而待引于空，故一气皆相关，而牵连并日遍。于是以人为同本于天，而群生皆为分形而同气焉，则四海皆兄弟，而万物为一体，而实行博爱之道焉。以其一身之畏痛苦而好智乐，知人之有知觉者亦当有同，则必思与人同之，则行推心加彼之恕道焉。以世界之共进而相推，知一人之独乐不能乐，而世界之同乐乃真乐也，故不求一身之乐，而冥想天下之乐。

先生验于万国学说，谓凡诸圣哲之辛苦艰难，经营纬画者，虽说尽百千万亿之法，皆不过为人道去苦求乐而已。即婆罗门及佛之弃家入山，舍妻去肉，过午不食，终日一食，结草茹粪，跣足乞食，乃至背生苔藓，饲虎啖鹰，其行至苦，然其欲望，乃求不生不灭之至乐，要不外去苦求乐而已。若孔子之为人群制礼乐，美文章，立政法，崇德行以养护之；索格拉底士、柏拉图、亚里士多德之学，皆以为人道计；耶稣之尊天爱人，钉于十字，亦以为人道计；要在于乐人而除其苦患焉。

因斯而推，天下之道术虽多，而先生括之，曰仁与不仁两道而已。其仁、不仁等差之高下，即以其及于人者之多寡定之。其苦多而乐少者不仁也，其乐多而苦少者仁也，其无苦而全乐者至仁也。宗旨既定，先生乃取古今万国宗教、政治、文学，诸圣诸哲，列其学说，比其事迹，为一仁表，一纵一横，分以百度，而各如其苦乐多少、仁不仁之容积，以定其等差，而人间之公理定义，即由是而推决以为祈向焉。今先掇其九等仁表列下：

| 上上 | 爱全世界普遍人类以及鸟兽昆虫草木。 |
| 上中 | 爱及世界人类太平大同极乐。 |
| 上下 | 爱一国而能救之，为兴利除害。 |
| 中上 | 爱一群及其乡邑，而能兴利除害。 |
| 中中 | 爱一家，能养亲育妻、子，惠及宗族亲友。 |
| 中下 | 爱一身，能自立，衣食住不依赖人，不毁损肢体。 |
| 下上 | 一身中仅爱一体纵欲，而百体不爱焉。 |
| 下中 | 一身不自保，或游惰致饥寒，纵欲致疾病。 |
| 下下 | 非徒害身，又害其家，残其国，以祸天下。害家者次之，破国者又次之，祸天下者下下矣。 |

先生又验古之历史，谓人道有"仁"之一点，故圣哲抱翼而推广之，故人道日进于文明，而其古旧遗传不仁之种俗日以淘汰；故患苦日除，而安乐日加。故去苦求乐者何？进化而已。

按：先生言去苦求乐，与边沁功利义近而不同。边沁所言专在内欲；先生虽言求乐，而统合魂知、德性、身体而言之，周备而无流弊，过边沁远矣。

是故先生之哲学

天元同气之义　非无元之义

博爱行恕之义　非自私之义

去苦求乐之义　　非苦行之义

进化之义　　　　非保守之义

好生之义　　　　非好杀之义

先生以其自得之学，推心之仁，博爱之慈，求乐除苦之气，于是游于世间，舒其天眼，以俯视古今种种穰穰之人类，皆见为含痛茹苦，烦恼无量，可悲可怜者焉。其目列下：

人生之苦七

一、投胎

二、夭折

三、废疾

四、蛮野

五、边地

六、奴婢

七、妇女

天灾之苦七

一、水旱饥荒

二、疠疫

三、火焚

四、水溺

五、火山崩震

六、屋坍

七、船沉

人道之苦五

一、鳏寡

五、圣神仙佛

先生观自今以前世界万国之人道，无一不以为可悯也；又观自今以前世界万国之治教，无一以为尽善也。谓地球诸教主之降世说法投人也，不过入狱中画烛以照之，煮糜以食之，裹药以医之，温词以慰之，而皆无术救人以出苦恼之地狱也。先生之仁及天下，目空诸圣，其高远亦可谓至矣。

先生既悲悯众生，乃日夜思所以解缚除患，令天下万世人人出狱之道，于其二十七岁悟得之。最美孔子大同之道，乃因孔子大同之说，著《大同书》凡十部：

甲部　　人世界观众苦

乙部　　去国界合大地

丙部　　去级界平民族

丁部　　去种界平人类

戊部　　去形界各独立

己部　　去家界为天民

庚部　　去产界公生业

辛部　　去乱界治太平

壬部　　去类界爱众生

癸部　　去苦界至极乐

去国界合大地奈何？先生以为人道之苦，苦甚兵争。一战杀人，盈野盈城，惨莫大焉。然凡仁人豪杰，皆冒大不韪而躬惨杀之事者，则以有国故也。既有国界，则莫不自私其国。夫既自私其国，则不损伐人之国，安能强大己之国乎？且纵不欲损伐人之国，而人之恃强大来欺凌者，己国亦不得不极力御之；不御之则自弃己国，不保其国民，尤预于大不仁之甚者也。故大地之上，兵争惨剧，皆由有国界之故。然则欲去其争杀之惨，以保生人，非尽去国界不可也。国界既去，则大地为一公世界、为大同胞，相亲相爱而谋全地之公益：

一、全地法律画一，不得有异例。

一、全地度量衡画一，不得有异制异名。

一、全地语言文字合一，不得有异文异语。

一、全地数以十进。

一、新历法。先生自创新历，尽扫各国太阴、太阳旧历法。以人居于地，依地为法，至为切也。故以昼夜之一日名为一转，以地一转日也；以地转日三百六十五之一年名为一周，以地绕日一周也。其转自有余之四分之一，凡四周而溢一转，则四年为一闰转焉。地有四游，夏至、冬至，则可以东游、西游名之。于某时某日号曰某游第几转，于某年某时某日则曰第几周几游几转，则年月日之旧名，分十二月、三十日及二十八、九、三十一日之支离不切于地者皆可删也。

每转可分为十时，以时表名之曰十刻，其二十四时、十二时之散碎不整可去也。每刻之中分为十分，每分之中为十杪，每杪之中为十摆，皆以十为数。然人之休息，用来复日记之，虽不依地而于人用为切，亦可行也。一周之中三百六十四转，凡为复日者五十二，其赢余之转一，即以为新周之元转，如今之元日庆贺休息可也。其过四年之闰转，归余于终，为大休息而行乐焉，亦可也。若其正月当以建卯之春分为正，而不以今之子丑寅三正为正可也。（欧美建子月，俄建丑月，中国建寅月。）地游圆周，无正无始。而古之三正，多近冬正者以人居多在北半球，顺农时之宜故耳。若澳洲、南美、南非已反是矣。然二至之高冲、卑冲无定，以地为他星所吸，无由实测其所，不若二分之有定而易测也。二分之中，秋分之时，草木零落，不若春分之花草茂盛，山川景物宜人，合于农时，故春分为元日最宜。虽南美、南非、澳洲反是，然人以北球为多，舍少从众，终以春分为定矣。其据地为说，甚精详不可难。今粗择其最要于此。

一、新纪年。古今纪年有以君、以师者，然国多而教主亦多，终难适从，徒乱耳目。先生以大地既合，必将以大同纪年，必将以立公政府之日始。若今预定之，则即以和兰开万国和平会之年，当西历一千九百零一年为大同元年。推纪前后，则今日亦可用也。

一、都会定于一。或以昆仑地顶为公都会，或以地中海、太平洋之一岛为之，以纪纬度之东西线而归于画一焉。

破国界而归大同，其事固非今日所能行。然观大地国争所推，渐以吞并，则化众小国为一大国，渐以会盟，则合众大国为大同世矣。轨道所推，不久必至。先生以三世推之，以为将来合国之政体，必出于此。

去级界平民族奈何？先生以为人类之苦，在不平等。推天之生人也，人人皆平等独立。乃旧俗恶弊，无端以族、级限之，至有奴隶、贱族之分，遂不得享受人道平等之乐。林肯虽以战救奴，而印度、埃及、波斯、突厥、俄罗斯及中国尚未尽也。即欧洲奴虽已去，而大僧、世爵犹存，仍未平等。必当尽去族、级，而后人道乃能去苦而后至乐。

去种界平人类奈何？先生谓国界虽去，族、级虽平，而人类有黄、白、棕、黑之殊，必因种色而有异视之法，则争杀又起而苦又至焉。先生见英人居印度皆变蓝黑色，欲空热带二十度内之地，不以容生产，以免日热太甚，炙人变色，而令人生异视之心。其于今日现居之棕、黑种人，则移之于寒带，善其服食，则不数世可以渐变为黄、白。黄变白则不难立至。无颜色之异，则无种类之异，而人类乃可至大同太平焉。

去产界以公生业奈何？先生以人各营生，则农于丰年余粟朽腐，或凶饥则困毙矣；工有歇业，或有滞器；商有滞货，或有不足，乃有亏倒至伤生损命，而欺诳大生。惟本先坏，无由至性善之世。凡农、工、商一人一肆之有余不足，合之大地则其滞销之腐败暴殄者无穷，而农、工、商之忧贫伤生者何啻亿万。是无以为去苦之地，更何从求乐乎？先生谓必行公产之法乃可也。以天下之农田、工厂、商肆，皆归于公政府设官而理之，人民皆为公政府执业，受其工金以自养，而不得有寸田之私，有一货之私，有一器之私焉。公政府之商部，计大地人口需用什器食物几何，而农部出之于地，工部作之于人，而商部运之全地，无滞羡不足之害。居食皆仰于公，不待营虑，且极华美。于时人之作工者二时已足，其余皆逍遥游乐之时矣。

凡此平族级、平种类、公产业之事论固美矣，然今行之至难。欧美言人群之学说者亦多矣，然何道以致之？先生则有去家界之一法。

去家界为天民奈何？先生谓有家者为乱世人道相扶必需之要，而欲至太平大同至乐之世，则最碍也。苦害至多，今列于下：

一、教化不一，家自为俗，则传种多恶，而人性不能善。

二、养生不一，疾病者多，则传种多弱，而人体不能健。

三、生人养人多不得良地，则生人气质粗狭，而不能进于广大高明。

四、人生至长，贫富不一，不能有学校二十年之教育，则人格不齐不具，而多无化半教之人。盖人者合杂质而成，须加镕铸。自始生而镕冶易，长后而镕冶难。

五、人之终身非日日有良医诊视一次，则身易怀疾。而人各私其家，无从得公费以养多数之医，以求人之健康。

六、立学为教，而不舍家全入，则杂化不同。盖家自为教，杂乱隘狭，未有能广大纯全也。

七、因有家之故，必私其妻、子，而不能天下为公。

八、因有家之故，养累既多，心术必私，见议必狭，奸诈盗伪贪污之事必生。相生相传，必无由绝，而人种必恶，性无由善。

九、人各私其家，则不能以私产归公产，无从公养全世界之人，则多贫穷困乏之人，且展转传种，性无由善。

十、人各自私其家，则不能多得公费而办公益，以举行育婴、养幼、恤贫、医疾及山川桥梁、道路、公室、公园、公食、公乐之事。

夫以一人一家，独力求乐，与之全世界人合力致乐，孰大孰小，孰得孰失，不待智者决之矣，况于有苦而无乐乎？

若夫夫妻之合多反目，兄弟之亲多争怨，父母与子，虽为天性，然子生而有欲有家，孝养甚少，且以一子之孝养，与世界之公养，孰可恃乎？孰丰备乎？故家者未至大同之世，人道不得已而设立者也。若为进化乎，去苦求乐乎，则必去家界而后可也。佛、婆罗门则以出家为道矣。然先生则以为子受父母之恩莫大焉，未之能报，而绝裾远引，害恩莫甚。譬之负债，尚当偿之，不偿则下狱，此万国之通律也。况受父母之恩不报而去乎？比之不偿金而下狱，罪尤重焉，非义所许也。盖先生之舍家别有良法，而迥异于佛之出家者。先生最重报恩，故事亲甚孝。凡知交亲旧，曾少受恩情者，必有以报之。先生之言弃家，实为将来全世界进化起，非为今日言也。后生不得妄借口焉。

先生谓人皆直隶于天而独立，公政府者人所共设也，当公养人而公教之公收恤之。凡立十二院：

一曰人本院。　凡妇人怀妊者入焉，至产子数月后乃出，专为胎教以正生人之本。盖人至长大乃教，则已成之气质，变化极难。必当教之于胎孕之先，而后性灵之始，无从染恶浊焉。孕妇代天生人，实为众人之母，又断业入院，当尊敬之，赠以仁人宝星，号曰"众母"。入院者当端恪中正，欣喜欢爱，不以情欲爱私患乱其中，则生子自能和平中正，而人性可善矣。其看护人以女为之，亦赠仁人宝星，降众母一等。其堕胎则为人种所关，大同世莫大之罪，特严禁之。盖大同之世，妇女皆自立，不望子报，谁肯为妊妇之多者？则必争事堕胎，而地球之人种可立绝，复为犷榛之世矣。故大同虽刑措，而堕胎之禁为第一也。

二曰育婴院。　婴儿断乳后，产母出院即移入此。以妇女之静细慈和强健敏慧，有恒性而无倦心，有养性而非劣品者养育之，名曰"保母"。非其子而抚之如子，人类所托，代母之事，其功至大，赠仁人宝星，众共敬之，与产母同。

三慈幼院。　婴儿三岁入焉，即幼稚园也。以养以教之所重盖在体育，余同上。

四小学院。　凡人六岁离婴院入此，至十岁止。用女子为傅，选仁慈端正通学而不倦者为之，以育德为先。女傅实慈母之任，卒业赠仁人宝星，降保母一等。

五中学院。　人自十一岁入焉，至十五岁上，习普通之学，当发生时以体育为主。男、女皆可为师。

六大学院。　人自十六岁至二十岁入焉，习专门实业之学，以智育为主。不论男、女，硕学为师。大同之世，分业更多，门目极繁，各有专门之师。农学设于田野，商学设于市肆，工学设于作厂，矿学设于山颠，他学类是，然后切实有用。

七恤贫院。凡人无业无所衣食者入焉，公家令其作工而养之。有教导之傅，劝善之师，疗疾之保。若再入者别衣食以耻之，削名誉不得为师为长。三入则不得与人齿，不列宴会。盖大同之世，人太安乐，最恶者惰，故必惩之。盖民生在勤，勤则不匮。

八医疾院。　凡人有疾者入焉。医者有积效则公赠仁人宝星。乱世所重在兵，以能杀人；大同之世，所重在医，以能生人。故医权最重，各院皆托命于医。大同之世，可号为医世界也。其有借医立党行教，以谋为教主、君主者禁之。故禁女子堕胎者，防绝人种；禁医生之立党者，防复专利，皆以久保大同为大同世之特政也。

九养老院。 凡人六十以上者许入焉，而公养之。以其为公家劳苦数十年，其老也宜有报之。其老寿养之有等，其殊功大德者曰元老大老，有功德者曰群老庶老，余曰老人，皆有等。然皆华美安适，极生人之乐焉。

十考终院。 凡人死皆入焉。开吊制服，限以日数，视功德之差等为日之多寡，乃入于电机化之。大同之义，在去苦求乐，故服制不定，各称其情。盖大同之世，人皆养于公家，虽父母亦几不识，即识之亦非有鞠育顾复之恩惠。故出院不得哭泣，而服限不得过周期，所以崇喜乐而减怒哀，大同之世道则然也。其有功德者立像以记念尊敬之。凡有功德施舍于人者，皆曰仁人；能创新器新书者，皆曰智人。其宝星仁人以方，智人以圆。其像亦依其宝星之数、方圆之形立之。盖大同之世，人人平等，不贵爵，不尚勇而贵德，故所重在仁、智而已。

去乱界治太平奈何？先生分地经纬线各为百度，每度约当英之百里余，海外全地约得三千余度。每度各立人本、育婴、慈幼、大、中、小学、养老、恤贫、医疾、考终之院为一小政府；合三千余小政府，会为全地公政府。其政体如下：

一、民部 掌各度十院之事及游徼、消防之政为诸部长。

二、农部 掌全地百谷草木。

三、牧部 掌全地畜牧，酌其用数而支配之。

四、渔部 掌全地渔产，酌其用数而支配之。

五、矿部 掌全地矿政。

六、工部 掌全地百工之作货，列其地宜，总其多寡，而支配之。

七、商部　掌全地货品之运输，支配于各度各场厂，其会计至繁难。

八、金部　掌全地金行金融之事，出纳度支，定其用之多寡。

九、辟部　掌开辟荒地深山穷谷为坦途都邑。

十、水部　掌全地治河导水之政，海亦属之。

十一、铁路部　掌全地铁路，而日扩充之。

十二、邮政部　掌全地邮政。

十三、电线部　掌全地电文电话。

十四、船政部　掌全地船政，大小船咸属之。

十五、汽球部　掌全地汽球。

十六、卫生部　掌全地卫生、医疾、防疫及测候，风灾、火山、地震皆属焉，预防而消避之。

十七、文学部　掌全地文学。

十八、奖智部　掌全地奖励创新特许之事。

十九、奖仁部　掌全地奖励仁施之事。

二十、讲道部　掌全地讲道劝善之事，凡宗教养魂者属焉。

二十一、极乐部　掌人道极乐进化之事，凡音乐、美术、游戏、博物之事属焉。

二十二、会议院　二十一部官联之事，公议从其多数，议长从公举。

二十三、上议院　全地各度各举议员，议全地法律、职规、大政、大裁判、政教、文艺、详论之事。

二十四、下议院　有书记，无议员。是时全地电话盛布，传电语于全地各度，转电各公民，而公议一切法律、财政。

二十五、公报院　查报全地之事，由各度各举人任之，通报本度。凡各曹皆立主、伯、亚、旅、府、史、胥、徒。主者，长也；伯者，分曹长也；亚者，佐也；旅者，群僚也；府者，司计也；史，书记也；胥，奔走也；余皆徒人。

政党之竞争为进化，然竞争则坏人性术矣。大同之世无国争，无秘谋，不止不立帝王，且不须立大统领。万几皆依法律，新政则由公议，余事则分于各度政府。公政府本无要事，但受成品节奖励之而已。各部长皆由本部下各度各本曹公举，一电语可定之，无有竞争喧哗互攻刺杀之事，乃见今政党竞争真野蛮也。各度分政府，政体设曹同于公政府，惟无水者阙水曹、渔曹，无山者阙辟曹，其有地宜若盐茶之类，可立专曹。上议院举度内之元老文学为之，下议院则传电语于各度人众公议。

各度内有地方自治局，政体如下：

一曰议院

二曰农局

三曰矿局

四曰渔局

五曰工厂

六曰商局

七曰金行

八曰都水局

九曰辟山局

十曰道路局

十一曰游徽局

十二曰卫生局

十三曰讲道局

十四曰评事局

十五曰博物院

十六曰图书馆

十七曰音乐馆

十八曰美术馆

十九曰公游园

二十曰植物园

二十一曰动物园

二十二曰讲道馆

二十三曰测候台

二十四曰公报馆

二十五曰人本院

二十六曰育婴院

二十七曰慈幼院

二十八曰小学院

二十九曰中学院

三十曰大学院

三十一曰医疾院

三十二曰养老院

三十三曰恤贫院

三十四曰考终院

太平大同之世，无散人之村乡，但有公廨有农场或工厂，则商店、邮电局从之，即今乡落市镇也。其山水佳处立十院，则设一地方自治局，而各院从之，皆有主、伯、亚、旅、府、史、胥、徒焉。是时刑措，只有评事。大同之世，只此公政府，各度分政府，地方自治局，三级之院场厂馆诸司之主、伯、亚、旅、府、史、胥、徒，故大同之世无民也。全世界之人，公营全世界之业，如一家之父子兄弟也。其职虽有上下，只于职事中行之；若在职事外，全世界人皆平等，无爵位之殊，无章服之异，无仪从之别，惟奖仁智以防退化耳。

太平之世，人性皆善，刑措无讼，不设理官。所禁者只有四事：

第一禁懒惰。　太平世人太乐而自由，故禁惰，防不作工而退化也。

第二禁竞争。　有国家故有争，若皆同胞何争焉？故禁争，防害德性而生杀种也。若竞仁竞智则可，然非争也。

第三禁独尊。　太平世人人平等，禁独尊者防仁智者之复为教主、君主，将兴专制而败太平也。

第四禁堕胎。　防绝人种也。说见前。

去形界而各独立奈何？先生谓男女之分，徒以形少凸凹耳，若聪明才器皆略相近。野蛮尚力，故男子欺妇女之弱而抑之，私为己有，俾不得为公民，为官吏，习以成俗，大悖天理矣。太平之世，人人平等，人各独立，男、女一也，不以形体而分，但论才能，皆可充议院官吏师长。人既独立，则无有嫁人者。男女相悦而交合者，各订和约，如两国然，只讲交好，不为夫妇。和约久者不得逾年，短者须及一月，相欢者许重订和约，情尽者许别结他人，各得所欲，不须强制，可免怨嫌，更无谣讼。若有所偏重者，即为半生私属，失其人体之自由，乃政府之所禁也。故男女衣服齐同，并薙须发，无所别异焉。若行此乎，则家不待去而自去，产不待共而可共，太平大同立可致矣。先生大同之法，西哲柏拉图、康德亦略及之；而去家之法，则古之西哲无及之者。先生二十七岁时，西译未通，不知西哲之说，而冥思深造，精奇若此，岂非旷世之上哲哉！

去类界而爱众生奈何？先生以为人、物同源，不过人智物愚而强凌弱耳。纵杀食肉，大悖天理，故于诸圣深取婆罗门、佛之戒杀食肉焉。先生谓欲太平性善，必自戒杀始。以电机杀兽，太平之始也；继戒杀大兽，若马、牛、犬之灵者，太平之中也；次戒杀鸡、豕、鹅、鸭及众有机生物，太平之终也。先生谓化学渐精，必能取草木之精，足代肉品以益人体者，至是可行戒杀矣。佛当人相杀相食之时，而发戒杀绝肉之高论，非其时未可行也。

去苦界而致极乐奈何？去国界，去家界，去形界，去种界，太平大同之时至矣。智仁日盛，制作日精，则衣服、宫室、饮食、什器、舟车、汽球、音乐、美术、图画，皆巧美灵奇，不可思议。故大同之民，有若神仙，胜于今欧亚之帝王万万矣。其时每人每日作工不过二时，有若游戏，余皆作乐之日。其时人多寿倍于今日，必多修仙道以求长生，讲佛法以炼灵魂。盖其时人民高明智慧，故更求道德之乐，不止肉欲之乐也。然法律限四十岁外乃得为之，防人无作工者，而人道将退化焉。《大同书》凡数十万言，条理繁赜，义皆奇伟绝世，而为人道求进化，除苦患，先生真能仁者哉！此为大地之异书，以惠我千万年之同胞，功德莫有大焉者也。

先生又有《诸天》一书，分为四界：曰血轮界，曰地界，曰星界，曰天界。发明其各有生物、国土、人民、礼乐、制作、政教、器用，奇玮瑰异，不可思议。又以天亦为一生物，不知其为人耶，牛耶，马耶？天所生所立所游之地为一血轮耶，为一星耶？血轮也，星也，异而同者也，无小也，无大也。自此而推之，复有一天，天复为物，物复有星，星复为天。若是者展转推之，百千万亿，帝网重重，大小相衔，而无尽也，不可思议也。自血轮以内推之，为天、为物、为星，亦又百千万亿，帝网重重，大小相衔，而无尽也，不可思议也。异乎先生之神识，窈冥幽奥，诚非弟子之所能窥其万一，状其端倪矣！

先生之论元气，以为出于一元，所谓"太极"也。一元必分为二元，孔子所谓"太极生阴阳"也，是即一位三体矣。以元有阴阳，故气有冷热，力有动静，势有吸拒，质有凝流，形有方圆，数有奇耦，电有干湿，光有黑白，声有清浊，体有凸凹焉。以此变化万物，于是原质有金非金，物有雌雄，情有好恶，性有刚柔，德有仁知，觉有魂魄，息有消长，理有物心，事有正变，道有有无。万事万理，皆有对待，则无疑于事事物物有相反者矣，惟其相反而相成也。先生之论一元二元，既得大本矣。先生又曰：万物皆本于热，力势、形质、光电、数化皆因热生，无热则一切皆无矣。故原质之中，金类为多，本热故也。人之有心力以任大事，决大疑，穷奥理，行大教，及负荷天下国家之大业，毅力刚断者，皆由有热质热力为之。其热质热力多者，则负荷愈大，视其性之近仁近智，以为其言政、言教、言学、立艺之异，而皆有所成者也。古之圣哲豪杰，皆热力最多者也。若无热力，则为庸人，见义不为，见溺不救，以巧自全；或生厌世之念，枯槁淡冷，则与死道近。故热则生，无热则死；热则成，无热则败。故孔子尊阳，诚贵热也。而先生之以至诚之心，大勇之力，坚毅之气，以撼一世而扫除中国数千年之旧，覆却万方，累犯大难，而不畏不改，恢恢乎若行所无事者，岂非得大热力故生万事耶？

先生深得乎孔子三世之学，以时有寒暑，地有水陆，世有据乱、升平、太平，寒暑易则裘葛易，水陆易则舟车易，乱世平世易则道法皆易，故时各有可，地各有宜，位各有当，义理无定，随其时地而变通之，在此则是，在彼则非，在昔则宜，在今则否，而后之视今，亦犹今之视昔，自是而相非，皆谬也。故先生盖备万法而审时地而行之。其古今诸哲持一方之论，独至之说者，先生视之，皆以为寒俭困陋，仅有及肩之室，而无万千之广厦，仅有章身之服，而无四季之衣者。先生常言吾备四季衣服焉。盖先生之道，圆满无漏，变化适时，深得于佛之华严，孔子之时中，而从容造之。万法毕说，而未尝说；万相毕现，而未尝现。弟子等偶见先生如此，而先生忽又如彼，诚非弟子等之所能窥测也。

# 第十三章　结　论

先生行事，微妙圆通，诚有若甚相反不可思议者。其识周诸天，目空群圣，扫尽古今藩篱，排除世宙障碍，六通四辟，自在游行，宜极通脱矣。乃为人行事，又若极拘庸焉：事亲则孝，事君则忠；族姻则亲，师友则笃；执礼抱义，持之极严，守之极毅，不挠不改，有丝毫不肯少迁就者。盖先生识空而性实，智圆而行方也。

先生之变法，横厉无前，好新变异，孟晋极矣。乃于古金石好之，古器物好之，古书画图籍亦好之；流连于旧游之迹，笃厚于故旧之交，则又富于保守性质焉。今人尽舍中国之人道国粹，以为能美，甚至轻蔑父母，以为能新，必益姗笑先生为守旧者。然先生之变法、守旧，皆自其言仁来。其言仁也，自亲以及疏，自内以及外，自爱其亲以及中国而后及天下，非苟焉殉名誉、慕泰西而模仿之也。先生又常谓无情于其至亲者，安能有情于疏者？则虽激昂慷慨以爱国自号于众者，又岂足信耶？

先生性好山林，旬月必游。见山水林木雪月佳处，或海岛山径幽绝无人，则极乐而住之。往往深夜扶杖泛舟，啸傲行吟，以观天性，超然人表，若忘世焉。戊戌时频思山游，而日日讲学，又屡上书讲求政教，冒险竭劳，累死而不厌；及其立朝，正色衣冠整肃，威仪庄严，气象俨穆，廊庙、山林若此其违也。盖其神明出乎天天，入乎人人，非斯人之与而谁与也！

先生聪敏，强记博闻。每读一书，过目成诵；每遇一事，当机立决。虽至繁难者，可以数言了之。故世之短先生者，谓其刚愎自用，专制武断。人各异心，视之或不无短缺，然天下大事，皆成于强武有气力之人。先生刚健果决，不畏疑难，以摇撼天下，遭患冒险，而浩然不动其心者，皆其最富于自信力为之也。

然先生凡处一事，无不集众，再三谋议而后判断之，则集虚甚矣。盖自断至刚者其性，而集思广益者其学为之耶？

其他先生日美戒杀，而日食肉；亦称一夫一妻之公，而以无子立妾；日言男女平等，而家人未行独立；日言人类平等，而好役婢仆；极好西学西器，而礼俗、器物、语言、仪文，皆坚守中国；极美民主政体，而专行君主；注意世界大同，而专事中国：凡此皆若甚相反者。盖先生深得二元三世之学，故备舟车裘葛之宜。其理想穷极天人，包罗万象；其行止不离尺寸，素位而行。先生尝言思入无方，行必素位。生平最受用素位之义，故以长素自号焉。盖以为身经万劫，无所不历，无然畔援，无然歆羡，只有素位而行，适时之宜，放乎天命而休焉。

然其不忍之心盛热而不可遏。知以救世为旨，以救人为事，故尝谓浊世众生，莫不苦恼，我不入地狱，救诸众生，谁入地狱救诸众生者！既以救诸众生为事，不独入地狱，当常住地狱；不独常住地狱，当常乐地狱。其戊戌上海舟中闻帝被弑，思欲蹈海，犹写此数语，遗嘱弟子，此先生之所最受用自娱者也。故身经万难，濒于九死，苦心志，饿体肤，皆人世所不堪其忧者；先生从容谈笑，优游著述，不倦不厌，悠然自乐。噫！先生真乘愿而来随遇而化者耶？不然，何以得此！

然义理虽无定，先生又谓有公理焉。"公理"二字在中国中，实自先生发之，故所著有《公理》一书。若其考据诗文之学，皆冠绝时流，所创文体，衣被全国，犹其余事耳。夫先生理想之深奇，至诚之勇热，大仁之慈悲，故创中国非常之大业，而为世界非常之伟人。为先生者，在中国数千年政治史上，居一最重要之位置；亦在全世界数千年哲学史上，占一极重要之地位。无论世之誉先生，攻先生，诋先生，敌先生者如何，而要皆于先生之价值，无所损益也。千秋百世，自有定评，此岂一时一人之恩怨所能为耶？孔子二千四百五十四年，即光绪二十九年癸卯秋日起草，越年甲辰春日书成。

# 跋

昔清光绪二十六、七年间，梁君任公尝著《康南海》一传行世。同学颇以为简略，于是各尊所闻，各述所知，通力合作，勒为此编。经始于光绪二十九年癸卯之秋，脱稿于甲辰之春。既成，又以为未能尽肖，仍恐为克林威尔所呵，秘而弗刊，忽忽至今。今先生往矣，远在云霄，而同学诸公，又各星散。欲萃群力以成善本，抽毫揣色，更求形似，诚戛戛其难之。及兹不刊，迟而久之，深恐并此区区者而亦归诸散失。因不揣谫陋，特加修饰，迄于光绪二十九年，是曰上编，先行发布。若其下编，容俟杀青，当即布白。世之闳达，欲知先生之真者，幸先览焉。

民国十八年六月　弟子　陆乃翔　陆敦骙　谨识

万木草堂 1929 年 6 月版